本书受教育部人文社会科学研究项目
"横向府际合作中利益纠纷解决机制研究"（项目编号：13YJC630001）资助

鲍芳修 著

府际合作中
纠纷解决机制研究

RESEARCH ON
THE MECHANISM OF DISPUTE RESOLUTION
IN INTERGOVERNMENTAL COOPERATION

社会科学文献出版社
SOCIAL SCIENCES ACADEMIC PRESS (CHINA)

目　录

第一章 导论

法国思想家埃德加·莫兰在其著作中曾强调:"一切组织关系,包括一切系统,都含有而且还生产既对抗又互补的力量,一切组织关系都离不开互补性原则,并将其现实化,它们也离不开对抗性原则,并或多或少的将其潜在化。"[1] 这种对组织间相互抗衡而又存在利益互补关系的描述恰如其分地描述了人类社会各个领域组织的行为特征。在具体的场域中,每种组织都会基于所处的组织生态环境生发出具体的行动策略以期更好地获得并拓展生存空间。合作、竞争甚至冲突都是组织的常态和必须面对的现实。

具有科层属性、法律规制严格的政府组织一般会依照宪法、法律的规定以及政府组织的基本准则建立起纵向的、等级明确的权力关系。但随着经济社会的发展,尤其是区域经济一体化进程以及区域公共问题的出现,政府间逐渐建立起横向的网络。这个网络经历了初期的概念倡议到行动协同再到价值认同的过程。当然,一切网络关系的构建往往基于问题而产生,同时也会伴随着新问题的出现,这就是组织生态的基本法则,新的组织结构产生新的互动,新的互动必然形成新的格局和新的命运,与之伴生的则是新的问题。新问题的出现是挑战更是机遇,只要能够找到有效的协调机制来应对政府间关系的裂痕、缝隙和冲突,就能避免"新生劣势"[2],这是政府组织间关系持续稳定发展的关键。

---

[1] 〔法〕埃德加·莫兰:《方法:天然之天性》,吴泓缈、冯学俊译,北京大学出版社,2002,第 113 页。

[2] 新生劣势主要指由于缺乏有经验的参与者,新的组织形态缺乏可靠性和正当性,容易衰败或死亡。

第一节　研究的缘起

一　研究背景

经济全球化和区域经济一体化给人类社会带来了根本性的变革，在这个过程中，国家、社会、政府、企业、个人的行为都发生了显著的变化。经济全球化意味着一套新的原则、规则和活动：贸易保护以及各种壁垒的拆除，国家内部管理规则的改变，资本、技术、信息、物资、人员等要素的自由流动。这促使生产资料和生产关系发生大规模的变革，而且同时也形塑了社会组织形态并对其产生持续性的影响。全球化行为使得社会既有的制度被重组，以及生活实践中被迫发生的变化改变和破坏了人们的"正常"生活。[①] 经济全球化也带来了全球性的"区域一体化"的兴起，[②] 区域一体化是经济全球化发展到一定阶段的必然产物，同时也是经济全球化发展的重要力量。这种变化的交织促使政府组织的作用和运作形式发生深刻的变革，而政府组织本身也只有进行变革才能融入这个浪潮中以获得生存的力量。

当前，区域间政府合作在不同层次领域都表现出持续性扩展的特点。无论宏观区域的洲际合作，如欧洲联盟与非洲联盟的合作，还是次区域领域毗邻国家间的合作，如东南亚国家联盟，抑或是国家内部微观区域的地方政府间合作，如中国的泛珠三角区域、日本的东京湾区等，都呈现出百花齐放的姿态。[③] 各个国家和地区都希望通过合作和分工实现资源优势互补，实现"1+1>2"的聚合效应，从而提升本地区的竞争力。

我国自改革开放以来，尤其是 20 世纪 90 年代社会主义市场经济体制确立后，高度集中的政治经济体制逐渐改变。中央政府向地方政府放权让利，扩大了地方政府的财政、经济、人事、法规规章制定等方面的管理权限，地方政府获得了管理地方事务的重要决定权。地方政府可以根据地方经济

---

① Ronnie D. Lipschutz and James K. Globalization，*Governmentality and Global Politics：Regulation for the Rest of Us?* London：Routledge Press，2005，p. 25.

② 张云：《国际关系中的区域治理：理论建构与比较分析》，《中国社会科学》2019 年第 7 期。

③ 詹姆士·H. 米特而曼（Mittelman）曾经对当代的"新区域主义"进行过类型学分析，提出了"宏观区域主义、次区域主义和微观区域主义"的类型界分。

社会发展情况，按照地方居民的意愿、偏好和利益诉求，自主决策并管理地方事务。这激发了地方活力，释放了地方潜能，推动了地方治理体系和治理能力的现代化进程。但受制于"政治锦标赛"[①] 和"逆向软预算约束"[②]，地方政府间不良竞争也时有发生。市场一体化的进程意味着地方政府间并不仅是一种竞争关系，同时更为重要的是合作关系。罗珉、何长见认为："组织间关系本身就是一项不可模仿的资源，一种创造资源的手段，一个获得资源与信息的途径。"[③] 因此，随着市场经济体制的深入推进，区域经济的联系越发密切，地方政府间合作逐渐扩大。当前，政府间合作业已不再是一个新颖的话题，几乎每时每刻我们都能看到有关政府间合作的新闻和议题。合作的形式多种多样、涉及领域全面广泛、合作深度频度不一、体制机制亦不相同。具体来看，区域合作比较成熟的区域，较大的省级经济合作区域主要有长三角、京津冀、珠三角等区域，城市政府间合作区域如湖南的长株潭区域、福建的厦漳泉区域、山东的半岛蓝色经济区等，都是发展比较早或者合作成效比较好的区域。

区域经济一体化发展有着学理上的依据，也有实践中的绩效支撑，但一体化发展并不意味着地方政府之间没有矛盾，也不意味着合作就能真正地实现优势互补，达到互利共赢的局面，实际上，地方政府仍然要面对行政区划下画地为牢的"行政区行政"问题。政府间的竞争格局也是一个持久的态势和存在，无非把政府间竞争所可能产生的零和博弈转向为正和博弈而已。所以，区域一体化并不能突破现有的行政区划成为铁板一块，并不必然实现区域善治，它还要面对诸多的冲突、矛盾和纠纷。比如，政府间合作下产业功能区定位，是否能够按照政府间协议的原定规划在招商引资中开展真正意义上的合作予以体现？区域经济发展中面对 GDP 压力，政府是否能够避免基础设施的重复建设？政府间合作是否能够实现市场、政

① 周黎安认为，政治锦标赛是政府设计的一种晋升竞赛，上级政府通过制定竞赛标准比如 GDP、政绩或其他可度量标准对地方主要官员实施激励的一种治理模式。（周黎安：《转型中的地方政府：官员激励与治理》，格致出版社、上海人民出版社，2008，第 189 页。）

② 周雪光认为，扭曲的激励机制引导官员追求短期政绩，地方政府有着突破预算约束的冲动，并向上攫取更多资源，而为了获得更多财政资源，地方政府之间的竞争亦是自然。（周雪光：《中国国家治理的制度逻辑：一个组织学研究》，生活·读书·新知三联书店，2017，第 278~280 页。）

③ 罗珉、何长见：《组织间关系：界面规则与治理机制》，《中国工业经济》2006 年第 5 期。

策、监管的一体化？这一系列的问题都考验着政府间区域治理能力，也是区域一体化向更深层次发展所必然面对的挑战。

另外，区域间还面临越来越多的区域性公共问题。众所周知，政府管理是以行政区划为前提的，但问题的发生、持续、演变和扩散并不会契合人们的想象只发生于固定的行政区划之内。因此，跨区域的公共问题自然会影响到地方政府间关系。以较为典型的环境保护领域为例，流域治理和大气污染防治是环保治理领域突出的两个难题。水系因其自然流动具有天然的跨行政区域属性，而大气随风四处飘散具有更复杂的流动性。受限于财政压力、治理难度、体制机制不顺畅等各种因素，地方政府往往缺乏治理的动机和激励，尤其是处于上下游不同区域的政府治理心态迥然不同，下游政府期望上游治理污染以保护生态环境，上游政府认为自身投资保护环境而下游免费受益不够公平。根据生态环境部发布的《2017 中国生态环境状况公报》，2017 年，全国地表水 1940 个水质断面（点位）中，Ⅰ~Ⅲ类水质断面（点位）1317 个，占 67.9%；Ⅳ类、Ⅴ类 462 个，占 23.8%；劣Ⅴ类 161 个，占 8.3%。与 2016 年相比，Ⅰ~Ⅲ类水质断面（点位）比例上升 0.1 个百分点，劣Ⅴ类下降 0.3 个百分点。2017 年，长江、黄河、珠江、松花江、淮河、海河、辽河七大流域和浙闽片河流、西北诸河、西南诸河的 1617 个水质断面中，Ⅰ类水质断面 35 个，占 2.2%；Ⅱ类 594 个，占 36.7%；Ⅲ类 532 个，占 32.9%；Ⅳ类 236 个，占 14.6%；Ⅴ类 84 个，占 5.2%；劣Ⅴ类 136 个，占 8.4%。与 2016 年相比，Ⅰ类水质断面比例上升 0.1 个百分点，Ⅱ类下降 5.1 个百分点，Ⅲ类上升 5.6 个百分点，Ⅳ类上升 1.2 个百分点，Ⅴ类下降 1.1 个百分点，劣Ⅴ类下降 0.7 个百分点。[①] 根据数据比较可以得出，治理绩效不够明显，充分反映了地方政府在流域治理中的被动性。

当然，社会任何领域以及政府履职的任何事项都可能会出现跨区域公共问题，比如卫生防疫、事故灾难、食品安全、车辆管理等都需要区域政

---

① 我国流域水环境治理是典型的多元碎片化治理模式，科层制下条条管理、分部门的多头管理、区域性的行政区管理、跨区域型的合作管理等都发挥一定作用，同时也存在各种问题和风险。2016 年和 2017 年的变动是多重因素使然，有时很难找到变化的事实真相，但毋庸置疑的是，地方政府间跨区域合作协调机制将是未来治理流域水环境的关键。具体数据来自《2016 中国环境状况公报》《2017 中国生态环境状况公报》。

府间合作来共同应对。尤其是人类社会已经过渡到了复杂性社会和风险社会。公共管理面临着一个全新的生态环境，许多传统的属于行政区划内部的政府事务开始外溢化并呈现无界化特征，政府间的矛盾和纠纷越来越多。这对传统的管理模式提出了严峻的挑战，因此，寻求新的治理制度安排以期更有效地化解冲突就变得越发重要。

二 研究问题由来

在地方政府间广泛合作的背景下，地方政府面临着一个崭新的课题——如何进行有效的跨区域治理以及政府间面临治理困境时如何化解矛盾和纠纷以实现跨域治理的持续性和稳定性，现行的协调机制以及纠纷解决机制是否能够应对当下的情势。

地方政府是基于辖区治理而产生的，单个地方政府具有典型的科层制特征，权力自上而下，政府严格按照规章运作，其组织机构创建、人事安排、制度规则、运行机制、管理手段运用都是按照单个地方政府设计的。政府的目标设计、政策执行、监督控制、绩效考核很少考虑区域合作管理事务。地方政府正面临着新的政府职能——协作治理以及由此产生的纠纷的处理。区域合作治理不同于传统的管理，它给传统的管理带来以下挑战。

首先，区域合作治理背景下权力运用问题。科层制组织基于集体行动的需要而存在，这种集体行动必须通过等级制组织结构自上而下确保行动的执行。协作治理框架下科层制的权威、权力的界分将变得模糊，合作中的组织基于组织间嵌入和权力分享程度形成由低到高的、非正式到正规化的连续统一体。由于不存在一方政府对另一方政府行使绝对权力的可能，在这里，命令、控制甚至问责都失去了意义。而传统公共管理下的计划、组织、领导、信息、财政不能很好地应对新的情形，这使得地方政府治理的战略复杂性增加。尽管地方政府在合作中制定了一些规则，比如地方政府间联席会议制度，通过行政首长联席会议、秘书长联席会议等工作机制来推动合作、协调解决存在的问题，但由于组织本身的松散性、非制度化而难以实质性地发挥应有的作用。当然，权力的多中心并不意味着不能够形成新的秩序。多中心治理理论的分析框架提供了有益的视角，管理活动并不都需要高度的权力集中才能实现，管理行为也并不都需要强制力才能实施。地方政府间合作是一个互动的过程，互动以及由此产生的协商能够促发彼此信任并形成新的问题处理机制。这里需要更多考虑的是在主体平等视域下如何构建政府间互动互惠网络。

其次，区域合作治理背景下政府间合作协议的形成与执行问题。政府间行政协议在区域一体化发展过程中处于较为核心的地位，它是地方政府间合作行动的依据和指南，是项目实施的基础和平台，为地方政府管理者提供潜在的合法性支持。传统的地方政府公共政策的制定，除了制度化的公共决策体制和规范的决策程序以外，通过公民参与、专家论证、风险评估、合法性审查、集体讨论决定等环节确保政策民主化和科学性。但在区域一体化背景下，行政协议制定面临着诸多难题，那些单个行政区域下的行为，比如政策参与、目标设定、信息流动、管理流程等几乎都难以实现，而且，在协作治理中，公共政策复杂性正以几何级指数增长，这无疑会进一步凸显区域治理的难题。因此，地方政府治理能力和政策智慧需要从组织战略、技术与政治协调视角来综合考虑和评估，需要从议程设置、目标确定、方案拟定、组织协同、效果评估等各方面重新审视。在政策执行中，更是面临追求自身利益最大化的违约问题，科层制下政策执行中的选择性执行、附加性执行、象征性执行、替代性执行等执行现象不仅依然存在而且更加突出，地方政府各行其是，跨域治理政策成为一纸空文，偏离了协作治理公共事务的初衷。如何更好地确保合作协议的执行成为亟须解决的重大问题。

再次，区域合作治理下面临着责任问题。"任何政府都需要建立一套责任机制，只有这样才能获得广泛的社会支持，任何民主社会，责任都是一个基本要素。"[①] 合作过程是一个责任分担的过程，但责任问题是组织网络中最艰巨的挑战，尤其是政府间合作协议执行过程中存在各种无法预料的情形和意外事件，往往会导致合作各方出于自身利益考量而推卸责任。责任问题一直是公共行政领域最常被学者提出的问题，在单个行政区域中，责任界定相对比较清晰，但在复杂的协作环境中，责任问题就变得极为突出，因为各种权威力量势均力敌，传统的等级责任、法律责任因为组织协作而变得复杂，而政治责任、职业责任因其本身高度自主性以及与立法部

---

① 〔澳〕欧文·E. 休斯：《公共管理导论》，张成福等译，中国人民大学出版社，2007，第279页。

门的疏离而变得更难以履行。劳伦斯·奥图勒较早关注了复杂和相互依存的网络治理系统存在负责任行动的严重偏离问题，在这种情况下，个人可能无法确定自己努力的影响，即使他们作出了真诚的努力，因此，网络治理中存在"责任泄露"的问题。[1] 很难弄清楚谁和谁以及用何种方式促成了一个机构的行为或政策的实施，故而难以确定谁应该被指责和惩罚，或者鼓励与奖励。

区域治理中的组织不易被识别，它是一个复合类别，没有统一的法律依据、网站或组织实体以供学者、决策者或公民概观。[2] 这种情况下，责任诉求更加强烈，合作治理能够确保责任到位吗？跨越组织内部功能划分和组织界限的责任容易厘清吗？新的管理观念和程序与传统的责任能够实现协调吗？这一系列问题都亟须回应和解答。控制导向已经不适用于协作机构，管理者如何在确保责任的同时保持合作优势、明确责任是协作治理的难题。

最后，合作治理下面临着纠纷如何解决的问题。对任何组织来说，合作本身并不是目的，因合作而带来收益或者问题的解决才是关键。合作治理中地方政府追求利益时将不可避免地出现机会主义行为，这种机会主义行为如果不能有效地遏制或者消除就会给组织间关系尤其是刚刚产生的信任带来消极的甚至是灾难性的影响。组织间关系处理得好，合作就是正和博弈，而关系处理得不好就是零和博弈或者负和博弈。因此，在合作过程中，寻求适宜的纠纷解决机制以及迅速及时地化解矛盾可以消除各方的合作忧虑和隐患。当前，政府间合作的类型多样，合作领域广泛，合作频率、深度不同，因合作而产生的矛盾和纠纷也是各种各样的，有的矛盾通过简单的对话或者谈判就可以解决，有的矛盾通过第三方介入协调就可以化解，但并非所有矛盾都能利用已有的解决方式来处置，很多矛盾历时久远、根深蒂固，以至于难以调和。矛盾和纠纷的多样性意味着难以找到放之四海而皆准的固定模式来解决合作各方的纠纷，因此，必须分门别类地寻求多样化的纠纷解决机制，以便根据合作纠纷的具体类型和情势来提供具有针

---

[1] Laurence J. O'Toole, "Treating Networks Seriously: Practical and Research-Based Agendas in Public Administration", *Public Administration Review*, Vol. 57, No. 1, 1997, pp. 45-52.

[2] Thomas Schillemans & Gijs Kremers, "New Development: The Unknown World of Transnational Organizations in Europe—Challenges for Accountability", *Public Money & Management*, Vol. 40, No. 4, 2019, pp. 330-334.

对性的解决方案。

上面所描述的府际合作中的诸多问题如果不能有效地解决，地方政府之间就不可能真正地展开卓有成效的合作。但以前的研究只关注传统的、等级化的组织体制下发生的事情，未能从横向的视野中询问横向的组织网络中的争端解决方式，缺少对新的组织形态的观察和思考。地方政府间面对纠纷时，如果缺乏有效的机制来化解，地方政府间的关系就会产生裂痕，合作就会有缝隙，项目可能会被搁浅，而再一次启动则需要新的政策窗口，因此必须设计多元化的纠纷解决机制，超越传统的、简单化的、制度规范不清的协商或协调机制，以更好地应对区域一体化进程中所面临的新的挑战。

三　研究意义

很显然，政府间合作能够实现资源优势互补，构建良好的组织生态网络，实现跨区域行动合作，创造区域共同价值。合作过程中除了产生看得见的利益，还存在无时不有、无处不在的纠纷。需要明确的解决方案，及时"化干戈为玉帛"，绝不能等矛盾爆发之后再去进行迫不得已的协调和沟通，也不能总是期待上级政府的指导和协调。但是，政府间持续性合作的基础来自哪里？彼此的凝聚力来自哪里？彼此的信任又来自哪里？来自对法治政府的承诺、政府的公信力、民众的意愿，还是来自宏大的共同愿景和目标？其中，最为紧要的还是要找到纠纷解决方案。快速及时地消除矛盾是达成信任、创造共同价值的最重要的手段。在所有的组织间网络中，最让人担忧的不是彼此间观点和利益的冲突，而是没有解决歧见的方式。组织间信任构建是一个长期的过程，但信任崩溃可能只需要很短的时间，甚至是偶然的事件。所以，组织间关系中可怕的不是纠纷，而是解决纠纷的方式。如果不能为解决纠纷找到行之有效的方式，矛盾不能及时地消除，彼此就会失去信任和利益，从而导致严重后果。因此，本课题的研究具有重大的现实意义和理论价值。

第一，现实意义。区域一体化已经进入了蓬勃发展的阶段。政府间合作已经成为地方政府日常工作的重要职责之一。根据杨龙、郑春勇的不完全统计，全国各级各类区域经济合作组织已经有 300 多个。[①] 据叶必丰、何

---

① 杨龙、郑春勇：《地方合作对政府间关系的拓展》，《探索与争鸣》2011 年第 1 期。

渊的不完全统计，截至 2011 年，仅珠三角区域省级政府间以及省级政府部门间签署的合作协议就有 78 项，[1] 内容涉及食品安全、水力资源、文化旅游、应急管理、环境保护、警务合作、商业贸易、技术合作、基础设施等诸多领域。可以说，合作的领域、范围和事项几乎涉及政府职能的方方面面。就我国省级政府而言，几乎每个省份都会和其他省份在某些领域开展不同形式的合作。在如此众多的合作场景中，从政策议程开始，地方政府之间就面临挑战，而后续的合作规则、组织协同、方案制定、协议执行、责任履行等方面的问题则更是纷至沓来。合作各方的目标愿景、利益诉求、行动偏好并不会完全一致，这会导致合作各方的积极性下降、合作动力衰退、合作机会主义增加以及合作冲突加剧。因此，寻求纠纷解决方案对于合作各方来讲都具有重大现实意义。纠纷的及时解决有利于解决当下政府间存在的矛盾，推动合作协议继续履行或者合作项目继续开展；有利于增进彼此的信任，进一步形成互惠网络，培养合作资本；有利于地方政府之间在各个领域展开更为广泛且深厚的合作，推动区域一体化发展。

第二，理论价值。近年来，区域公共管理已经成为公共管理研究领域的热词和重要概念。围绕区域公共管理这个核心主题，学界在区域公共管理治理体制、区域一体化立法、区域公共政策、区域公共产品、区域政府间竞争、区域政府间横向协调、区域一体化法制等领域展开了较为丰富的研究。但对于区域政府间合作，比如合作行为属于什么行政行为，合作的协议性质如何界定，合作协议有无宪法和法律方面的依据，政府间纠纷解决的方式有哪些，能否将替代性纠纷解决方式以及司法途径纳入政府间纠纷解决的领域中来等问题，学界缺乏法理上的探索以及法律上的创新。因此，本课题的研究有助于创新区域治理模式，加强行政行为研究，丰富行政行为理论构建政府间纠纷解决机制。

第二节 核心概念析辨与界定

一 府际合作和横向府际合作

合作是人类社会中的普遍现象，任何个体、企业、非营利组织、政府

---

[1] 参见叶必丰、何渊主编《区域合作协议汇编》，法律出版社，2011，目录。

都会通过某种形式的合作来获取信息、资源、生产力、合法性，府际合作是其中重要的合作表现形式。府际合作又被称为政府间合作，它首先表现为不同层级政府之间基于公共目标或者公共问题而形成一种关系。对于此，国内学者在较早时期就多有表述。比较具有代表性的学者有林尚立、谢庆奎、陈振明、杨宏山等人。林尚立在《国内政府间关系》一书中认为，政府间关系主要指各级政府间和各地区政府间的关系，包括纵向的中央政府与地方政府间关系、地方各级政府间关系和横向的各地区政府间关系。① 此外，林尚立还认为，政府间横向关系虽然主要指各地区政府间关系，但由于中国传统的政府间关系模式是以条块模式为基础的，所以横向关系有时也包括政府内部各部门之间的关系。② 至于关系内容，则主要包括权力关系、财政关系和公共行政关系。谢庆奎将政府间关系称为府际关系，并将其界定为包括中央政府与地方政府之间、地方政府之间、政府部门之间、各地区政府之间的关系。③ 杨宏山也运用府际关系的概念来指称地方政府间关系，他认为狭义府际关系指纵向垂直网络，广义府际关系则包括国家政府间关系，是国家内部纵横交错的关系。④ 陈振明也认为政府间关系是指中央政府与各级地方政府之间的纵横交错的网络关系，既包括中央政府与地方政府的关系、各级地方政府间关系，也包括同级地方政府间关系以及不存在行政隶属关系的非同级地方政府间关系。但政府机构的职能部门之间的关系不能单独考虑，原因在于政府部门是构成各级政府的机构，是次于政府的行政主体，当然不应该是政府间关系的应有之义。⑤

由此看来，学者对于政府间关系或府际关系中府际的认识的主要区别在于：其一，是否包括政府间斜向关系，比如省级政府和其他省政府中的市政府之间的关系；其二，是否包括一级政府内的职能部门与其他地方政府职能部门之间的关系；其三，是否包括政府组织与非政府组织之间的公共关系。我们认为，上述府际关系除了第三种值得商榷之外，第一种和第

① 林尚立：《国内政府间关系》，浙江人民出版社，1998，第 14 页。
② 林尚立：《国内政府间关系》，浙江人民出版社，1998，第 313 页。
③ 谢庆奎：《中国政府的府际关系研究》，《北京大学学报》（哲学社会科学版）2000 年第 1 期。
④ 杨宏山：《府际关系论》，中国社会科学出版社，2005，第 2 页。
⑤ 陈振明主编《公共管理学——一种不同于传统行政学的研究途径》（第二版），中国人民大学出版社，2003，第 145 页。

二种关系都应该属于府际关系。随着公共治理模式的变迁，传统的等级森严的科层制思维应该被抛弃，尤其在当前强调治理主体多元化的语境下，各个治理主体都在积极地拓展合作空间，囿于等级思维会抑制政府创新行为；政府职能部门之间的合作也应是府际合作的题中之义，在行政实践中，跨区域政府部门间的合作已较为普遍和多见，政府部门本身也通过制定大量规范性文件推进工作开展，而从行政法的角度考虑，政府职能部门也是诉讼主体，具有一定的独立性，因此完全可以予以考虑。另外，府际合作的形式多种多样，既有正式的具有拘束力的合作，也有松散的象征性的合作，对于倡议性、非实质性的合作完全可以接受斜向合作关系以及政府职能部门之间的合作关系。

横向府际合作，主要指相同行政层级政府间或者相同层级政府的职能部门间为解决区域公共问题、维护共同利益，通过协商、谈判制定正式或者非正式的规则以规范彼此行为、追求共同目标的行为。横向府际合作的"横向"是科层制的语境下的表达。政府作为公共权力机关，其权力的强制性并不会因治理模式变迁而改变，因此，政府间交往必须考虑权力、权威、权限、层级、合法性等要素，府际合作中，尤其是正式的合作形式必须考虑对等性因素，正式合作一般都涉及合作各方必须完成的任务和目标，履行相关的责任，往往存在一定的约束力或者拘束力，对等性合作有助于合作各方展开务实的协调，即使涉及正式的谈判也有利于各方摆正姿态，保持彼此尊重，实现真正的沟通。

二 行政协议和行政协定

行政法研究者一般称地方政府之间因合作而签署的文件为"行政协议"，与"行政协议"相近的概念还有"行政协定""行政契约""行政合同""府际契约"等。在使用和表述这些概念的时候，有的学者会交叉使用这些概念，并没有进行严格区分，有的学者则要求审慎对待，避免歧义。那么，到底哪个概念更能精准地表达、阐释这一现象呢？它们有无差别？从学界对这些概念提出的顺序进行历时性分析来看，"行政合同""行政契约"应该是较早提出的概念，从行政法方面思考，"行政协定"是相对于前者的分析而得出的概念，"行政协议""府际契约"更多是基于当前区域一体化发展从公共行政视角得出的概念。这些概念涉及的核心词是"行政"、

"合同"、"契约"、"协议"和"协定"等概念，我们首先分析一下剥离"行政"之后的概念，然后再对其结合后的意涵进行解析。

1. 合同、契约、协议、协定

人们从心理上大多认为这些概念所指的含义应该是一样的，甚至不加区分地使用，但显然笼统地把这些概念等同并不合理，否则词汇的差异性就失去了意义。从《现代汉语词典（修订本）》来看："协议"是指国家、政党或团体间经过谈判、协商后取得的一致意见；"合同"指两方面或几方面在办理某事时，为了确定各自的权利和义务而订立的共同遵守的条文；"契约"是指证明出卖、抵押、租赁等关系的文书；"协定"指经过协商订立共同遵守条款的文件。表面上看，这些概念都涉及双方就某些事项达成一致性的意见，但就每个概念所指向的领域来看，这些概念有着一定差别，"协议"的政治色彩比较浓厚，"合同"更多与民事有关，"契约"也与民事有关，但其是一种相反方向的意思表示行为，"契约"在民事领域和司法实践中已经较为少用；"协定"更多地应用于国际关系领域，是国家间或国际组织间为解决专门性和临时性问题而签订的契约性的条约，"协定"常和"条约"一起使用。由此看来，这些概念再加上"行政"这个限定词，必然有着不同的指向，如果不加区分地使用，不利于达成理论上的共识，自然也就无法对实践有所指导。

2. 行政合同和行政契约

从根本意义上讲，"契约"与"合同"并不完全一样，但由于都关涉民事领域，所以学界对此区分并不严格。对于"行政合同"与"行政契约"，大多数行政法学家认为二者并无区别。① "合同"是个民事概念，"行政"与"合同"之间应是"水火不容"的，但随着社会发展，尤其是治理方式的变迁，行政机关在履行职责的过程中更多地运用合同的方式来达到管理目的，于是行政合同就成为行政法学领域的新课题。所谓"行政合同"，是

---

① 如应松年主编的《行政行为法——中国行政法制建设的理论与实践》认为："行政契约也称作行政合同或公法上契约。"应松年主编《行政行为法——中国行政法制建设的理论与实践》，人民出版社，1993，第583页。罗豪才主编的《行政法学（附 行政法学自学考试大纲）》认为："行政合同，又称行政契约，是指行政主体为了行使行政职能、实现特定的行政管理目标，而与公民、法人和其他组织，经过协商，相互意思表示一致所达成的协议。"罗豪才主编《行政法学（附 行政法学自学考试大纲）》，北京大学出版社，1996，第258页。

行政主体基于行政管理目的，与对方当事人之间设立、变更、消灭行政法律关系的协议。与民事合同相比，行政合同表现出以下几个方面的特征：合同订立其中一方必须是行政机关或者其他行政主体；行政合同是履行行政职责的一种方式；基于公共利益需要，行政合同中要体现出行政优益权。上述特征描述的行政合同的一方是行政主体，另一方是非行政主体，所以行政合同履行中有行政优益权问题。

行政合同双方可以都是行政主体吗？对此，德国行政法根据契约双方当事人地位的不同将行政契约区分为对等契约和主从契约，其中对等契约指的是在地位或级别上平等的行政机关之间或者私人之间缔结的有关公权力义务的契约，而主从契约指的是行政机关为一方，公民或者其他法人为另一方签订的契约，我国台湾地区和日本也都采用类似的分类方法。由此可见，对于政府间签署的合作协议，大陆法系往往统称为"行政契约"或者"行政合同"。

3. 行政协议

行政协议是当前学界总结认定的描述区域一体化发展过程中地方政府间签署的文件。刘莘在1995年就提及"行政协议"，他在研究行政合同之时认为合同双方签订主体如果都是行政机关，应该称之为"行政协议"[①]，但当时他并没有进行具体分析。叶必丰、何渊在研究区域一体化问题时一直使用"行政协议"的概念，并为一些学界人士所认同。他们认为，"行政契约与行政合同并不是同一个层次的概念，行政契约可以分为对等性行政契约和主从性行政契约"[②]，"主从性行政契约指的是行政合同，对等性行政契约就是行政协议"[③]。这种区分是必要的，称谓不同本身就暗含着差别。莱翁·狄骥在分析合同和协议的时候也曾指出："一切的合同都是一种协议，但是很多的协议并不就是合同。"[④] 由此看来，概念界定有利于明确事物的性质，从而避免理解上的歧义。

4. 行政协定

"行政协定"这一概念最早产生于国际关系领域。吕晓波认为，所谓

---

① 刘莘：《行政合同刍议》，《中国法学》1995年第5期。
② 翁岳生编《行政法》（下册），中国法制出版社，2002，第752页。
③ 张家洋：《行政法》，台湾三民书局有限公司，1993，第619~630页。
④ 〔法〕莱翁·狄骥：《宪法论 第一卷——法律规则和国家问题》，钱克新译，商务印书馆，1959，第293页。

"行政协定"是政府首脑（或经授权的行政部门首脑）根据行政权力签订的具有约束力的国际协定。① 1990 年全国人大常委会通过的《中华人民共和国缔结条约程序法》具体载明了不同国家之间可以缔结条约、协定或者具有条约协定的文件。由此看出，协定的使用在国家间关系方面较为广泛，当然，也并不仅仅局限于国家层面，行政协定可以在国内层面上使用。杨临宏认为，行政协定是指行政主体之间为有效地行使国家行政权力、实现国家行政管理职能、明确各自的职责权限，经意思表示一致达成协议的双方行政行为。② 何渊在研究美国的区域法制协调时分析了美国州际政府间签署较多州际协定的事实，并认为美国的州际协定、行政协议以及非正式行政协议是一种互补的合作形式，从具体演变来看，体现出州际协定向行政协议和非正式行政协议变迁的趋势。③

5. 府际契约

杨爱平提出了"府际契约"的概念来描述当前区域合作行政问题，他剖析了"行政协议"这一用法的缺陷，认为"行政契约（协议）"概念未能直观揭示出区域合作协议的签约主体，容易使人把对等性行政契约与不对等性行政契约混为一谈。④ 既然区域合作中政府所签订的行政协议（契约）与一般意义上的行政合同（契约）有显著的区别，尤其体现在签约主体上有质的差别，那么，继续使用"行政协议"或"行政契约"的概念来统称政府间所签的合作契约就缺乏学理依据，甚至产生概念混淆。此外，把行政契约（协议）视为区域合作中具有准法律性质的一种法制协调工具，不符合基本常识，带有先入为主的价值预设倾向。因为无论从协议订立的主体、协议的内容还是协议的执行机构以及制度安排上看，这些所谓的行政协议均不符合法律构成的基本要件。府际契约体现出契约双方主体是政府及职能部门，体现出平等和意思自治原则，体现出政策性文件的属性。

综观上述概念，可以说每个概念的产生及内在逻辑都有一定意义。到底哪种概念能够更好地表述这一现象呢？笔者认为，从成文法表述、司法

---

① 吕晓波：《行政协定简析》，《外交评论（外交学院学报）》1984 年第 1 期。
② 杨临宏：《行政协定刍议》，《行政法学研究》1998 年第 1 期。
③ 何渊：《美国的区域法制协调——从州际协定到行政协议的制度变迁》，《环球法律评论》2009 年第 6 期。
④ 杨爱平：《区域合作中的府际契约：概念与分类》，《中国行政管理》2011 年第 6 期。

实践以及学界倾向来看，"行政契约"和"行政合同"缺乏明确的指向性，不适宜采用；"府际契约"由于契约概念在行政领域使用较少不符合要求；"行政协议"由于与"行政合同"存在明显的相关性，容易混淆。结合学者观点，可以考虑引入"府际协定"或"府际协议"的概念。该概念既体现了双方行政主体的行政行为，又体现了行政行为的合意性，而且"协定"和"协议"的概念在法律中多有表述。对于府际协定和府际协议的区分，可以参考美国学者齐默尔曼对美国州政府和地方政府的行政协议所进行的分析，他把州政府和地方政府之间签署的协议分为三类：州际协定、正式行政协议和非正式行政协议。① 州际协定是州政府与州政府之间签署的具有法律规范的正式协议，而正式行政协议和非正式行政协议是州政府和地方政府都可以签署的协议。由此可见，府际协定在缔结的程序和内容方面比较完整，而府际协议则更具弹性和灵活性，其成立和生效并不需要严格的程序，有利于迅速解决政府间发生的问题。鉴于学界普遍使用"行政协议"和"行政协定"等概念，下文在相关论述中并不会刻意应用新概念，具体使用时也不对此作严格的区分。

三 纠纷、纠纷解决与纠纷解决机制

1. 纠纷

纠纷是人类社会普遍的社会现象，它可发生于人类社会各个场景中，如个人与个人之间、个人与组织之间、组织与组织之间等。各种类型的纠纷会以不同形式出现于不同领域中。由于"纠纷"是人们常用的司空见惯的词语，我们可以首先从一般语义上予以了解。现代汉语词典对"纠纷"的解释是"争执的事情"，而其中关键词"争执"的意思是争论中各持己见，不肯相让。这种解释不难理解，纠纷的存在显然是当事人双方或者多方在某些事物的认知上或者某些问题的处理上存在不同意见，而且彼此不肯妥协退让，导致紧张态势。由于观念不同、认知差异、利益分歧、文化差别等因素，纠纷的发生往往是不可避免的。对于日常生活中发生的纠纷无须回避也无法回避，唯有积极处理才是关键。

---

① Joseph F. Zimmerman, *Interstate Cooperation: Compacts and Administrative Agreements*, State University of New York Press, 2012, p.171.

组织之间尤其是政府组织之间发生的纠纷，相对来讲解决的难度以及带来的问题要复杂得多，这主要与组织本身的属性有关。政府组织处理的事务具有公共属性，政府组织所面对的公共问题较一般企业或者个人所面对的问题要复杂和多元，而且政府行为有着固定的程序和规则，因此不可能像一般主体那样随意采取某种方式或者形式就可以寻求解决。对于政府之间的纠纷，其概念阐释与思考应该从学理上去剖析，这有助于更好地探求纠纷解决机制。

日本学者小岛武司、伊藤真认为，纠纷是社会主体之间的一种利益对抗状态，是由于当事人基于某种原因对现在状态不满并要求进行变更而产生的。① 纠纷的实质比较明确，就是当事人之间利益出现不均衡。但仅仅明了利益不均衡对于纠纷解决显然是不够的，这里需要对纠纷的构成要素以及纠纷的发生过程进行更深一步的分析。对纠纷要素的了解是化解纠纷的第一步，了解清楚纠纷的要素有利于纠纷解决制度的构建。纠纷的要素主要包括三个方面：主体、客体和行为。主体是纠纷的当事人，是具有自觉性、自主性的人或者组织。这种自觉性和自主性对于纠纷的认识和判断极为重要。实际上，实践中往往有些纠纷并不必然像我们想象的那样有着明确的利益诉求，纠纷往往是当事人主观认知或者持有的某种观念而引致的。客体是指纠纷所指向的对象，主要表现为与纠纷当事人有关的某种利害关系或者相互冲突的利益，这里所说的利益既表现为有明确的物质载体的显性的利益，也有一些文化、符号甚至精神层面的隐性的利益。纠纷行为是第三个要素，所谓纠纷行为就是纠纷一方主体所采取的将纠纷从自身的单方不满变成意图损害对方的行为，它直接决定着纠纷的性质、程度、结局方式的选择和解决的难易程度。② 很显然，纠纷属于一个过程性现象，是一个渐进累积的过程，是小问题得不到解决导致情感和权力的剥夺，以至于激化了不满情绪的结果。美国人类学家劳拉·纳德提出了纠纷过程的研究进路，并指出纠纷是嵌入社会关系的社会过程，推动了从注重纠纷结构向

① 〔日〕小岛武司、伊藤真编《诉讼外纠纷解决法》，丁婕译，中国政法大学出版社，2002，第16页。

② 侯怀霞、张慧平：《纠纷解决及其多元化法律问题研究》，法律出版社，2015，第25页。

过程的研究转变。[1] 把纠纷放置于动态的过程中去分析，以及对纠纷行为进行阶段性观察对于纠纷解决极为重要，很多纠纷结果的产生往往忽视了纠纷发生机理和渐进性过程从而延误了处理的有利时机，这不利于正确地认识纠纷。

2. 纠纷解决

纠纷解决是指在纠纷发生后，特定的纠纷主体依据一定的规则和程序，消除冲突状态，对损害进行救济，恢复秩序的活动。纠纷主体之间产生纠纷并不意味着纠纷会朝着解决的路向发展，即使是受到"伤害"的一方并不必然会谴责其所遭受的不公或主张自己的权利，甚至有时会拒绝自身所处的伤害性地位。[2] 此时，纠纷将会隐藏于个体或者组织系统内部。当其中一方开始寻求补救办法时，就进入纠纷解决的进程。纠纷解决是一个主观意志的体现，它包含三个阶段：命名阶段，纠纷中的任何一方意识到存在一个问题并对该问题进行概述；指责阶段，将自身的伤害性经历告知另一方或者其他相关主体，提醒其注意；主张阶段，主张自己的权利并要求对方进行赔偿，并寻求纠纷解决的办法。

有的法律会对政府间纠纷解决拟定清晰的条款，比如《水污染防治法》第 26 条规定了跨行政区域的水污染纠纷由有关地方人民政府协商解决，或者由其共同的上级人民政府协调解决。《行政区域边界争议处理条例》第 11 条也规定了省、自治区、直辖市之间的边界争议，由有关省、自治区、直辖市人民政府协商解决；经协商未达成协议的，双方应当将各自的解决方案并附边界线地形图报国务院处理。国务院受理的省、自治区、直辖市之间的边界争议，由民政部会同国务院有关部门调解；经调解未达成协议的，由民政部会同国务院有关部门提出解决方案，报国务院决定。纠纷解决面临两个最重要的问题，一是纠纷解决的主体，二是纠纷解决的方式。在政府间纠纷中，纠纷主体不仅涉及双方或者多方政府及其职能部门，还可能涉及上级政府，以及受影响的市场主体、社会组织和公民个体等。纠纷解决方式则更呈现多元化、多样性的特点，它既可以由双方

---

① 参见张晓辉、王静宜《"不受羁绊的人类学"——劳拉·纳德的法律人类学研究及其贡献》，《思想战线》2019 年第 3 期。

② Elizabeth A. Hoffmann, *Co-operative Workplace Dispute Resolution: Organizational Structure, Ownership, and Ideology*, Gower Publishing, 2012, p. 28.

或者多方当事人协商，也可以邀请不同类型的第三方参与，还可以直接交与第三方解决；可以是协商式的、调解式的，也可以是仲裁式的，还可以通过司法途径解决。

3. 纠纷解决机制

纠纷解决机制是指一个社会为解决纠纷而建立的由规则、制度、程序、机构及活动所构成的系统。[1] 机制是一个和制度、体制相对应相依存的概念，制度是组织构建的规范行为主体活动的具有正式形式的强制性体系，体制是指组织机构的设置、组织权力的分配、管理权限、隶属关系等方面的体系，相较于制度和体制，机制属于更微观的概念，是组织机构之间相互作用的过程、方式和内在机理，更多表现为动态的过程。但这个动态的过程建立在制度和体制的基础上，是制度和体制的动态显示。制度的实施和体制的运转离不开机制作用的发挥，不同的制度和体制决定着不同的运行机制。在实践中，纠纷解决机制意味着纠纷行为发生后，当事人具体通过什么机构，运用哪种方式，依据何种规则条款，通过什么程序启动并运用怎样的流程去化解纠纷的过程。纠纷解决机制因制度和体制的不同而不同，当制度被重新安排或者实现了创新，资源将被重新分配，进而对体制中各要素的地位产生影响，最终必然会使得组织内在机理发生变化。恰适性的纠纷解决机制能够根据纠纷类型运用诸如协调、谈判、斡旋、调解、仲裁、司法等方式及时、便捷、高效地解决组织间的纠纷，从而避免矛盾扩大和深化，为弥合组织间缝隙提供有力的支撑。

第三节　国内外相关研究及述评

一　国外研究现状

有关府际合作的具体实践和理论研究都兴起于美国。20 世纪 30 年代美国在治理大危机时，联邦政府与州政府一改分权独立的态度，转而寻求主动合作。此后，州政府和地方政府横向的政府间合作急剧增加。最早对府际合作进行系统研究的是 Deil S. Wright，他在《理解政府间关系：太平洋林

---

[1]　范愉：《纠纷解决的理论与实践》，清华大学出版社，2007，第 80 页。

区》中通过三种"方法"或框架，即概念历史、经验描述和政策内容，抓住了政府间关系的本质。第一种方法强调了美国历史上对联邦制的理解发生了变化，而联邦制远不是美国政府体系的静态动力；第二种方法是美国国家行政项目。国家机关领导的许多方面都反映在对政府间关系的理解上，包括国家行政人员的日常工作、他们对不同机构参与者影响的看法以及他们对具体行政行为的看法，这些项目渗透于州和地方行为之中；第三种方法强调了政策类型研究，包括边界或管辖型政策、分配型和发展型政策、规制型政策、再分配型政策等四种类型，这些研究为厘清府际合作纠纷产生的原因和类型奠定了基础。[①] Laurence J. O'Toole 和 Robert K. Christensence 对州际合作从州际协议、联合法律行动、统一州法三种合作类型以及高、高/中、中、中/低、低等几个层次的合作密度分析了美国各个州在不同类型中的合作的数量，结果呈现出类型多样、密度增加的趋势。[②] 尼古拉斯·亨利在统计美国州际合作协议后也发现：几乎每个州和其他州签订了至少 20 个合作协议。[③] 州际关系和地方政府间关系日益密切，随之而来的则是纠纷的出现及其日益复杂化的态势。

从府际纠纷的解决视角来看，西方发达国家比如美国、德国、法国、西班牙等国有着较为多样化的纠纷处理机制。正如 Gregory E. Conrad 所言，在一个像我们这样多样化的国家里，试图为所有发生的问题确定一个解决办法和技术是不可能的。[④] 具体来看，对于府际纠纷的研究体现出三个特点。

第一，主要从多科性角度探讨纠纷及纠纷解决的本质。尽管纠纷是一个涉及法律案件的问题，但纠纷深嵌于人际关系、文化和情境、社会网络、交易、政治、心理等诸多因素之中，纠纷处理是极为复杂和棘手的问题。如法律人类学家 William L. F. Felstiner 和 Lynne A. Williams 认为，应该将纠纷处理的焦点从法律构建的"案件"转移到更广泛的概念，即在文化和语

---

① Deil S. Wright, *Understanding Intergovernmental Relations*：*Pacific Grove*，California：Brooks/Cole Publishing Company，1988，p. 291.

② Laurence J. O'Toole，Robert K. Christensence，*American Intergovernmental Relations*：*Foundations*，*Perspectives*，*and Issues*，Washington：CQ Press，1985，p. 133.

③ 〔美〕尼古拉斯·亨利：《公共行政与公共事务》（第 8 版），张昕等译，中国人民大学出版社，2002，第 641 页。

④ Gregory E. Conrad，"Interstate Cooperation and Environmental Protection"，*Environmental Geology and Water Sciences*，Vol. 20，No. 1，1992，pp. 1-3.

境中嵌入的"纠纷"，以更好地理解纠纷。① 社会心理学家 Dean G. Pruitt 等人关注纠纷和冲突的破坏性和建设性，以及个人和群体在预防、制造、升级、解决和调和纠纷与冲突方面是如何行动的。② E. Allen Lind 等人研究并创建了一个新的领域——"程序正义"，该领域从经验上检验了在不同的过程环境中期望和表现的差异——例如对抗性结构和询问性结构的对比，这些社会科学家证明，争端解决过程的参与者对"程序公平"有着强烈的渴望，这种渴望可能比他们对实际结果的满意或担忧更为强烈。③ 经济学、博弈论的理论家对纠纷和冲突局势中的行为和选择的关注，激发了人们对战略行为和互动的实验室和实证研究，如 Robert H. Mnookin 研究了纠纷和冲突局势中的参与者在纠纷情境中如何表达自己的内在需要或利益，以及如何协调与对手或伙伴的行动。④ 政治理论家和政策活动家如 Carmen Sirianni 及 Lewis A. Friedland 提出了新的方法，以发展替代正式宪政化的行政、立法和司法等政府机构的进程，从特设决策小组、经谈判的规则制定、区域化或实质性组织的决策和"公开对话"，这些进程旨在加强人类的理解。⑤ 多科性的视角给观察纠纷提供了全面的视角，有利于提高对纠纷本质的认知，从而对纠纷解决的特定方法进行设计和评估。

第二，主要研究替代性纠纷解决机制。Orion F. White、Roger Richman 和 Michaux H. Wilkinson 提出了调解员的一系列中介角色策略。他们认为在地方政府间纠纷谈判中存在一定的"自主性结构模式"和当事人意识不到的"自己的生命"，调解者应该识别并利用这种模式，其主要功能是让争论者参与对话，并通过控制和驱散消极情绪确保调解进行，调解者应该确立规范、基本准则、谈判规则和沟通渠道。调解员是谈判的设计者和管理者、

---

① William L. F. Felstiner, Lynne A. Williams, "Mediation as an Alternative to Crininal Prosecution: Ideology and Limitations", *Law and Human Behavior*, Vol. 2, No. 4, 1978, pp. 223–244.

② Dean G. Pruitt, et al., *Social Conflict: Escalation, Stalemate and Settlement*, New York: Random House, 1986, pp. 13–28.

③ E. Allen Lind, et al., "In the Eye of the Beholder: Tort Litigants' Evaluations of Their Experiences in the Civil Justice System", *Law & Society Review*, Vol. 24, No. 4, 1990, pp. 953–996.

④ Robert H. Mnookin, eds., *Negotiating on Behalf of Others: Advice to Lawyers, Business Executives, Sports Agents, Diplomats, Politicians and Everyone Else*, Sage Publications, 1999, pp. 76–93.

⑤ Carmen Sirianni, Lewis A. Friedland, *Civic Innovation in America: Community Empowerment, Public Policy and the Movement for Civic Renewal*, University of California Press, 2001, pp. 134–156.

谈判会议的进程推动者、实质性立场的干预者。① M. Herrman 分析了为何在政治环境中地方政府及其领导人不愿寻求辅助性程序比如调解来解决纠纷和冲突，原因在于传统的思维或者智慧将寻求帮助等同于软弱——优柔寡断、缺乏远见或缺乏政治影响力。② W. Thomas Wiseman 研究了调解在地方政府间纠纷和冲突解决中的应用。他认为尽管很少有地方政府运用调解来解决纠纷，但因联邦和州政府无资助任务增加，政府间纠纷的数量正以惊人的速度增长，缺乏解决方案的地方政府应将调解纳入常态管理工作事项中。政府间调解减少了政治危机，同时又为挽救和修复政府间关系提供了机会，而且远离了漫长和成本高昂的司法程序。他认为应该在政府中加强替代性纠纷解决方案的宣传教育；鼓励政府及工作人员将纠纷和冲突视为盟友而不是敌人；要建立纠纷管理计划，组织多方参与的调解委员会并建立调解员认证制度；地方政府应该制定决议或法令要求纠纷进入诉讼之前必须加强谈判，如果谈判存在难题则可以进入调解程序。③ Joseph W. Girardot 分析了美国州际水资源纠纷的三种解决方案：联邦水务机构解决、仲裁、最高法院裁决，他认为相比于最高法院冗长和成本高昂的诉讼程序以及联邦水务机构受到国会在法律环境中禁止使用非对抗性事实发现、自主权、财政压力等因素限制，仲裁是启动迅速、程序简洁、廉价高效、分配公平的有效方案。④ Daniel P. Fernandez 详解了佛罗里达州圣彼得堡市和皮涅拉斯县之间历时五年诉讼仍遥遥无期的"坦帕湾水战"，最后通过政府间协定拟定的具有约束力的仲裁条款化解了纠纷，尤其是程序上行政听证与仲裁的混合体是高昂的、无法预测的、往往令人不满意的诉讼机制的替代形式。⑤

第三，主要对纠纷解决的体制进行研究。Gregory E. Conrad 提出矿产开发和环境污染都会突破行政边界，州际竞争不可避免，而州际合作的重要

---

① Orion F. White, Rogen Richman, Michaux H. Wilkinson, *Intergovernmental Mediation: Negotiations in Local Government Disputes*, Boulder, CO: Westview Press, 1986, pp. 12-23.

② M. Herrman, *Resolving Conflict: Strategies for Local Government*, Washington, DC: International City Management Association, 1995, p. 57.

③ W. Thomas Wiseman, *Intergovernmental Mediation: A Technique for Successful Local Government Partnerships*, ProQuest Dissertations Publishing, 2001, pp. 16-31.

④ Joseph W. Girardot, "Toward a Rational Scheme of Interstate Water Compact Adjudication", *University of Michigan Journal of Law Reform*, Vol. 23, No. 1, 1989, pp. 151-169.

⑤ Daniel P. Fernandez, "From Litigation to Arbitration: A Case Study in Water Resources Conflict", *Journal of Business Case Studies (JBCS)*, Vol. 9, No. 3, 2013, pp. 235-242.

性也显而易见，同时联邦政府也会积极出台介入各州的管制措施，州际矿产契约委员会能够协调行动，对具有重要意义的事项达成一致，提供解决州际问题的渠道。① R. A. Cairo（1998）以苏斯克汉纳和特拉华河为例，审查了州际水管理问题的各种法律和体制手段，剖析了两种管辖区间冲突的方法：司法解决方案和立法解决方案。在司法解决方案中，他分析了司法程序和裁决理念，并提出尽管宪法确立联邦最高法院的初始管辖权，但最高法院往往并不愿意行使管辖权。立法解决方案是通过更为精细的协定把双方争议事项用法律的形式确立。② Keon S. Chi 分析了美国政府间关系咨询委员会在处理州际关系中所发挥的积极作用，政府间关系咨询委员会既能作为州际联系的平台、问题探讨的论坛，也能发挥调解州际冲突的作用，还能作为州际协定的重要仲裁机构。③ 上述类型的委员会是美国普遍存在的组织形式，类似的组织还有美国全国州长协会、美国统一州法全国委员会等。Joseph F. Zimmerman 审查了最高法院在解决国家间争端方面的作用，探讨了美国最高法院对涉及州际多端的一系列问题的最初管辖权，特别是法院为确定是否应援引其原初管辖权而制定的标准。他分析了广泛的具体争端，从边界线到财务事项，再到水资源分配、引水和污染。为了减轻法院异常繁重和极其重要的上诉工作量，法案提交人提出了解决姊妹州之间争议的替代机制，包括州际边界契约、州际监管契约和几项国会倡议。④ 我们一次又一次地劝告在本法院进行诉讼的州，他们的争端更有可能通过合作研究、会议和各国代表的相互协商而得到令人迷惑的解决，而不是通过任何法院的诉讼程序解决。从组织学视角看，Joseph F. Zimmerman 还分析了州际合作中所产生的专门机构——协定委员会，并从委员的产生类型描述了不同类型的协定委员会，这些协定委员会可以直接处理州际纠纷，是重要的州

---

① Gregory E. Conrad, "Interstate Cooperation and Envsromental Protection", *Enviromental Geology and Water Sciences*, Vol. 20, No. 1, 1992, pp. 1–3.

② R. A. Cairo, "Dealing with Interstate Water Issues: The Federal Interstate Compact Experience", in R. E. Just, S. Netanyahu（eds）, *Conflict and Cooperation on Trans-Boundary Water Resources*, Springer, Boston, MA, 1998, pp. 115–130.

③ Keon S. Chi, "The Contributions of the US Advisory Commission on Intergovernmental Relations: A Retrospective Assessment", *State and Local Government Review*, Vol. 36, No. 3, 2004, p. 231.

④ Joseph F. Zimmerman, *Interstate Disputes: The Supreme Court's Original Jurisdiction*, State University of New York Press, 2012, pp. 22–23.

际协调机构。① Joseph F. Zimmerman 较为系统地分析了美国的州际合作，他认为司法裁决是解决州际纠纷的重要机制，但司法裁决并不是优先选项，应该充分地考虑协商、谈判、调解等形式。他还区分了州际协定和州际行政协议，州际协定的缔结意味着各州让渡了部分主权，具有强制力和拘束力；州际行政协议分为正式的行政协议和非正式的行政协议，正式的行政协议是较州际协定更为灵活、法律程序上更为简单的一种合作协议，非正式的行政协议往往是一些口头的或者临时性的合作协议。州际协定是一种在法律上有约束力的合同，其争议可以交由联邦最高法院进行裁决，协定的变更也需要遵循特定的修改程序。对于因行政协议而产生的纠纷，更适合用协商或者谈判的方式来解决。② M. Duchateau 等人指出，"解决纠纷的最佳方式"并没有通用的模式。相反，什么是最合适的解决纠纷的方式在很大程度上取决于情境因素，如所涉各方的性质、它们之间关系的性质、争端的经济和/或道德价值、争端的交叉管辖权性质等。纠纷在不同的治理结构中不断地演变，演变过程如何不仅取决于争端本身的性质和所涉当事方的类型，而且取决于不同制度试图保护的价值观。③

二 国内研究现状

府际关系研究已经成为公共行政领域的热点。第一，学者从不同学科视角，运用不同的研究方法对府际关系现象以及如何更好地推进府际合作进行了较为丰富的研究。比如有的学者从法律视角进行研究，周帆从法律途径探讨了府际关系起点、动力和建设规则，并从立法权、行政权、司法权方面分析了府际关系规则，以及未来的目标定位和法制化设想。周帆强调府际关系应从立法规范、行政规则、协调制度等方面构建完善的政府间法律体系。④ 王春业对经济区域法制一体化进行了研究，提出了区域法制

---

① Joseph F. Zimmerman, *Interstate Disputes：The Supreme Court's Original Jurisdiction*, State University of New York Press, 2012, pp. 77–78.

② Joseph F. Zimmerman, *Interstate Disputes：The Supreme Court's Original Jurisdiction*, State University of New York Press, 2012, pp. 35–42.

③ M. Duchateau, et al., *Evolution in Dispute Resolution：From Adjudication to ADR？* Eleven International Publishing, 2016, pp. 23–37.

④ 周帆：《改革开放后的中国府际关系：一种法律的途径》，博士学位论文，复旦大学，2004，第 199~202 页。

体化三重路径：构建区域共同规章，制定示范性文本，赋予行政协议以法律效力。① 石佑启、朱最新探讨了珠三角一体化政策法律方面的问题，分析了区域政府间法律协调、行政执法协作以及司法协助问题。② 有的学者从组织视角进行研究，比如任宗哲、李尧远认为应该通过地方政府让渡权力构建董事会制度来推动府际合作向深层次发展。③ 蒋辉认为政府间松散型横向一体化战略联盟是诸多外部约束内部化的有效之举。④ 有的学者从管理模式角度进行研究，比如朱德米分析了网络状公共治理的运行；⑤ 朱春奎、申剑敏分析了跨域治理的 ISGPO 模型。⑥ 有的学者进行实证研究，比如刘亚平、颜昌武以清水江治理为例分析了区域公共事务的治理逻辑；⑦ 蔡岚以长株潭公交一体化为例分析了缓解地方政府合作困境的治理框架；⑧ 等等。

第二，主要研究区域利益纠纷的协调补偿和协商问题。对于府际合作中因利益失衡而导致的矛盾，学者强调了利益协调、责任分担与利益补偿机制的重要性。比如，王扩建具体分析了长江三角洲主体间应该通过改革区域的财税、利益分配、绩效考核、跨区域协调制度来解决主体间利益不协调问题。⑨ 陆文聪、马永喜分析了水资源利用有关补偿理论，提出了水资源协调利用的利益补偿框架。⑩ 王勇分析了流域政府间横向协调机制的三种

① 王春业：《我国经济区域法制一体化研究》，人民出版社，2010，第 138~140 页。
② 石佑启、朱最新：《珠三角一体化的政策法律问题研究》，人民出版社，2012。
③ 任宗哲、李尧远：《董事会制：区域协调互动机制的初步设想》，《陕西行政学院学报》2009 年第 2 期。
④ 蒋辉：《政府间松散型横向一体化战略联盟：跨域治理的新模式》，《中南民族大学学报》（人文社会科学版）2012 年第 1 期。
⑤ 朱德米：《网络状公共治理：合作与共治》，《华中师范大学学报》（人文社会科学版）2004 年第 2 期。
⑥ 朱春奎、申剑敏：《地方政府跨域治理的 ISGPO 模型》，《南开学报》（哲学社会科学版）2015 年第 6 期。
⑦ 刘亚平、颜昌武：《区域公共事务的治理逻辑：以清水江治理为例》，《中山大学学报》（社会科学版）2006 年第 4 期。
⑧ 蔡岚：《缓解地方政府合作困境的合作治理框架构想——以长株潭公交一体化为例》，《公共管理学报》2010 年第 4 期。
⑨ 王扩建：《长江三角洲区域合作中的利益协调机制研究》，《云南行政学院学报》2008 年第 2 期。
⑩ 陆文聪、马永喜：《水资源协调利用的利益补偿机制研究》，《中国人口·资源与环境》2010 年第 11 期。

形式，即科层型协调机制、市场协调机制、府际治理协调机制。① 林民书、刘名远提出区域经济合作的制度瓶颈是利益分享和利益补偿机制的缺乏。② 王文婷、黄家强分析了大气污染府际治理的财税法路径。③ 叶必丰提出截至 2014 年我国 15 部法律和 25 部行政法规中共有 53 个协商条款，行政法规中涉及的行政协议条款具有调整区际纠纷的法律功能，这种承担组织法功能的行为法机制需要行政程序立法整合行为法机制、赋予地方对特定事务的终局性处理权来最终实现区际关系结构的现代化。④

第三，探讨了府际纠纷的司法机制。利益协调与补偿有利于促进区域合作，但如果缺乏纠纷解决机制，利益协调与补偿并不一定能够实现。薛刚凌认为，由于横向政府间不存在隶属关系，也就不存在行政上的直接监督，横向政府间一旦发生冲突，完全可以诉诸司法程序。尽管《行政诉讼法》未明确规定府际争议可通过行政诉讼解决，但并不意味着不可以修改《行政诉讼法》，在府际关系基本法的构想中，应该考虑司法调控机制，独立的司法机关裁判是保障独立的地方政府利益的关键。⑤ 程迈、牟效波翻译了斯通等人的著作，该书从破除地方保护主义领域分析，认为依靠上级解决并不是最好的方案，地方政府之间完全可以通过诉讼来发现和确立解决纠纷的规则。⑥ 叶必丰等人提出了行政协议三种纠纷机制，分别是责任条款解决机制、行政解决机制和仲裁解决机制。⑦ 马怀德认为行政主体之间因权限的存在或者行使而发生纷争，可以通过法院裁判，依法划清各行政主体之间的权力界限，防止越权和滥用职权，有利于减少由于权限交叉而造成的纠纷，并提出将行政主体纳入诉讼范围有利于行政组织法的发展。⑧ 熊文钊、郑毅认为纠纷解决的软法性所造成的矛盾积聚效应和恶劣的示范作用是区

① 王勇：《政府间横向协调机制研究：跨省流域治理的公共管理视界》，中国社会科学出版社，2010。
② 林民书、刘名远：《区域经济合作中的利益分享与补偿机制》，《财经科学》2012 年第 5 期。
③ 王文婷、黄家强：《大气污染治理政府间分担机制研究——以财税法为视野》，法律出版社，2017。
④ 叶必丰：《行政组织法功能的行为法机制》，《中国社会科学》2017 年第 7 期。
⑤ 薛刚凌：《论府际关系的法律调整》，《中国法学》2005 年第 5 期。
⑥ 〔美〕斯通等：《中央与地方关系的法治化》，程迈、牟效波译，译林出版社，2009。
⑦ 叶必丰等：《行政协议：区域政府间合作机制研究》，法律出版社，2010。
⑧ 马怀德：《完善〈行政诉讼法〉与行政诉讼类型化》，《江苏社会科学》2010 年第 5 期。

域行政协议稳定运行的障碍,对其"硬法化"是解决问题的关键。① 吕志奎认为要想建设法治政府,需要构建平等主义的政府间利益关系司法调控机制,跨区域的巡回法院的设立为解决跨区域纠纷提供了司法基础,而公益诉讼的推动将有助于政府诉诸司法程序来监督控制政府间协议的履行。②

三　总体评价

综观国内外文献研究进路和现状,可知国内外研究的起点、理路和聚焦领域并不相同,研究的侧重点和研究深度自然亦不相同。相对来说,西方学者研究的系统性更强,研究更有厚度,中国学者研究的范围更宽广,研究的厚度欠缺,西方有关学理研究可以为我国研究提供重要的理论观照,但西方依然有需要进一步研究的领域,比如有关纠纷解决司法途径的诉讼管辖,联邦法院是否可以委托管辖问题;州际协定数量降低而行政协议和非正式行政协议数量持续走高问题;行政协议制定过程中的公民参与以及程序合法性问题;等等。中国学者的研究相对来说有着更为广阔的领域,原因主要在于中国和西方国家的制度的差异性决定了研究视野的不同,在国外,有关政府间行政协议进入司法机制不存在障碍,但中国还需要学界进行大量的基础性研究。就具体的政府间纠纷解决领域来看,有的学者已经注意到纠纷解决机制在地方政府间合作中的缺失问题,但在研究视角、研究范围、研究主题方面尚缺乏进一步的探讨。

第一,总体来看,当前主流研究集中在区域合作治理机制层面,更多笔墨着眼于跨域治理体制、跨域治理模型、地方政府间合作模式、合作治理中的利益补偿等领域,缺乏对区域合作利益纠纷解决机制的内在机理及其具体运作的研究。

第二,已有研究探讨了行政协议的内涵、法制化、诉讼等问题,但一般都把行政协议界定为行政机关和行政相对人之间签署的协议,对政府间签署的行政协议分析较少或者避而不谈。即使有的学者分析了政府间行政协议的法制化和纠纷解决问题,但往往是一笔带过,缺乏更为深入的研究。

① 熊文钊、郑毅:《试述区域性行政协议的理论定位及其软法性特征》,《广西大学学报》(哲学社会科学版)2011年第4期。

② 吕志奎:《全流域治理中政府纠纷管理的制度设计》,《中国国情国力》2017年第3期。

第三，已有研究对行政协议的法律性质以及行政协议的合法性进行了探析，但分析不够深入。对实践如此丰富的行政协议往往进行笼统的分析，忽视了行政协议的多重面向，这不利于对行政协议进行更为深入的观察。

第四，已有研究注意到了法律条款中以及实践中的纠纷解决机制，但缺乏对传统的纠纷解决机制的有效性以及规范性进行分析，比如政府间协商机制应该如何构建，协商主体、协商程序、协商结果使用、后续执行等各方面要素都需要进行系统的研究。

第五，现有研究对于文本的关注还不够，这主要因为政府间缔结的行政协议难以获取，大量行政协议并不对外公布，只能通过申请信息公开获得，而且有的行政协议涉及第三人信息可能需要保密，以及有的行政协议使命终结政府不愿意公开，导致文本资料缺乏，阻碍了研究进程；另外，学界缺乏对纠纷解决条款以及纠纷机制的研究。

第四节 研究框架与研究方法

一 研究框架

本课题研究围绕府际合作中"利益纠纷"这个中心，在梳理府际合作来龙去脉的基础上，深入挖掘府际合作产生的各种纠纷类型并进行类型学分析和归纳，然后系统地思考纠纷产生的原因，最后对纠纷解决机制进行针对性设计和构建。主要内容如下。

第一章作为导论首先介绍了本书研究的背景、研究问题的由来以及研究的意义；其次对横向府际合作纠纷机制的核心概念进行梳理、析辨和界定；再次对国内外研究现状进行梳理；最后阐明本书的研究框架和研究方法。

第二章首先系统介绍了横向府际合作的动因，包括区域一体化浪潮的示范性动因、地方分权与地方自主的主观性动因、中央宏观政策激励的诱导性动因、区域公共问题治理的逼迫性动因。其次分析了府际合作的历史分期，总结了中央引导下的对口支援期、中央强力推进下的区域协调发展期、区域经济一体化时期、区域全面一体化时期。最后探析了横向府际合作的法律属性和法律渊源。

第三章分析了横向府际合作中冲突的表现及成因。地方政府是一个有着地方特殊利益和共同利益的综合体，它既有着利益最大化的倾向，也有着追求区域共同利益的需求，这就意味着地方政府会在合作过程中进行利益的权衡。当过度追求自身利益时，地方政府之间的矛盾就开始显示并表现为不同的形式，如背弃合作协议规定、行政规则不统一、行政壁垒、邻避困境等。地方政府间之所以存在冲突，是因为制度安排不合理、利益共享和分配以及补偿不合理、缺乏合作资本、缺乏磋商机制、发展阶段不平衡等。

第四章从文本自身的角度进行分析研判，寻找文本到底有没有纠纷解决的相关规定。由于地方政府之间合作的文本多种多样，必须对其进行梳理和分类，具体有三种分类：立法机关文本、行政机关文本和司法机关文本；规划性文本和执行性文本；倡议性文本和执行性文本。根据不同的文本类型进一步从文本的目录编码方式和文本框架结构总结了文本的内容，并具体分析了纠纷解决条款，发现了部分文本中存在纠纷解决条款但总体缺乏纠纷解决条款的现象。

第五章具体分析了美国州际协议的性质以及纠纷解决机制。美国是联邦制国家，联邦和州的共享主权，以及地方政府的自治性使得各级政府行政天然具有合作倾向。美国府际合作形式多样、类型繁多、领域广泛，而纠纷解决机制也存在各种形式。比如第三方仲裁调解、诉讼、友好协商等，而每一种解决机制又有若干类型，比如对于第三方调解，调解的主体可能是非政府组织，也可能是共同的上级政府；可能是司法调解，也可能是行政调解。

第六章具体分析了区域一体化进程中府际纠纷解决的特点、解决机制及其有效性，区域一体化发展过程中，府际纠纷呈现出多样性、繁重化、复合化、解决时效性要求高等特点。尽管府际纠纷已经呈现出新的变化，但府际纠纷解决并不会轻易地调整，根据法律规定和传统惯例，政治协商、科层制协调、纠纷内部化依然是主要的形式。

第七章具体分析了横向府际合作中利益纠纷解决机制类型及其适用性；随着公共治理模式的变迁，我们不能否定新的纠纷解决方式的作用。调解、仲裁、司法等不同类型的纠纷解决方式应该引入府际纠纷处理之中。对每一种纠纷解决方式应该结合当前法律规定、行政实践进行针对性分析，对于实践中已有而法律没有规定的纠纷解决机制比如仲裁应该进行规范，对于法律和实践中没有或者不明确的应该寻求改革的路径和具体的制度设计。

二　研究方法

1. 利益分析法

在府际合作过程中，横亘在地方政府面前的容易阻碍彼此合作及信任的是永恒的利益。尽管政府是公共利益的守护者，但具体每一层级每一区域的地方政府都会有属于自己的地方利益，政府间纠纷的发生是利益使然。政府间签署的一系列文件的规定都与各方利益休戚相关。绝不能因地方政府机构的公共权力属性而忽视利益因素，相比于其他组织而言，政府组织因其自身的性质而使纠纷变得更为复杂。

2. 文献研究法

本书文献研究的主要特点是通过对地方政府之间合作的文本的收集分析，探寻府际纠纷处理的蛛丝马迹，合作文本的收集主要通过四种途径：一是查阅对合作协议文本进行专门编写的图书资料；二是查阅有关著作的相关附录；三是申请政务信息公开；四是通过网络搜集。对通过上述途径找到的资料进行文本分析，可以探查政府间关系的行为模式、潜在合作行为背后的动机以及存在的问题和风险。

3. 比较研究法

综观世界各国的宪法、法律法规以及行政实践，每个国家都有属于自己的纠纷解决机制。通过分析他们的纠纷处理方式以及具体的制度安排，在此基础上归纳出对中国的镜鉴。本书将以美国府际纠纷处理为典型案例，并对西班牙、日本、德国等国进行辅助性分析，以此最终找到共性。

4. 规范分析方法

规范研究就是要跳出既有的实然状态前往应然状态，府际纠纷按照法律应该如何处置是一回事，改变革新现行制度和体制、寻求更有价值的方案是另一回事。府际纠纷解决机制并不是永恒不变的，它要根据社会变迁、治理理念和模式的变化而不断调整，当支撑现行机制运行的基础逐渐解体，就必须在事物变化中找到制度演进的方向，并寻求新的力量。府际纠纷解决机制的边界并不是固定不变的，它是一个不断扩展的过程，规范研究就是要在扩展中找到目标和方向。

5. 历史研究法

纠纷、纠纷解决、纠纷解决机制都必然要在历史的河流中蜿蜒而来，逶迤而去。要想在曲折的河流中找到处理府际关系的真谛，必须充分理解府际关系的产生、发展和演变过程，只有在特定的历史背景中进行考察和思索，才能真正找到化解府际纠纷的新的力量。

第二章 横向府际合作的动因、历史演进及法律性质定位

横向府际合作经历了一个由被动到主动，由认知模糊到逐步清晰的过程。除了中央的综合协调和统筹考虑之外，划区域而治的地方政府很少会考虑和其他地方开展合作。但在政策诱导、地方分权、经济一体化、区域公共问题等多重因素叠加的影响之下，地方政府面临着越来越严峻的治理难题和治理危机，单打独斗式的处理方式和治理思路已越来越难以适应复杂的情势。在不同的历史时期，府际关系呈现出明显的异质化特点，其关系内容、治理目标、合作形式、组织机制等也不相同，挖掘隐藏在府际关系背后的内在规律和客观要求，是理解并把握府际关系法律性质和府际合作未来的关键。

政府间关系的变化既彰显了中央与地方关系的角色重构，也体现了地方治理模式的变迁。地方治理模式的变迁意味着本来由地方政府主导的独舞变成了政府间合作的共舞，地方政府的角色必然面临分解和重构，而当地方政府面对新的权力、新的结构、新的程序、新的管理事务时，新的问题也由此而生，这就意味着地方政府必须对新问题寻求新答案。要想深入理解政府间关系，必须对府际合作的动因、历史演变进行系统的梳理。

第一节 府际合作的动因

地方政府在合作的互动过程中能够为问题提供新的治理规则，当事各方在信息共享和分享中，在数据披露、审议和辩论中，能够更好地利用信息和数据，暴露出问题之所在，产生新的解决方案。当然，府际合作的出现、变化与发展，是多重因素所导致的，任一地方政府行为都不是单向的、线性的，彼此需要在复杂的动因中寻求利益平衡点。

一　中央宏观政策激励的诱导性动因

我国是典型的单一制国家，地方政府之间进行合作如果没有中央的政策引导、赋权或者默示显然是不可想象的，但中央政府对于地方政府间合作的考量、理解、认同和接受是伴随着政治行政实践逐步展开的。

新中国成立之后，中国建立了高度集中的政治、经济和行政管理体制，立法权、人事权、行政管理权牢牢掌控于中央政府手中。地方政府只负责执行中央政策、完成中央交付的任务。中央通过职责同构的条条集中了几乎所有的事务和权力，但随着过度集权所带来地方行政僵化的问题的出现，中央开始倡导激发地方政府的行政活力。毛泽东 1956 年强调，"处理好中央和地方的关系，这对于我们这样的大国大党是一个十分重要的问题"①，"现在几十只手插到地方，使地方的事情不好办。立了一个部就要革命，要革命就要下命令。各部不好向省委、省人民委员会下命令，就同省、市的厅局联成一线，天天给厅局下命令。这些命令虽然党中央不知道，国务院不知道，但都说是中央来的，给地方压力很大。表报之多，闹得泛滥成灾。这种情况，必须纠正"。②

1958 年，中央为了加强对地区经济的计划指导，协调各大区内省、自治区、直辖市间的经济联系，从当时的实际出发，考虑历史关系和政治、经济、军事需要，将全国划分为七个协作区（东北、华北、华东、华南、华中、西南、西北），并要求各区尽快建立大型的工业骨干和经济中心，形成若干个具有比较完整的工业体系的经济区域。经济区的功能之一是促进各行政区内各省区市的分工与协作。1978 年 3 月，全国人大五届一次会议审议批准的《1976—1985 年发展国民经济十年规划纲要（草案）》提出，在全国建立独立的、比较完整的工业体系和国民经济体系的基础上，基本建成西南、西北、中南、华东、华北和东北六个大区的经济体系，并把内地建成强大的战略后方基地。要求每个经济协作区应建立"不同水平，各有特点，各自为战，大力协作，农、轻、重比较协调发展的经济体系"。

1995 年 9 月，中共中央制定通过了《关于制定国民经济和社会发展

---

① 《毛泽东文集》第 7 卷，人民出版社，1999，第 32 页。
② 《毛泽东文集》第 7 卷，人民出版社，1999，第 31 页。

"九五"计划和 2010 年远景目标的建议》，"九五"计划明确提出要加快推进区域经济协调发展，强调按照市场经济规律和经济内在联系以及地理自然特点，突破行政区划界线，在已有经济布局的基础上，以中心城市和交通要道为依托，逐步形成几个跨省（区、市）的经济区域，包括以上海为龙头的长江三角洲及沿江地区经济带，以珠江三角洲和闽东南地区为主的东南沿海经济区，以辽东半岛、山东半岛、京津冀为主的环渤海经济圈，以亚欧大陆桥和京九等铁路大干线为纽带的经济带。同时，以东北、西南、西北等地区老工业基地和粮食、棉花、煤炭、石油等资源富集地区为依托，形成若干各具特色的重点产业区。各地区要在国家规划和产业政策的指导下，选择适合本地条件的发展重点和优势产业，避免地区间产业结构趋同化，促进各地经济在更高的起点上向前发展。积极推动地区间的优势互补、合理交换和横向经济联合。比如，加强东部沿海地区与中西部地区的经济联合与技术合作，鼓励东部沿海地区向中西部地区投资，组织好中西部地区对东部沿海地区的劳务输出。东部经济发达地区采取多种形式与中西部地区联合开发资源，利用中西部地区丰富的劳动力资源，发展劳动密集型产业。另外，各区域间要加强人才培训和交流。

2018 年 11 月，中共中央、国务院发布《关于建立更加有效的区域协调发展新机制的意见》，为了促进区域协调发展向更高水平和更高质量迈进，意见从建立区域战略统筹机制、健全市场一体化发展机制、深化区域合作机制、优化区域互助机制、健全区际利益补偿机制、完善基本公共服务均等化机制、创新区域政策调控机制、健全区域发展保障机制、切实加强组织实施等若干方面做了全面部署，充分体现了中央对区域协调发展的高度重视与政策示范。

中央利用权威和强大的宏观调控力量为推动区域协调发展奠定了重要基础。在中央推动区域协调发展视域下，地方政府之间的关系相对来说缺乏自发性和主动性，这主要是由区域协调发展本身的内涵决定的。区域协调发展的最终目的是各区域之间经济规模差距适度、公共服务均等、比较优势发挥、人与自然和谐共生，但在具体发展过程中，必须面临区域发展时序问题，非均等化的发展战略是不得已的选择。中央区域协调发展是充分利用各区域的比较优势、要素禀赋，推动一部分地区先发展而后逐步带动其他地区发展。在区域协调发展理念下，地方政府逐步被纳入一体化机制之中，为进一步合作奠定了基础。

二 地方分权与地方自主的主观性动因

随着高度集中的政治经济体制的落幕，自上而下的、等级森严的管理体制已越来越暴露出行动迟缓、财政赤字、决策失误、效率低下等问题，这不但不能有效地解决社会问题，而且使得政府的合法性基础受到侵蚀和冲击。为了提高公共服务质量和治理绩效，满足人民群众的意愿，回应人民群众诉求，创建参与型政府，中央政府开始向地方、社会、市场放权。权力下放和市场化改革激发了地方政府活力，逐渐造就了生机勃勃的地方治理制度。地方政府拥有越来越多的决策权和管理权，这自然提高了地方政府治理的积极性。地方政府自主管理权限的扩大使得地方政府开始主动地拓展生存空间，寻求更为有效的制度安排以提高地方治理绩效。

对于分权化改革，从五四宪法、七五宪法、七八宪法到八二宪法有关内容的变迁中可以深刻感受到其所隐藏的气息。五四宪法制定于新中国成立初期，宪法条文中没有涉及促进地方积极性的内容。七五宪法开始关注地方政府积极性问题，其中第 10 条规定：国家实行抓革命，促生产，促工作，促战备的方针，以农业为基础，以工业为主导，充分发挥中央和地方两个积极性，促进社会主义经济有计划、按比例地发展，在社会生产不断提高的基础上，逐步改进人民的物质生活和文化生活，巩固国家的独立和安全。七八宪法在中央与地方积极性发挥问题上增加了一个重要的原则，就是中央统一领导，以防止地方积极性的过度发挥脱离了预定轨道，其中第 11 条第 2 款规定：国家在发展国民经济中，坚持独立自主、自力更生、艰苦奋斗、勤俭建国的方针，以农业为基础、工业为主导的方针，在中央统一领导下充分发挥中央和地方两个积极性的方针。现行八二宪法更为全面地思考了中央与地方的关系问题，其中第 3 条第 3 款明确规定了中央和地方的国家机构职权的划分，遵循在中央的统一领导下，充分发挥地方的主动性、积极性的原则。并在第 89 条第 4 项规定，国务院统一领导全国地方各级国家行政机关的工作，规定中央和省、自治区、直辖市的国家行政机关的职权的具体划分。不同版本的宪法内容表述所隐藏的信息是对地方政府作为一个独立主体的功能运行和作用发挥的探索。

对于地方政府而言，其组织地位和地方治理权的关键在于立法权，五四宪法、七五宪法和七八宪法都没有提及地方政权机构拥有立法权，即使对于国务院的职权也只是提到国务院可以根据宪法、法律和法令，规定行政措施，发布决议和命令。八二宪法是个重大转折点，其明确规定了国务院的行政立法权，八二宪法第 89 条规定了国务院可以制定行政法规，同时该法也规定了地方人大有权制定地方性法规，第 100 条规定：省、直辖市的人民代表大会和它们的常务委员会，在不同宪法、法律、行政法规相抵触的前提下，可以制定地方性法规，报全国人民代表大会常务委员会备案。同年修订颁布的《地方各级人民代表大会和地方各级人民政府组织法》进一步规定了地方政府的规章制定权，第 35 条第 1 项最后增加：省、自治区、直辖市以及省、自治区的人民政府所在地的市和经国务院批准的较大的市的人民政府，还可以根据法律和国务院的行政法规，制定规章。地方人大和地方政府从宪法和组织法获得的地方立法权为地方政府自主治理提供了重要的法治基础和法治平台。

随着地方政府权力的不断上升，中央和地方的关系不再是改革前的命令和服从关系，更多地演变成了一种协商和谈判关系，中央在作出重大决策之前经常向地方政府广泛征求意见，认真听取各方的反应，需要得到大多数地方政府的理解、同意和支持后才付诸实施。以公共财政为例，财政分权是地方行政分权的核心，1980 年中央与地方财政关系发生重大变革，开始推行"分灶吃饭"的财政承包制，地方政府的财政权限不断扩大，在分税制改革之前甚至曾多次出现中央政府财政困难而向地方政府借钱的情形。有学者统计，1981 年至 1992 年，中国省级政府边际收入留存率的平均值达到 89%，且在 1987 年之后显著增加。而在同时期其他一些国家，如俄罗斯、印度、墨西哥等，这一数值则要小得多，这显示出中国的地方政府在这一时期获得了相当大的财政激励。[①]

地方权力扩张提高了地方政府行政自主性，地方决策的独立性和地方利益的追求，使得地方之间竞争加剧，政府治理呈现出一种政治锦标赛模式。从府际关系角度来看，地方政府间呈现出竞争与合作的发展态势，竞争使得某些地方政府呈现出保护主义倾向，市场分割、基础设施重复建设、产业同构、招商中政策过度承诺等现象，充分体现出行政区经济和行政区

---

① 闫茂旭：《分税制改革与中国经济体制改革思路的转换》，《中共党史研究》2018 年第 12 期。

行政的特点。但地方政府间同样也呈现出一种合作态势，地方政府自主性并非仅仅体现于竞争，同时还有合作共赢的需求。1981年，北京、天津、河北、内蒙古、山西五省（区、市）组建了国内第一个区域经济合作组织——华北地区经济技术协作会。主要通过高层会商，解决地区间的物资调剂问题，指导企业开展横向经济联合。随着中央强力推进市场一体化进程，地方政府也逐步认识到单纯的竞争并不是地方经济社会发展的出路。市场要素跨区域流动积极意义明显，它有利于生产要素的优化配置，有利于产业集聚，促进分工和专业化，有利于创新精神和技术扩散，有利于行业和区域间均衡。恶性竞争的结局并不必然是你输我赢，可能还有双输的结局。另外，抱团竞争①也是促进地方政府主动合作的动力，地方政府面临的不仅是单个行政区域地方政府的竞争，还可能是其他区域政府联合的竞争，这在无形之中形成了促进地方政府合作的激励。

总之，随着地方自主权的扩大，封闭的地方行政区疆界被打破，地方政府开始主动冲破区划的藩篱、寻求一致行动来解决共同问题。

三 区域一体化浪潮的示范性动因

在全球化浪潮的推动下，区域一体化发展日益显现，区域主义的意识和理念逐步崛起。所谓区域主义是指相邻的国家或地区之间，通过政府间的合作和组织机制，加强地区内社会和经济发展的互动意识。② 日本学者大前研一曾言："在这个充满不确定因素和危险敌手的复杂世界上，最好不要单独行事。在广阔舞台上叱咤风云的大国，一贯有与有共同利益的其他国家结盟，这并没有什么使人感到羞耻的。这是所有杰出战略家的保留节目。"③ 区域一体化浪潮的风起云涌成为地方政府的重要示范，为地方政府间展开合作提供了背景因素。

制度学派阐释了组织趋同化现象，认为组织不仅受制于技术环境，还受

---

① 周黎安把以大都市为中心经济圈之间的竞争（比如长三角和珠三角之间）称为抱团竞争。
② 美国著名国际关系学家将区域主义分为宏观区域主义、次区域主义和微观区域主义，宏观区域主要指洲之间，次区域主要指国界相连的国家间，微观区域更多指一国内部经济区域或者地方政府间。
③ 〔日〕大前研一：《便于战略联营的原理》，载〔美〕乔尔·布利克等编著《协作型竞争》，林燕等译，中国大百科全书出版社，1998，第42页。

到制度环境的影响，制度环境要求组织服从"合法性"机制，采用那些在制度环境下"广为接受"的组织形式和做法，而不管这种形式和做法对组织而言是否有效率。该理论有利于阐释政府组织之所以寻求合作、参与区域一体化的动因。政府组织同样会模仿同领域中成功组织的行为和做法，同样会借鉴其他政府在区域一体化中的经验和教训。尤其对组织结构相似、价值目标相同的地方政府来讲，其存在平等对话的基础，资源交换的前景广阔。

从世界各个区域、各个国家发展的大势来看，区域一体化已经成为一个世界化的浪潮，无论是国际层面，还是国家内部区域局面，区域一体化越来越为政府组织所认同和接受。区域一体化发展对于地方政府来讲是内生的经济发展需求使然，也是抱团竞争的需要，但在抱团的过程中，优先实施区域一体化的区域起到了很好的示范作用，比如区域合作比较成熟的长三角、珠三角、京津冀地区已经成为地方政府区域一体化发展的试验田和样板间，这些区域一体化示范区的价值在于为其他区域提供合作的体制机制模式，可以规避合作中存在的各种风险和挑战，促进区域一体化的发展。

区域一体化有着积极的意义，但实际上，合作并非能够轻易地达成，表面上看，一个主权国家内部由于执行的是共同的竞争政策，逻辑上在其内部不应该存在严重的"非一体化"的分割倾向。但是从实践来看，主权国家内部不仅存在严重的"非一体化"市场，而且降低这种分割的程度往往不见得比主权国家之间的一体化来得更容易，对处于经济转型时期的发展中的大国经济来说更是如此。以区域一体化发展最早的长三角地区为例，虽然长三角地区地域相邻、人缘相亲、文化相融、经济相通，但是其一体化发展进程充满了各种艰辛和困难。这里面有自然条件不同、技术基础条件差异、利益诉求不同、利益分配不均等因素，当然更为重要的还是区域间行政壁垒的存在。影响区域一体化发展进程和发展水平最重要的因素就是地方政府的行政壁垒，其他非行政因素能影响经济发展水平，但对一体化发展水平和程度影响不大。因此破除各地的行政壁垒，最大限度地推动地区间的竞相开放，成为推进区域经济一体化的主要措施。①

---

① 刘志彪：《区域一体化发展的再思考——兼论促进长三角地区一体化发展的政策与手段》，《南京师大学报》（社会科学版）2014 年第 6 期。

但是破除行政壁垒并非易事，尽管长三角区域政府层面的合作已经形成了"高层领导沟通协商、座谈会明确任务、联络组综合协调、专题组推进落实"的省市级政府合作机制，长三角区域在产业一体化、交通便利化、基础设施一体化、信息一体化方面的建设成效也较为显著，地方政府部门之间在食品监督、医疗保障、科技资源共享服务平台、大气污染联合防治、口岸通关方面的合作制度和运行机制良好，但是，政府间产业结构趋同化问题依然存在，区内社会保障差异问题、教育难以同城化问题依然突出，科技方面如各省市间科学数据库、专家库等创新的要素资源仍然未开放共享，尤其是长三角城市在推进制度一体化方面作用仍然有限。

当然，区域一体化本来就是需要持续完善、不断发展且没有终点的进程，一体化建设的优良经验可以为其他地方政府提供借鉴，而存在的问题或者教训同样具有参考价值。作为区域一体化发展的先行者，长三角区域一体化进程掀起了中国区域一体化的浪潮，地方政府把跨域合作、跨域治理作为日常工作开展的重要组成部分。无论是省级政府间还是一省内部地方政府间，都在着力推动一体化发展，加强区域协同行动，构建区域政府合作机制。以省内府际合作为例，目前，山东省已经形成了四大区域合作示范区，分别是山东半岛蓝色经济区（2011 年）、黄河三角洲高效生态经济区（2009 年）、鲁南经济带（2008 年）、济南都市圈（2006 年）。在此基础上，截至 2021 年山东省进一步开创了"一群两心三圈"的发展新格局。其他较有影响力的如福建的厦漳泉地区、湖南的长株潭都市圈、河南的中原城市群、新疆的乌昌一体化区域、湖北的武汉都市圈等都是区域合作开展得较好的地方。

区域一体化发展已经呈现出不可阻挡之势，成为地方政府重要的战略组成部分。地方政府应该重构自身的行动框架，从战略定位、议题议程、目标规划、组织体制、运行机制、合作方式等各个方面重新思考自身与其他地方政府之间的关系，以更快、更好、更高效地融入区域一体化进程中，并从合作中获取发展的新动力。

四　区域公共问题治理的逼迫性动因

卢梭在《论科学与艺术的复兴是否有助于使风俗日趋纯朴》一书中批判了科学和艺术使得我们的灵魂随着科学与艺术的日臻完美而越发腐败，

它不仅不能使人保持道德纯洁性，反而会败坏风尚。[1] 马克思也描述了技术的胜利似乎总是以道德败坏为代价，人们取得了物的世界的增值，而同时总是以人的世界的贬值为代价。[2] 两大哲学家不管是以什么样风格和视角对世界进行观察都给我们很多启发：技术的进步带来的并不总是经济增长和完美的结局，经济与社会的发展不是没有任何代价的。把上述的分析用于区域一体化的思考同样适用，对于任何地方政府而言，科技的发展毋庸置疑地促进了地方经济的发展，同时，地方政府在追求本行政区的发展过程中还可能对其他行政区有积极的溢出效应，但是，同时也会产生负面的外部性问题，在这个联系紧密、关系错综复杂的时代，地方政府的任意行为似乎都会对其他区域产生或多或少、或大或小、或强或弱的影响，而多重交织的网络所引发的问题也变得越来越难以辨别和梳理，使得区域性公共问题的处理越来越棘手。

传统的公共管理组织是封闭的、僵化的，以内循环为主，但当下存在的跨区域的公共问题已经逼迫传统组织必须转型，必须以开放的、灵活的、内外循环的行政模式为主导。以典型的流域治理为例，流域的自然属性决定了其本身的整体性，但行政区划的存在决定了流域所经地段的人为分割，这种人为分割所导致的问题主要体现在对水资源的使用、保护、开发、污染、防治的不一致、不对等和不均衡上，地方保护主义心理以及机会主义策略可能使得地方政府间很难开展积极有效的合作，最终往往导致"公地悲剧""囚徒困境"等结局。类似的问题林林总总，如邻避设施问题、大气污染防治问题、卫生防疫问题、市场规则和监管一致化问题、基础设施对接与共享问题等。当然，每一种问题的治理方式和应对手段不同，发生频率和治理难度不同，地方政府间合作关系构建的密集性和参与度也是不同的，但不论何种区域问题，地方政府都要积极应对。

人类已经进入风险社会和复杂性社会的时代，在这种社会背景下，许多传统的行政辖区内部的公共问题出现外溢化、扩散化和无界化现象，跨区域公共问题持续增多，因此，跨区域公共治理对于任何一个地方政府来

---

① 〔法〕卢梭：《论科学与艺术的复兴是否有助于使风俗日趋纯朴》，李平沤译，商务印书馆，2016，第14页。

② 中共中央马克思、恩格斯、列宁、斯大林著作编译局译《1844年经济学哲学手稿》，人民出版社，2000，第51页。

讲都是不得已而为之的行动。尤其是随着经济结构的深刻调整、环境污染治理力度的增大、公共危机的频发以及跨区域公共物品的供给所引发的持续性变革，地方政府间将会以前所未有的速度打破组织边界和地理界线，采取新的政策工具和方法，寻求并构建一种共生性伙伴关系。地方政府不能再固守自己的疆界，公共管理者不仅要管理自己机构的事务，而且还要与其他组织保持密切联系。这种组织关系正因为跨区域问题的复杂性呈现出关系密集化趋势，跨区域问题的治理已经成为地方政府常态工作事项。地方政府应该把跨区治理作为政府工作重要组成部分，不能简单地被动应对，而要积极地合作处置并加强府际协同。要重新思考组织性质和定位，从价值认同、组织架构、战略定位、协同流程、学习成长等各个方面思考组织间关系。

第二节　府际合作的历史演进

府际合作是一个发生、发展的动态过程，在历史的不同时段，地方政府间的合作意识、合作宗旨、合作模式以及合作方式都具有一定的差异性。我国是单一制国家，中央政府在不同时期对于府际合作的价值和功能定位的认识也不同，因此介入地方政府间合作领域的方式也有所不同。由于中央政府在府际合作领域的认识不同，地方政府间合作也不断地变化并呈现出不同的特征。另外，府际合作的时代背景将直接影响府际合作的模式，在高度集权的计划经济体制和强调要素市场配置的社会主义市场经济体制下，各地方政府的主动性和积极性是不同的，中央政府介入府际合作的角色亦不相同。下面，我们将结合中央政府和地方政府在府际合作中的表现进行历时性分析，总的来看，可以粗略地将合作划分为以下几个阶段。

一　中央引导下的对口支援期

对口支援是在中国政治环境中产生和发展的一种独特的府际合作形式，主要指相对发达或实力较强的地区对相对不发达或实力较弱的地区在财物、技术、产业、医疗、教育、应急等领域的援助。20世纪五六十年代，在社会主义大家庭帮扶精神的指引下，一些相对发达的地区就从不同行业抽调人员帮扶相对落后地区，比如上海派出金融、建筑、纺织、电力、机械、高教等领域的技术和专家人才帮助陕西省的现代化建设。但其作为一项具有实质意义的政策被具体提出的时间是 20 世纪 70 年代末期。1979 年 4 月 25 日，全国边防工作会议在北京召开，乌兰夫在会议上指出，民族工作必须坚持国家帮助和自力更生相结合的方针，加速边疆、少数民族地区的经济文化建设。国家将加强边境地区和少数民族地区的建设，增加资金和物资的投入，并组织内地发达省、市对口支援边境地区和少数民族地区，确定北京支援内蒙古，河北支援贵州，江苏支援广西、新疆，山东支援青海，上海支援云南、宁夏，全国支援西藏的政策。①

从此以后，对口支援就作为中国府际关系中的重要政策被确立下来，党中央、国务院以及各有关部门都出台相关政策或者举行会议肯定、鼓励、督促地方政府积极实施对口支援。对口支援方式呈现多样化趋势，除了常规的资金、项目、工程和技术援助之外，教育支援、医疗支援、灾害支援、移民支援等各种领域的支援也逐渐出现。从府际关系的角度来讲，对口支援尽管呈现出区域间的合作，但从严格意义上讲，这并不是一种现代意义上的府际合作，这种合作所呈现出的特征有独特性。

第一，指令性。对口支援是一种政治任务，不是府际自发的互动和链接，在这里，中央政府的指令发挥着更为重要的作用。在这种横向联系中，中央利用自身政治权威，利用对人事、资源的掌控以及对意识形态的考量等因素，倡导、引导甚至强制地方政府参与对口支援之中。

第二，单向性。对口支援政策在府际体现为单向性关系，而不是双向的或者多向的网络。支援方将人员、专家、技术、资金、项目、产业投入被支援一方，对于支援方而言，没有过多地要求被支援方给予任何形式的补偿，这是一种社会主义大家庭当中的兄弟感情式的合作。

第三，时限性。尽管有的支援类型具有一定的长期性，但是有许多类型的支援往往具有一定的时限性。比如灾难援助、移民援助、医疗援助，这种类型的援助往往随着灾难的消失或者移民任务的结束或者被支援地医疗水平的提高而结束。被支援方的困难化解后，支援方的一切人财物的投入将不再继续。

第四，非对等性。对口支援单向性决定了府际关系不是互利合作这

---

①　徐阳光：《财政转移支付制度的法学解析》，北京大学出版社，2009，第 175 页。

一种类型,难以用效益或者成本来衡量彼此的关系。非对等性还体现在对口支援并不仅仅是同一行政层级之间的合作,实践中存在一种斜向之间的关系,比如汶川地震中山东省对北川县的援助、广东省对汶川县的援助等。

二 中央强力推进下的区域协调发展期

区域协调发展是对口支援政策示范下的政策跨越,相对于对口支援的具体性和针对性,区域协调发展更多地体现为国家的宏观战略,从府际合作的角度来讲,初期的府际合作正是在区域协调发展背景下展开的,可以说,对口支援是区域协调发展的序曲。

尽管新中国成立初期毛泽东就提出了区域协调发展的思想,他在《论十大关系》中明确提出了要正确处理沿海工业和内地工业的关系,要充分利用和发展沿海的工业基地,以便更有力量来发展和支持内地工业。[①] 但在我国中长期计划中,首次体现区域协调发展思想的是"七五"计划,"七五"计划第三部分内容主要涉及地区布局和地区经济发展政策,明确了东部沿海地带、中部地带和西部地带的关系,并特别提出了老少边穷地区的经济发展问题。

区域协调发展的核心要义在于均衡,因地理区位、自然禀赋、技术和人力资源基础、发展际遇不同,区域之间的发展差异具有一定程度的客观性和必然性。另外,国家在推动中国快速工业化进程中也采取了一定的非均衡发展战略,比如,西部地区自然资源丰富,在传统政府价格管制的情况下,西部初级产品对于东部的输出,以及东部工业产品对西部的输出导致西部地区存在一定程度的利润双重损失。基于诸多因素的考虑,国家开始实施区域协调发展战略,其目的在于通过国家的宏观政策引导和扶持,缩小区域间经济发展差距,实现不同区域间共同发展。

在区域协调发展中,中央主要实施了三大战略:西部大开发、振兴东北老工业基地、中部地区崛起。2000 年 10 月,中共十五届五中全会通过《中共中央关于制定国民经济和社会发展第十个五年计划的建议》,提出发

---

① 《毛泽东〈论十大关系〉》,共产党员网,2013 年 8 月 14 日,https://fuwu.12371.cn/2013/08/14/ARTI1376449049161135.shtml。

行长期国债 14 亿元，把实施西部大开发、促进地区协调发展作为一项战略任务，强调："实施西部大开发战略，加快中西部地区发展，关系经济发展、民族团结、社会稳定，关系地区协调发展和最终实现共同富裕，是实现第三步战略目标的重大举措。"继西部大开发之后，中央又提出振兴东北老工业基地的战略部署，2002 年 11 月，党的十六大报告指出："支持东北地区等老工业基地加快调整和改造，支持以资源开采为主的城市和地区发展接续产业。"① 2004 年 8 月 3 日，温家宝在长春市主持召开了振兴东北老工业最高规格的会议，提出用新思路、新体制、新机制、新方式，走出加快老工业基地振兴的新路子。② 中部地区崛起是中华人民共和国促进中部六省共同崛起的一项政策，2004 年 3 月，温家宝在政府工作报告中首次明确指出，实施促进中部地区崛起战略是党中央、国务院作出的重大决策部署。③ 2006 年 3 月 27 日，中共中央政治局召开会议，研究促进中部地区崛起工作。胡锦涛指出，促进中部地区崛起，是党中央、国务院继作出鼓励东部地区率先发展、实施西部大开发、振兴东北地区等老工业基地战略后，从中国现代化建设全局出发作出的又一重大决策，是落实促进区域协调发展总体战略的重大任务。④

从目前来看，当前区域间发展水平依然存在明显差异，区域的产业结构和经济布局依然不合理，区域政策协调体系还不够健全，市场壁垒、重复建设和不公平竞争依然存在，因此，区域协调发展在一定时期内都将是国家重要的发展战略。中央政府应该进一步加强宏观政策引导，强化各层次区域规划的协调和衔接；完善中央转移支付方式，提高各地区公共服务质量并实现服务均等化；加强区域协调体系建设，健全区域协调机制，完善区域协调发展政策。

---

① 《十六大以来重要文献选编》（上），中央文献出版社，2015，第 19 页。

② 中共中央文献研究室：《为全面建设小康社会、开创中国特色社会主义事业新局面而奋斗——党的十六大以来大事记》，中国青年报网站，2007 年 10 月 9 日，http：//zqb. cyol. com/content/2007-10/09/content_1915991. htm。

③ 《中部崛起》，中国共产党新闻网，2008 年 9 月 25 日，http：//cpc. people. com. cn/GB/134999/135000/8105027. html。

④ 《胡锦涛主持政治局会议研究促进中部地区崛起工作》，中央人民政府网，2006 年 3 月 27 日，http：//www. gov. cn/govweb/ldhd/2006-03/27/content_237777. htm。

三 区域经济一体化时期

"区域经济一体化"这个概念最早出现于 20 世纪 40 年代的欧洲,这一专有名词出现后,有关区域经济一体化理论的探讨也就开始了。对于"区域经济一体化"一词的定义,经济学家艾尔·阿拉格(AiiM·EL-Agrua)有过这样的描述:"到了 1950 年,专门研究国际贸易的经济学家们赋予这一名词(区域经济一体化,International Economic Integration)一项明确的定义,特别指将不同经济实体结合成较大经济区的一种事物状态或者一种过程。"① 今天这个名词的用法也仅限于这一含义。更具体地说,国际经济整合能消除参与国之间的所有贸易障碍,并建立一定的合作协调机制。后者完全依赖于一体化采取的具体形式。

行政区域的划分基于行政管理的需要,它受地理环境、历史传统、政治、经济、文化等因素的影响,具有外生性特点,经济区域则不存在像行政区域那样的刚性划分,它受资源禀赋、产业结构、技术进步以及市场竞争等因素的影响,具有内生性特点,如果说行政区域是一种管理综合体,经济区域则是一种生产综合体,它是社会生产地域分工的空间表现形式。在市场经济体制下,经济发展有着突破行政区域的动力,它要打破地方保护主义藩篱,实现各种生产要素的优化配置。

区域经济一体化是市场经济发展的必然结果,亚当·斯密早在《国富论》一书中就提出,国际分工的必然性取决于自然优势和可获得优势所导致的生产成本和生产效率的差异性,分工以及专业化使得劳动和资本得到正确的分配和使用,生产国根据"两优选择取其重、两劣选择取其轻"的原则进行专业化生产,从而有利于降低生产成本,提高劳动生产率,使得分工各方都能实现财富最大化。② 但是这里有个重要的前提即贸易自由化,自由贸易可以使生产国进行利益最大化的判断。自由贸易不但需要国家之间通过经济一体化推动,而且在一个国家内部要实现市场一体化,同样需要打破地方保护主义,实现生产要素自由流通。

---

① 参见徐芮《中国外交中的区域经济合作——从北美自由贸易区的成功运作看中国—东盟自由贸易区的发展与前景》,硕士学位论文,外交学院,2001,第 4 页。

② 〔英〕亚当·斯密:《国富论》(上卷),杨敬年译,陕西人民出版社,2001,第 417~419 页。

可以说，区域经济一体化的关键不仅仅在于政府的推动，更重要的则是来自市场的内在驱动力。比如中国区域经济一体化的先锋——长三角地区，长三角地区在明清时期就已经成为繁盛的商品贸易集散地，各个区域之间商品贸易往来极为频繁，因此，长三角地区的区域经济一体化发展有着完全的自发整合倾向，各生产要素的配置充分体现了各个区域的发展基础。长三角地区长时期跨区域界线的流动已经塑造了整个地区的包容性文化和现代风范，有利于长三角地区向更深层次发展迈进。

四　区域全面一体化时期

从最本质意义上讲，区域经济一体化是区域政府间在经济领域的合作，政府间关系主要表现为是一个经济共同体。区域经济一体化随着区域间关系的紧密度表现为不同类型，理查德·G. 利普塞（Richard G. Lipsey）和K. 亚历克·克里斯特尔（K. Alec Chrystal）根据生产要素流动程度的级别，将区域经济一体化分为六种等级递增的状态：特惠关税区、自由贸易区（商品自由流动）、关税同盟（统一对外关税）、共同市场、经济与同盟和完全经济一体化。[①] 完全经济一体化体现了政府间在经济领域的全方位合作。随着经济关系越来越紧密，区域政府间在其他各个领域的合作往往也会逐步开启并加深，政府间合作表现为一种更高的合作形态——区域全面一体化，政府间在经济、政治、社会、文化等各个领域展开全方位的合作，同时合作的制度化、规范化水平也不断提高。

中国国内的地方政府间合作已经如雨后春笋般崛起，合作类型多种多样，合作领域不断加深，合作制度化水平越来越高。政府间合作已经呈现出从区域经济一体化向区域全面一体化过渡的态势。区域全面一体化表现出下列特征。

第一，合作事项超出了经济领域的范畴。区域合作不再仅仅局限于产业结构的转移和升级、贸易一体化、基础设施对接、旅游资源开发、信息一体化等事项。从政府职能的角度来看，区域合作不再仅仅是经济调节和市场监管领域，在社会管理和公共服务方面，政府间也展开了卓有成效的

---

① Richard G. Lipsey & K. Alec Chrystal, *Economics*（*Twelfth Edition*）, New York：Oxford University Press，2011, pp. 640–644.

合作，比如泛珠三角医保异地就医合作、长株潭院前医疗急救指挥监控一体化系统、长株潭公共场馆公共服务设施共建共享、长三角警务一体化框架协议等充分体现了区域合作的宽度。

第二，除了行政区划依然存在之外，地方政府几乎所有领域都实现了协同管理，区域一体化管理已经成为地方政府常态管理的重要事项，地方政府不再仅仅着眼于自己的辖区，实施行政管理必须考虑已有的合作框架、合作协议，以及合作方的意愿和行动，因此，行政管理理念、模式、运行机制已区别于传统的管理方式。比如，粤港澳大湾区在教育领域开展合作，充分利用粤港澳高校联盟平台，探索开展相互承认特定课程学分、实施更灵活的交换生安排、促进科研成果的分享转化等。

第三，区域法治一体化。区域法治一体化是区域全面一体化的重要表现形式，府际合作要想实现真正意义上合作就必须实现区域法治一体化。在这里，区域法治一体化主要表现为两个层次：一是地方立法和政策要实现有机协调，避免区域间政策法律冲突，石佑启、朱最新剖析了珠三角一体化中的政策法律问题，指出政府间在环境地方性法规、外商投资企业税收优惠政策、人力资源保障政策等领域存在冲突现象，[①] 政策法律的不一致现象阻碍了统一市场建立，加大了交易成本，加剧了恶性竞争；二是区域一体化联合立法，2006 年，东北三省就签署了《东北三省政府立法协作框架协议》，这个举动开创了中国区域性立法协作框架的先河，是我国尝试建立的首个区域立法协作框架。从目前来看，囿于联合立法的合法性问题悬而未决，区域联合立法并没有取得突破性进展。但从世界上其他国家的实践来看，政府间联合立法是解决区域问题、促进区域合作的典型做法。

府际合作在不同的阶段展示出了不同的组织理念、组织形式、组织结构和组织过程，这充分体现了政治、社会、经济的变迁给地方政府组织带来的影响，但不管府际合作中地方政府间的结构、信息流和互动因时间变化而多么不同，这都是一种共同意义构建的过程，需要在不同的利益主体的行动中去考察组织的演化模式和趋向。

---

① 石佑启、朱最新:《珠三角一体化的政策法律问题研究》，人民出版社，2012，第 126~133 页。

第三节　横向府际合作协议的性质论争与定位

　　区域一体化发展过程中，政府间合作治理已然成为解决跨区域公共事务的必然选择。行政实践中，政府间往往将签订合作协议作为合作的基本制度性安排，合作协议在区域治理中发挥了重大作用并推动了区域一体化进程。但政府间签署的合作协议的属性是什么？它具备怎样的效力？它又有何种特征？应该如何把握其内在本质？这成为思考区域一体化以及进一步推动区域一体化发展的关键。就其现状观察以及国外实践比较来看，这既是一个实然问题，又是一个应然问题，实然问题意指对于司空见惯、数不胜数的合作协议的运作方式进行的陈述，它涉及事实是什么；应然问题意指合作协议应该发挥的作用或者应该处于的特定的状态，它涉及价值判断。这需要对大量的事实进行观察、检验和分析，但事实知识累积得再多，也不能说明这个世界应该处于什么状态，想要知道这个世界是什么样子的，我们必须说明我们想要怎样的世界。① 所以，合作协议并不是固定不变的存在。地方政府之间签署的合作协议众多，形式多样，涉及领域广泛，对其性质的界定和判断，由于学界依据的理论基础和视角不同也是见仁见智、各执一词。以下将梳理学者观点并就其所依据的基础进行分析。

一　具体行政行为说

　　对于政府间合作协议的性质，学者多从行政合同的角度来界定。不少学者将行政合同视为一种特殊的、以双方形成合意为前提的具体行政行为，尽管行政诉讼法并没有明确的规定②，但基于对当事人救济的需要，确需视

----

① 〔美〕赫伯特·A. 西蒙：《管理行为》，詹正茂译，机械工业出版社，2013，第64页。
② 从我国行政诉讼法受案范围来看，在《行政诉讼法》修正之前，行政合同并没有被当作具体行政行为纳入行政法领域来救济，但司法实务中，最高人民法院和地方法院也曾受理过行政合同纠纷案，2015年5月1日修正后的《行政诉讼法》实施之后，行政协议被正式纳入诉讼受案范围。

其为具体行政行为。① 政府间签署的合作协议也是一种基于双方合意而产生的双方行政行为，尽管行政机关之间的合同相比于行政机关与非行政机关的相对人之间的合同存在差别，比如存在行政优益权问题，但不能因此而否定其行政合同的属性。

英美法系没有公法和私法划分的国家不存在行政主体之间的合同认定问题，西班牙、法国等制定行政程序法的国家同样如此。但我国对此并未做进一步具体的分析。姜明安在处理行政合同时，将行政合同称为"行政机关实施的其他行为"，与抽象行政行为和具体行政行为并列，区分了行政合同与具体行政行为的差异性。②

但如果从行政合同的视角来分析，自然能够得出具体行政行为说的结论，具体行政行为是行政主体运用行政权对特定的相对人设定权利义务的行为，行政合同往往是与特定的相对人签署的一次性解决有关问题的行为。

二 抽象行政行为说

抽象行政行为是指行政主体运用行政权，针对不特定相对人所做的行政行为，包括行政立法和行政规范性文件，具有普遍约束力和反复适用性。政府间协议是行政主体之间基于行政目的并在意思表示一致的基础上签署的协议，原则上似乎只对协议签署方产生约束力，但在行政实践过程中，往往也会对行政相对人产生间接的效力。黄异认为，行政契约与行政协议的重要区别是行政契约仅对协议订立方发生效力，而行政协议不仅对协议订立方产生效力，同时也对第三方产生效力。③ 黄学贤、廖振权把行政协议区分为行政事务协议和行政合作协议，认为行政事务协议的行政事务管辖权的转变将影响行政相对人及其利害关系人。④ 因此，行政协议在其行为本质上是一种对等性公法契约，具有抽象行政行为的特征。

从政府的行政行为来看，政府间签署的大量合作协议，不论是区域的

---

① 马怀德认为，行政合同是行政主体与另一方当事人间的一种具体行政行为。参见马怀德主编《行政法学》，中国政法大学出版社，2007，第 278 页。罗豪才也将行政合同视作一种特殊的、以双方形成合意为前提的具体行政行为加以介绍。参见罗豪才《行政法学》，北京大学出版社，2012，第 258 页。

② 姜明安：《行政法与行政诉讼法》（第五版），高等教育出版社，2011，第 154、318 页。

③ 黄异：《行政法总论》，台湾三民书局，1996，第 120 页。

④ 黄学贤、廖振权：《行政协议探究》，《云南大学学报》（法学版）2009 年第 1 期。

经济合作，还是共同执法或者边界纠纷解决，都非一次性适用于某一个特定企业或者特定领域，而是具有明显的普遍性或反复适用性特征。因此，将政府间签署的协议认定为抽象行政行为有一定的合理性。

三　规范性文件说

有些学者更愿意用更具体的行政规范性文件或者法律规范性文件来指称行政协议。叶必丰认为，虽无法律明确规定，区域一体化中的行政协议应该有约束力，行政协议签署主体各方的意图和目的绝不是让其流于形式，所以，约束力是协议的应有之义。另外，行政协议对辖区内的公众也应该有约束力，如果不产生约束力，那么协议的履行将成为不可能，很多条款就会变成一纸空文，政府合作和区域一体化的目标也就无法实现。因此，他主张把行政协议作为法律规范性文件来对待，使行政协议不仅约束缔约方（法律规范性文件的制定者），也约束辖区内所涉及的公众。[1]

对于规范性文件，它是在法律体系中数量可观、对公民权利和义务具有重大影响但性质和地位却又不甚明确的一类法律文件。[2] 规范性文件的制定不像法律法规和规章一样有着严格的程序要求，但其法律意义毋庸置疑。比如，《行政许可法》第 17 条、《行政强制法》第 10 条以否定方式提到了规范性文件；《最高人民法院关于适用〈中华人民共和国行政诉讼法〉的解释》第 100 条第 2 款规定：人民法院审理行政案件，可以在裁判文书中引用合法有效的规章及其他规范性文件。由此可以看出，规范性文件是具有明显约束力的一类文件。政府间合作协议的出现，无论在签署主体各方行为方式、制定程序还是协议内容上，与规范性文件有着诸多相似之处。

四　软法说

软法概念最先出现于国际法领域，通常是指国际法主体之间达成的不具有国际法上严格意义的协议。随着传统管理模式的式微和公共治理模式需求的变化，以分权、协商、合作、开放、参与为特征的软治理方式被更多地采用。法也从原有单一的硬法结构向软硬兼施的混合模式过渡。学界

---

① 叶必丰：《我国区域经济一体化背景下的行政协议》，《法学研究》2006 年第 2 期。
② 黄金荣：《"规范性文件"的法律界定及其效力》，《法学》2014 年第 7 期。

对"软法"的概念和内涵并没达成共识，但既然使用同一概念，意味着有共同的观点倾向。学界普遍使用的是辛德（Synder）的定义，即软法是不具有法律约束力但可能产生实际效果的行为规则。[①] 这里所谓的行为规则并不具有强制力，实际效果更多基于自愿履行而得以发生。传统的法学概念中，法律的重要特征在于其强制性，而软法并不具备这一点。

基于这一点考虑，政府间合作中签署的协议具备软法的标志性要素，尤其是从协议文本来看，里面一般都没有法律责任条款，内容也往往缺乏明确的指向性，没有明确机制来确保合作协议的实施和实现，协议具有明显的倡导型、宣示性特点。所以，政府间签署的协议要想切实履行是相当困难的，尽管协议在一定程度上能够对缔结主体进行约束，但约束力的大小实则难以确定。

五　具体区分说

政府间合作协议在实践中有着复杂的表现形式，笼统地不加区分地予以单一化认定并不合适。目前来看，政府间协议是一个包容性很强的概念，实践中政府间协议的类型不同，性质也不相同，应当分别界定。张家洋在参照大陆法系尤其是德、法等国的实践基础上提出的观点具有代表性，行政契约和行政合同并非同一层次的概念，行政契约分为对等性行政契约和非对等性行政契约，对等性行政契约是行政协议，非对等性行政契约是行政合同。行政协议不仅对双方发生效力，也会对第三方产生法律效力，因此属于抽象行政行为，行政合同更多是对合同双方产生效力，自然属于具体行政行为。[②] 冯望则认为，鉴于我国法律中并没有对行政契约的分类表述，所以没有必要把行政契约予以人为的分裂，他根据政府之间是否以职权身份缔结契约将契约分为政府间行政契约（职权类政府间契约）和政府间民事契约（非职权类政府间契约）。[③] 政府间行政契约更可能是一种抽象行为，政府间民事契约类似于行政合同，属于一种具体行政行为。这表现出政府间协议纷繁芜杂的形式。

---

①　参见罗豪才等《软法与公共治理》，北京大学出版社，2006，第292页。
②　张家洋：《行政法》，三民书局股份有限公司，1993，第619~630页。
③　冯望：《地方政府间行政契约研究——以长三角地区政府间合作为实例》，硕士学位论文，中国政法大学，2009，第16页。

上述争论反映了学界对于政府间协议这一新生事物的模糊认识，之所以产生这种模糊认识是因为理论界对此缺乏应有的关注。一方面把诸多概念混杂在一起缺乏讨论上明确的指向性；另一方面对其分析浅尝辄止，回避矛盾。显然，新生事物能够大量出现不仅因为现实的需要，也可能具有法理上的必然性。认真对待此事物对于构建法治政府来说意义颇大。新生事物出现初期，其性质本身的呈现具有不完整性，对此，绝不能管中窥豹，过早下结论和听之任之都不是正确的做法。由此看来，把握政府间协议出现的动因以及对其进行合法性研判是必要的。

六　政府间协议的合法性定位

现有的政府间合作协议显然不具备法的基本形式，那么，应该如何看待这一大量存在的现象呢，是维持现状还是予以规范？从常理推断，这一现象的持续并广泛存在本身说明了其价值和意义所在，当然，这个价值和意义并不意味着维持现状即可，新事物的出现固然有其必然性，但如果不予以合适的引导、鼓励和保护可能会引发新问题，在法律体系日渐健全的今天，如果继续沿用传统做法会影响公法的稳定性和连续性，进而导致地方政府信任危机和合法性危机。尤其是对致力于法治政府建设的我国来说，大量的协议游离于法律体系之外显然不是长久之计，不利于法治政府的构建，也并非仅靠中央政府的政策授权来赋予其合法性。所以，对其进行规范化处理是必然的路径选择。

从长远来看，复杂性社会的到来使得跨域治理不再是偶然行为，政府间合作治理的广度、深度和频度会不断增加。我们绝不能指望共同的上级政府来解决下级政府跨区域事务的问题，从维护地方利益本身的视角来看，地方政府间是有着强烈的合作意愿与共同利益的。目前的政府间协议显然只是一种"强意愿"下的"弱联合"，合作并不具有稳固的基础，其重要原因之一就在于对当前各方签署的协议都采取了一种模糊处理的做法，这种做法是一种典型的有利则合、无利则分的模式。尽管这种形式具有灵活性，便于地方政府留有回旋的余地，但从长远来讲，这极不利于政府间信任和资本的培育，所以，制度化和规范化是未来发展的必然路径。

从地方政府间合作现实来看，政府间跨区域治理在纵向深度和横向广度上存在着不同种类型，彼此间关系的紧密度、治理工具和手段的选择随着时间和空间的变化也并不相同，所以，对于政府间合作中签署的协议的性质认定也不应一概而论，这意味着有必要对类似的协议进行一定的分层或者分类。这是避免政府间合作僵局、保证合作弹性的一种选择。借鉴欧美发达国家政府间合作的运行机制并考虑我国目前政府间合作协议的行政实践，新的定位可以考虑进行如下的设计。

从最基本意义上考虑，法律是人、组织、知识、时间和空间之间协调和控制行动的有效方式。地方政府之间合作需要一种能够给予彼此稳定预期、清晰履行责任和义务的方式。因此，政府间协议可以从法律视角上来理解和思考，赋予协议正式法制化。所谓法制化就是通过立法方式将政府间协议的各个方面包括缔结主体、缔结程序、生效条件、备案审查、修改等法律化，将其作为法律渊源之一。法制化之后的协议属于地方政府的正式立法，一旦确定则不能随意改变，并应该得到切实有效的执行。正式法制只是政府间合作协议的一种形式，由于区域合作领域、类型和方式复杂多样，尤其是面对瞬息万变的社会形势，地方政府之间可以采取类似于当前实践中具有灵活性、弹性的机制来继续开展合作，这种灵活性避开了繁杂的立法程序，有利于提高合作时效性，能够及时地应对社会的变迁。

第三章　横向府际合作中的利益冲突：
表现与成因

马克思认为，"人们为之奋斗的一切，都同他们的利益有关"①，因此，每一社会经济关系首先是作为利益表现出来。利益就是一定的客观需要在满足主体需要时，在需要主体之间进行分配所形成的一定性质的社会关系的形式。②利益关系反映了社会关系的本质，但在实践意义上，利益关系则极为复杂，尤其是在这个利益来源、利益主体和利益表达多元化的时代。各个主体都有自己的利益主张和利益诉求，利益需求既具有一致性，也可能存在差异。这种差异性主要体现为不同利益主体的利益需求的指向不一样，主体活动的方向不一致，导致需求的矛盾和活动方向的偏离，甚至导致摩擦和活动方向的对立，从而引起相互冲突。在一些情境下，某些利益主体的需求会限制或者损害其他利益主体的需求。③

第一节　地方政府的特殊利益与共同利益

不管国家结构是联邦制还是单一制，国家体制是集权制、分权制还是混合制，地方政府都是一个特殊的组织单元，地方政府需要一定的组织架构去履行职能，需要拥有一定权力以履行责任，需要充足的财政资源作为保障，需要有效的管理保证运转。当然，作为国家的组成部分，地方政府必须保证国家的法律得到执行，这是地方政府的基本责任和义务，但地方政府同样也有权处理本地区的事务，这主要是由地方政府的双重特性

---

① 《马克思恩格斯全集》第 1 卷，人民出版社，1995，第 187 页。
② 王伟光：《利益论》，人民出版社，2001，第 180~181 页。
③ 姚文胜：《利益均衡——推进社会公平的路径建议》，法律出版社，2012，第 16 页。

决定的。地方政府既由地方权力机关产生，又是中央机关的分支机关。地方政府的双重性意味着地方政府必须处理好国家利益和地方利益、整体利益和局部利益之间的关系。对于地方政府之间的利益关系而言，则更为纠葛。

一　地方政府的利益最大化倾向

周黎安的政治锦标赛模式[①]为研究地方政府行为提供了非常有价值的研究视角，这也推动了学界对地方政府行为的进一步反思。对于地方政府而言，其动机、目标、行为、过程、结果到底存在怎样的逻辑呢？早在20世纪50年代，美国学者蒂布特（Tiebout）在《一个关于地方支出的纯理论》一文中就提到了地方政府竞争的"用脚投票"模型，地方政府之间的竞争，类似于厂商之间为了争夺消费者而展开的竞争，结果将使得具有相同偏好的居民自发地聚集到某一地区，这一地区也将提供有效的公共服务，从而导致资源最优配置。[②]

布坎南、塔洛克把经济学的分析框架纳入政治制度中，认为市场制度中的人类行为和政治制度中的人类行为没有什么不同，一个人不会因在市场中追求利益最大化而到了政治事务中就转动道德的齿轮追求公共利益最大化。所以，地方政府包括地方政府中的个人首先要追求的就是自身的利益最大化，至于所谓的公共利益则难以实现。[③] 美国著名的公共选择学派经济学家尼斯坎南就曾经提出一个著名的预算最大化官僚模型。他认为，可能进入官僚效用函数的变量包括工资、办公室津贴、公众声誉、权力、奖金、官僚机构的产出、变革的难易程度、管理官僚机构的难易程度。在某个官僚在位期间，除了后两个变量之外，其他所有变量都是该官僚机构总预算的正相关函数。所以，官僚机构及其官僚自身都会努力追求利益最大化。[④]

---

① 周黎安：《转型中的地方政府：官员激励与治理》，格致出版社、上海人民出版社，2008，第89页。

② Charles M. Tiebout, "A Pure Theory of Local Expenditures", *The Journal of Political Economy*, Vol. 64, No. 5, 1956, pp. 416-424.

③ 〔美〕詹姆斯·M. 布坎南、戈登·塔洛克：《同意的计算——立宪民主的逻辑基础》，陈光金译，中国社会科学出版社，2000，第20页。

④ 〔美〕威廉姆·A. 尼斯坎南：《官僚制与公共经济学》，王浦劬等译，中国青年出版社，2004，第35~39页。

无论从组织视角还是个体视角，地方政府都充满了竞争性，这种竞争是社会形塑出来的。人们总是对直接影响他的事物的感受比对通过他人间接影响他的感受更深，个人感情比他的同情心和社会感情要强烈得多，尽管这些情感往往是交织在一起的。这意味着对于政府机构及其官员而言，绝不能持有简单的理念，比如仁慈型政府或者公共利益型政府。地方政府尽管产生于公共利益诉求并服务于公民福祉，一旦成立则具有主体性、独立性和竞争性。美国学者布雷顿认为，政府是竞争性的，政治竞争是政治生活的驱动机制，它推动着政府机构的运转，必须把竞争置于政治竞争的中心。[①]

从一般意义上讲，竞争源于资源的稀缺，但资源的稀缺并不必然导致竞争，比如中国改革开放之前，高度集权的计划经济体制剥夺了地方政府的利益自主性，地方政府之间几乎不存在明显的竞争，但在经济体制转轨之后，市场经济体制的推动以及财政分权扩大了地方自主权，地方政府竞争明显加剧，在政治锦标赛和财政分权的双重激励下，地方政府利益最大化的诉求明显，竞争甚至恶性竞争都不鲜见。

不论对政府机构及其官僚持有何种观点，都不能否认地方政府及其官僚的自身利益，尽管这种利益追求由于杂糅于不同目标[②]之间而变得模糊且难以辨别。

二 区域共同利益的潜在需求

市场经济的发展密切了区域间的联系，刚性的行政区划因人员、资本和贸易的来往逐步柔性化，加上各主体行为的正、负外部性都需要地方政府积极应对，区域公共问题变得极为紧迫，区域共同利益的格局也业已形成。

经济学特别是福利经济学运用公共产品的概念和属性来剖析供给主体问题是很好的视角。对于公共产品的认识，学界一般基于消费的排他性和

---

① Albert Breton, *Compentitive Governments: An Economic Theroy of Politic Finance*, Cambridge: Cambridge University Press, 1996.

② 安东尼·唐斯分析了官僚个人目标结构并对其进行了分类，他认为个人目标分为终极目标、社会行为目标、基本政治行为目标、基本个人目标、官僚化导向的特殊目标，官僚化导向的特殊目标又分为社会职能目标、官僚结构目标、广泛的官僚政策目标、特定官僚政策目标等。这些目标分类剖析了官僚行为的复杂性。〔美〕安东尼·唐斯：《官僚制内幕》，郭小聪等译，中国人民大学出版社，2017，第86~87页。

非竞争性来进行分类和思考。这是一个严格标准的分类,它的理论意义大于实践意义。① 现实中的公共产品,从供给主体、生产性质、产品本身性质、外溢性等不同角度来看,不仅分类多种多样,其生产和消费的各个环节都异常复杂。随着区域经济一体化进程的发展,区域性公共产品已经成为公共产品家族中一股重要的力量。区域公共产品的存在,在于区域共同利益的诉求,在于区域公共问题的解决,在于区域公共管理的必然,也在于区域公共价值的追求。可以说,如果没有区域公共产品,没有区域共同利益,当下地方政府之间的行政行为就会陷入囚徒困境或者面对零和博弈的窘境。实践中常见的邻避效应就是观察政府间关系很好的切口,比如,地方政府往往会把诸如垃圾处理厂、殡仪馆、核电厂建在行政区划的偏远或者边缘地带,而另一地方政府则可能在其设施附近搞社区开发或者文旅项目,两个地方政府的行为很显然都结合本行政区域的区情进行过审慎的思考,但最终的结果可能导致两个地方的政府、社区、居民、企业彼此间矛盾重重。很显然,出现上述问题的原因在于地方政府间缺乏有效的沟通和协商,区域规划只考虑了自身的需要和便利,没有考虑项目实施后更为广泛的后果。

具体来看,区域共同利益表现为三个方面。第一,区域一体化发展需要构建有效的组织间网络。不可逆的区域一体化潮流是区域共同利益存在的一种表现形式。一方面,区域一体化可以实现交通互联互通、产业协同创新、公共服务普惠、市场监管统一、环境联防联控。另一方面,地方政府间网络有利于减少交易成本,形成信任实现互惠,实现物质契约向心理契约的过渡;有利于形成整体化的局部或局部化的整体,促进区域间共同学习、战略规划和设计;有利于形成统一的规则、义务和责任,促进区域共同价值实现。

第二,外部性的存在要求地方政府间彼此承担一定的成本。外部性是普遍存在的一种现象,任何主体——公民个体、企业、政府的行为都可能会产生外部性。不管是正外部性还是负外部性,其焦点都在于成本和收益之间的关系。对于地方政府而言,地方政府间的外部性主要在于地方公共产品的受益范围与行政区划的地理范围不一致。比如,常见的流域治理问题,上游涵养保护水源有利于下游饮水防洪,这是典型的正外部性;上游

---

① 陈瑞莲等:《区域公共管理理论与实践研究》,中国社会科学出版社,2008,第42页。

的地方政府批准企业在行政区划交界处建化工厂，污水排放影响下游饮水安全，这就是典型的负外部性。类似的问题并不鲜见，地方政府在追求地方利益最大化的过程中，很显然无法回避存在区域共同利益的情形。

第三，资源依赖可以实现地方政府间优势互补。地方政府具有实质意义上的结构性自主，但由于地方政府的经济基础、经济条件、地方政府行政能力、地方社会资本等存在差异，地方政府往往具有异质性资源，这种异质性有助于地方政府实现优势互补，各方都有完成一项任务所需的不同类型和不同层次的技术和资源。彼此相互依赖性越强，协调与协作的需要就越大，政府间会从结构性自主实现共生性互依，最终促进区域共同利益的实现。

第四，区域合作可以更好地应对竞争。区域一体化只是相对的概念，相对于更大范围的区域，本区域一体化发展对另外的区域可能就是激烈的竞争，甚至是某种威胁。对于地方政府而言，加入某个区域组织大家庭之中，不仅可以更好地处理区域公共问题，还可能获得安全感，应对纷繁芜杂的形势。

三　府际合作中利益的权衡

在府际关系中，地方政府行为所要考虑的因素是多方面的，任何利益的考量和权衡都不是简单化的，利益层次、利益结构、利益主体是多元化的，具体事项的成本收益、具体议题的社会影响力更是错综复杂的，这些都会左右地方政府的判断、政策和行为，也是地方政府间产生矛盾的原因。

首先讨论国家利益与地方利益的关系是认知府际利益关系的切入点。从一般意义上讲，国家利益高于一切，地方利益要服从国家利益，这不仅是宪法的规定或者政治体制的设计，更是源自一种哲学的思索。整体必然是要先于部分的。亚里士多德在论述城邦先于个人的时候认为，一切事物均从其功能与能力而得名，事物一旦不再具有自身特有的性质，我们就不能说它仍然是同一事物，因此必定存在某种结合体，一旦分离就不可能存在。[①] 地方政府如果完全按照自身意志行事，就脱离了整体，也就不具备自

---

① 〔古希腊〕亚里士多德：《政治学》，颜一、秦典华译，中国人民大学出版社，2003，第 2~5 页。

身作为整体的一部分的功能。地方利益高于国家利益，很显然会违背自然法则，就像亚里士多德所说的，肉体支配着灵魂，那是处于邪恶和背离自然的状态。学理上或者理论上存在假设并不意味着实践中也是如此，地方利益有悖于国家利益甚至凌驾于国家利益之上的行为并非少见。

地方政府横向间的关系似乎相对简单一些，但随着经济和社会发展进程的加快，区域间利益格局也变得错综复杂起来，其利益得失、利益分配、利益补偿、利弊权衡越来越需要地方政府审慎地对待和处理，而这也进一步影响到府际关系未来的发展。那么，对于地方政府而言，它是如何权衡府际利益的呢？进一步讲，如何对待国家利益、地方利益、区域共同利益呢？国家的根本利益、地方的重要利益、区域的次要利益容易取舍吗？尽管政府竞争论、政治锦标赛理论、预算最大化模型都凸显了地方政府强烈的地方利益动机，但现实中，利益权衡还受制于其他一系列因素。（1）政治因素的影响，政治理想、政治格局和政治抱负是地方政府必须考虑的因素，在很多情形下，府际关系具有强烈的政治意涵，而并非简单的利益问题。（2）府际关系的强度和密度。信任来自彼此的交流、交换和持续性的交往。府际关系交往频度越高，越会减少彼此利益最大化的动机和行为。（3）民众意愿与偏好。横向府际合作从表面上看只涉及地方政府主体，但实际上，合作的最终结果和效果都会影响区域内的居民。各区域居民的关注度、参与度、利益诉求和偏好对府际合作有重大影响。（4）合作成本分担与利益分享。地方政府行为受到强预算约束，任何合作都需要预算投入，谈判与协商成本、协议履行成本、日常维护基本成本、违约成本、合作资金池等都是地方政府要考虑的因素，在成本的基础上还要进一步考虑合作收益给地方所带来的效益和结果，因此，成本投入、利益分配和实施结果是地方政府必须考虑的因素。

第二节　府际合作中的冲突表现形式

地方政府的特殊利益决定了地方政府间必然存在冲突，不管这种冲突的原因是所谓的"政治锦标赛"中的晋升竞争，合作中的利益不均衡，还是地方政府追求更大预算自由，或者荣誉、威望、公民评价的渴望。冲突成因本身是个复杂的综合因素的结果，而其表现形式也是多种多样的。

一 背弃合作协议规定

签署合作协议是地方政府间合作的依据和基础，协议中一般都会规定一定的条款以为双方履约提供行动指引，条款内容一般包括合作宗旨和原则、合作领域和任务、合作机制等内容。以《粤港合作开展社会福利服务工作备忘录》为例，内容有6条，具体来说：第1条是合作宗旨、原则；第2条是合作要求；第3条是合作项目；第4条是合作机制；第5条是签署时间和地点；第6条是代表签字。尽管合作各方达成了共识并形成了工作机制，但协议的履行并非易事，协议自身不会自动履行，要靠双方的具体工作机构组织实施，而具体实施机构受限于日常繁杂的工作事务往往难以抽身关注或者主动寻求双方合作，以致协议被搁置的现象并不鲜见。

以2010年初步拟定的《京津冀都市圈区域规划》为例，区域规划明确了各地方的功能定位，如北京重点发展第三产业，以交通运输及邮电通信业、金融保险业、高新产业、发展高端服务业、房地产业和批发零售及餐饮业为主。天津利用加工制造业和港口优势，发展电子信息、新能源、汽车、装备制造、生物技术与现代医药、环保设备等，同时发展金融保险、现代物流、商贸、中介服务等行业，适当发展临港重化工业。河北发展原材料重化工基地、现代化农业基地和重要的旅游休闲度假区域，也是京津高技术产业和先进制造业研发转化及加工配套基地。但在三地"十二五"规划提出要重点发展的13个产（行）业中，京津冀相同或相似的产（行）业有6个，京津相同或相似的产（行）业有9个，津冀相同或相似的产（行）业多达10个。[①] 京津冀三地"十二五"产（行）业发展定位比较见表3-1。

表3-1 京津冀三地"十二五"产（行）业发展定位比较

序号	产（行）业名称	北京	天津	河北
1	都市型现代农业	√	√	√
2	旅游业	√	√	√
3	会展业	√	√	√

[①] 《对京津冀协同发展的认识与问题分析》，北京市统计局、国家统计局北京调查总队网站，2015年5月27日，http://tjj.beijing.gov.cn/zxfbu/202002/t20200216_1636957.html。

序号	产（行）业名称	北京	天津	河北
4	服务外包	√	√	√
5	战略性新兴产业	√	√	√
6	金融业	√	√	√
7	文化创意产业	√	√	
8	生产性服务业	√	√	
9	生活性服务业	√		
10	石油化工		√	√
11	装备制造		√	√
12	现代物流业		√	√
13	社区服务业		√	√

资料来源：根据北京、天津、河北国民经济和社会发展第十二个五年规划纲要总结。

京津冀地区一体化发展并非顺风顺水、一路坦途，从三地经济发展态势来看，河北在一体化发展中呈现一定的下滑趋势，即使 2015 年《京津冀协同发展规划纲要》发布之后，局面依然没有改变，2015 年之前，河北经济总量一直稳居第六名，但随后逐渐被其他省（区、市）赶超，2018 年成为第九名，2019 年上半年公布的数据显示，尽管依然排名第九名，但排在后面的福建和上海大有赶超之势。由此看来，京津冀一体化发展的成效还没有得到充分显现，从区域错位发展功能互补的发展角度来考虑，不能不说还存在一些问题。

在地方政府区域一体化发展过程中，合作协议的背弃并非简单地因为协议本身过于抽象或者有关工作机构的积极性匮乏，更为重要的原因还有利益考量，具体合作中利益的分担、补偿或者共享存在歧见都会对协同发展形成冲击。此外，政府的政治姿态、治理方略、民众压力等政治因素也是不可忽视的力量。

当然，地方政府间的合作协议条款过于原则性或者抽象化也造成了履约问题。由于缺乏更为细致的操作规则，地方政府工作机构及其工作人员缺乏坚实的行动基础，难以激发履约的动力，最终容易导致合作各方背弃约定的合作协议。

二　行政规则不统一

行政壁垒往往是两地的规则不统一而导致，规则不一致既可能是主观而为，也可能是无意为之。主观而为往往是人为地设定了一些规则以提高本地政府的竞争力，比如，不同地方政府间税收优惠政策的差异。无意为之则表现为政策理解的差异性或者规则标准的非一致性，比如地方政府间关于某项行政许可事项的规则不统一。下面以互联网信息服务和政务信息共享为例进行分析。

为了规范互联网信息服务，国务院 2000 年制定了一部行政法规——《互联网信息服务管理办法》，其中第 3 条规定："互联网信息服务分为经营性和非经营性两类。经营性互联网信息服务，是指通过互联网向上网用户有偿提供信息或者网页制作等服务活动。非经营性互联网信息服务，是指通过互联网向上网用户无偿提供具有公开性、共享性信息的服务活动。"第 4 条规定："国家对经营性互联网信息服务实行许可制度；对非经营性互联网信息服务实行备案制度。"国家新闻出版广电总局以及工业和信息化部为了规范网络出版服务秩序，2016 年制定了一部部门行政规章——《网络出版服务管理规定》，其中第 1 条规定："为了规范网络出版服务秩序，促进网络出版服务业健康有序发展，根据《出版管理条例》、《互联网信息服务管理办法》及相关法律法规，制定本规定。"第 7 条规定："从事网络出版服务，必须依法经过出版行政主管部门批准，取得《网络出版服务许可证》。"行政法规区分了许可和备案条件，而部门规章则只规定了行政许可事项。地方政府在执行上述法规和规章的过程中往往会根据本地方政府具体情况执行，这就导致市场主体在区域一体化地区的经营过程中面临两种可能性。对政策理解得不一致就出现所谓的行政壁垒。

比如以政务信息资源共享为例，为了加快政务信息共享和公共数据共享，《政务信息资源共享管理暂行办法》第 5 条规定："政务信息资源共享应遵循以下原则：（一）以共享为原则，不共享为例外。各政务部门形成的政务信息资源原则上应予共享，涉及国家秘密和安全的，按相关法律法规执行。……（三）统一标准，统筹建设。按照国家政务信息资源相关标准进行政务信息资源的采集、存储、交换和共享工作，坚持'一数一源'、多元校核，统筹建设政务信息资源目录体系和共享交换体系。……"第 10 条第 1 项规定，政务信息资源共享及目录编制应遵循"凡列入不予共享类的政务信息资源，必须有法律、行政法规或党中央、国务院政策依据"。可见行政实践过程中，数据标准不统一、不规范，数据使用要求不统一，影响了地方政府之间的数据互通互认能力，不利于区域间商贸人员往来。比如电子身份证或者驾照，在 A 城市可以使用，但到了 B 城市则不能使用。每个区域数据的使用条件不同，导致部门难以实现有效的沟通，不仅影响行政效率，也不利于公共服务的提供和社会的有效治理。

再以市场准入为例，尽管实行区域一体化，但是地方政府在政策制定过程中往往基于自身管理上的便利考量确定规则，比如网约车经营，很多城市都出台行政规章对网约车经营的驾驶员作出某些限制性规定，比如户籍要求：上海市 2016 年通过的《上海市网络预约出租汽车经营服务管理若干规定》第 9 条规定，在本市从事网约车经营服务的驾驶员，应具有本市户籍；2017 年南京市制定的《南京市网络预约出租汽车管理暂行办法》第 9 条规定，驾驶员应当具有本市户籍或者取得居住证。南京市相比上海市扩大了驾驶员的范围，作为长三角一体化发展的城市，这种规定的非一致性不利于各地方人员的流动。

三 恶性竞争

地方政府间有合作的需求，有竞争的现实。竞争如果是良性的，如同市场主体之间的竞争促发创新一样，对于彼此的发展都是极为有益的，它有利于地方政府进一步提高行政效率，提高地方治理能力，从而提高公共服务水平。但如果竞争是恶性的，对于竞争各方都将造成巨大伤害，它会耗费彼此的精力、财力，使得地方政府间充满对抗性，不利于信任资本的培育。

恶性竞争肇因在于行政分权尤其是财政分权背景下地方预算软约束导致的地方政府的策略性行为，该行为因上级绩效考核、官员晋升而加剧并形成非良性竞争。恶性竞争可以表现于各个领域，它在不同时段表现为不同的形式。比如，20 世纪 80 年代，地方政府因行政分权获得了自主性，为谋取本区域经济发展，经常对外地商品采取严格的审查和管制措施，在行政区划边界设立检查站以防止外地商品自由流通；当原材料价格上涨时，如果本区域存在巨大需求，地方政府也会采取严格管制防止本区域原材料外流。地方政府间的保护行为引起了中央政府的高度关注。1986 年国务院颁布《关于进一步推动横向经济联合若干问题的规定》，这是对地方政府的恶性竞争行为的回应。

　　1992 年召开的党的十四大确立了社会主义市场经济体制的地位，有力地促进了生产要素的流通。以外资利用为例，1990 年外资实际利用额不到 101 亿美元[①]，而 1993 年则达到了 367.7 亿美元[②]。市场经济体制的确立开放了市场，地方政府开始采取更为灵活的经济政策，尤其是在招商引资领域各显神通。这在另一方面也加剧了地方政府间的不良行为甚至恶性竞争，为了吸引资金，地方政府开始动用各种手段甚至违背国家法律法规政策进行招募，比如土地出让金免征、税收超标准减免或免征、财政补贴额度过大、行政手续先上车后买票行为、允许生产企业不具备安全消防等条件而经营，公共服务项目如车牌、旅游景点特殊化等。这些行为严重扰乱了市场秩序，破坏了市场规则，不利于政府市场监管，也不利于社会治理，违反了公平正义。以安全生产为例，2003 年 1 月 30 日上午 9 时 50 分左右，辽宁省铁岭市昌图县双庙子镇一企业发生特大烟花爆炸事故，厂房全部被炸毁，导致 38 人死亡、33 人受伤。[③] 国务院联合调查组负责人、国家安全生产监督管理局副局长王德学接受记者采访时说："发生爆炸的企业本来不具备安全生产条件，违规立项、违规建设、违规生产、违规储存是造成这起爆炸事故的主要原因。"[④] 这就是招商引资违规行为所带来的严重后果。

　　如果说原材料和资本的竞争是有形价值的硬实力竞争，而人才的竞争则是无形价值的软实力竞争，相比于硬实力，软实力竞争似乎正在变得越发重要。近几年频繁上演人才竞争大战，各地方政府人才管理都逐步采取了某种"绿卡管理"。所谓绿卡管理主要指通过各种类型绿色通道向人才提供优质的服务内容，从而吸引人才加入。各地方政府不断增值服务项目和

---

①　《中华人民共和国国家统计局关于 1990 年国民经济和社会发展的统计公报》，国家统计局官网，1991 年 2 月 22 日，http：//www.stats.gov.cn/tjsj/tjgb/ndtjgb/qgndtjgb/200203/t20020331_30003。

②　《中华人民共和国国家统计局关于 1993 年国民经济和社会发展的统计公报》，国家统计局官网，1994 年 2 月 28 日，http：//www.stats.gov.cn/tjsj/tjgb/ndtjgb/qgndtjgb/200203/t20020331_30007.html。

③　王海波：《招商引资恶性竞争何时休？》，新浪网，2004 年 1 月 12 日，https：//news.sina.com.cn/o/2004-01-12/01381560560s.shtml。

④　盛大林：《新浪时评：烟花爆竹并没有"原罪"》，新浪网，2004 年 1 月 5 日，https：//news.sina.com.cn/c/2004-01-05/07402546002.shtml。

服务内容，以此获得竞争优势。下面通过有关县市服务内容来看人才竞争态势。2017 年，长沙市委人才工作领导小组下发《长沙人才绿卡服务管理办法（试行）》，第二章"服务内容"规定了 11 条服务项目，包括出入境服务、海关服务、机场高铁火车站贵宾服务、购房服务、子女入学服务、医疗保健服务、配偶就业服务、人事档案管理服务、驾照转换服务、创新创业服务、市领导联系服务人才。2018 年扬州市人才办和人社局制定《扬州市高层次人才"绿扬英才卡"管理服务办法》，第 6 条规定："持有'绿扬英才卡'的高层次人才可享受以下服务：（一）公共交通服务。在市区可免费乘坐公交，在扬泰机场可免费享受贵宾通道服务。（二）园林景点服务。免费参观游览扬州旅游休闲卡 B 卡所涵盖旅游景点。（三）医疗保健服务。在市区定点医疗保健单位享受绿色通道服务，可享受定期免费体检。（四）公共图书服务。发放市图书馆免保证金借阅卡，免费借阅图书。（五）其它人才服务。"还有的地方政府提供住房、行政审批、酒店住宿免费、车辆上牌补助、金融 VIP、贷款担保、协助风头资金等各种类型的服务项目。地方政府在人才竞争方面砸重金、高福利体现了地方政府对人才的迫切需求，但这种不计公平和后果的做法值得商榷。尤其是在区域一体化过程中，既有阻滞人才自然流动的藩篱，也有超标准人才政策导致的非正常流动。

竞争有利于提高管理水平、促发创新、形成激励，但如果恶性竞争就会扭曲市场和社会的真实需求，使各方陷入负和博弈，最终两败俱伤。

四　邻避困境

所谓邻避主要指民众为反对具有负外部性的设施或者企业而产生的"不要建在我家后院"的抵触和抗争行为。这里所谈的邻避主要是指一种特殊的区域现象，描述出现在行政区域交界地带的一种现象。地方政府往往在边界地带建设具有负外部效应的设施或者企业以规避严格的环保管控或者消除民众的反抗情绪。尽管地方政府间展开各种形式的合作，但似乎邻避现象依然频繁出现。周黎安专门研究过行政区划交界地带的经济问题，并认为交界地带往往是被忽略的角落，贫困区域和贫困人口相对集中地分布于此。[①] 不否

---

① 参见周黎安《转型中的地方政府：官员激励与治理》，格致出版社、上海人民出版社，2008，第 242 页。

认存在一些强强毗邻的行政区域，但行政区域的边界地带更多的是强弱毗邻或者弱弱毗邻。行政区划交界地带本身相对贫困，这也成为地方政府规划建设污染性或者敏感性项目的特殊区域，以期能够在一定程度上带动当地经济发展，因此，化工厂、殡仪馆、垃圾焚烧厂、垃圾填埋场、电站等项目就落地于交界地带。这些交界地带的项目不仅会影响本地居民，还会影响毗邻行政区域居民的生产生活质量和资产价值。

第三节　府际合作中利益冲突的成因

无论是逻辑上思考还是行政实践过程中，地方政府间必须在许多问题上开展合作。比如道路建设，要考虑毗邻地方政府的交通规划，不可能只按照自己的规划把道路修到边界，交通领域的合作是必要的；再比如传染病的防治，病毒和细菌不可能因为有行政边界就会停止传播。因此，府际合作共同应对疫情也符合双方利益。但我们依然可以看到，即使明显看得见或者预测得到对双方都有利的项目并不必然导致合作，尽管地方政府已经展开了多种形式的合作，府际边界的断头路依然存在，府际在卫生疫情方面的信息共享和防治协作依然不够畅通。各种矛盾和冲突时有发生，到底是怎样的因素在阻碍彼此间的合作？是什么导致地方政府心有顾忌而不能真心以对？

一　制度安排不合理

马克斯·韦伯揭示了官僚制特征，重点强调了成文规则是政府机构运行的基础。[1] 组织成员行为符合既定的合法规范；组织成员在服从权威人物时不应服从个人，服从的是非人格的秩序；书面文件、行政法令和官员的持续操作是一切类型的现代组织行动的核心。韦伯的官僚制理论确立并成为公共行政的典型范式。后人尽管试图摒弃或者超越官僚制来抛弃其衍生的弊病，但官僚制作为行政管理的组织体制依然发挥极大的作用。在府际合作过程中，地方政府的行为一样受制于官僚制的影响，各地方主体并不能跳出官僚制的路径然后在另一个平台上展开合作。

---

① 〔德〕马克斯·韦伯：《经济与社会》，阎克文译，上海人民出版社，2010，第 1097 页。

新制度主义学派强调在解释政治、经济、社会现象时脉络的重要性，这里的脉络指的就是制度，新制度主义强调制度对个体行为产生影响的结构性制约因素。制度分析就是研究结构性制约因素通过互动如何对个体行为和国家政策产生影响，以及这种结构性制约因素本身如何形成并发生变化的问题。[①] 马奇和奥尔森更加强调制度的重要性，认为个体行为不是取决于谋求个体利益最大化的计算，而是取决于界定行为适当的一系列规则和程序。[②]

地方政府行为受到稳定的行政规则、可操作的程序、绩效考核和问责等制度性因素的约束以保持持续性运行。日常行政事务中要反复适用稳定的规则，规则的反复执行和遵守强化了政府组织及其工作人员的行为规范，形成了有力的路径依赖；地方政府及其工作人员行为依靠规范性文件和工作计划推动工作，工作程序和方法详细而明确，执行制度的规范性成为组织运转的指针；绩效考核和问责是地方政府行为的重要监督利器，忌惮于质问和处罚，工作人员行为能够保持连续性的高标准的工作激励。但这一切在府际合作中则不存在或者即使存在其规则也相对匮乏，府际合作的项目具有暂时性、合作过程具有随机性、合作程序严重缺失、合作规则内容往往比较粗泛、合作制度执行具有非规范性，这都使得府际合作的制度的能动性不足，制度无法在政府间进行有效的传递、说明和执行，从而最终抑制了合作意愿和行动。

公地悲剧、集体行动的困境和囚徒困境等理论模型一再揭示府际合作中的困境，而这一切都在于制度本身的模糊性和不确定性，当组织或者个体行为无法得到明确的信号，它是无法进行有效识别并形成激励的。制度设计是必要的，尽管制度并不是万能的。制度设计要考虑到具体情境和社会环境的不确定性，要考虑信息和知识的不充分性，另外在制度设计过程中要考虑制度执行的政策工具和执行手段，否则制度创设也是毫无意义的。

二 利益共享、分配或者补偿不合理

英国著名首相帕麦斯顿有句名言："没有永远的朋友，也没有永远的敌

① 〔韩〕河连燮：《制度分析：理论与争议》，李秀峰、柴宝勇译，中国人民大学出版社，2014，第5页。
② 〔美〕詹姆斯·G.马奇、约翰·P.奥尔森：《重新发现制度》，张伟译，生活·读书·新知三联书店，2011，第21页。

人，只有永远的利益。"这句话道出了国际社会交往中最重要的因素——利益。在任何主体之间，不论是个人之间、企业之间，还是政府之间，利益都是需要重要考量的因素，朋友决裂、企业间供应链关系断裂、政府合作关系的中断，无不与利益的不均衡有关联，尤其是在"不患寡而患不均"的文化情境中。

公共选择理论基于新古典经济学分析框架和理论范式，运用经济人假设和方法论个人主义研究了政府与政治主题，认为政治和经济一样都要遵循市场法则，经济市场中的消费者、厂商、产品、交易、货币和政治市场中的选民、政客、政策、投票、选票都是一样的，遵循的都是利益法则。公共选择理论运用个人利益最大化观点来解释政府及其工作人员的行为，解释了政府失灵、决策失败，以及工作人员的贪污腐败等现象和行为。当然，该理论一定程度上也低估了个人行为的复杂性，经验世界中存在很多官员可能并不仅仅关心个人私益，反而将社会利益最大化作为自身行动指南。但是，该理论在解释地方政府合作中彼此各方的动机行为时依然有较强的解释力，即使政府官员有着较强的社会利益最大化倾向，但在跨区域事务中，地方政府人员依然会把地方政府利益置于优先选项，否则也就不会出现众多的府际纠纷。这意味着利益均等化或者合理化是避免矛盾、保持良性合作关系的关键。

但利益的分配并非易事，以郑济高铁修建为例，线路规划、建设基础、站点选址、投资规模、遗产保护、生态环境等每个方面都是必须考量的因素。在利益的共享、分配与补偿中，一般有一个重要的原则——受益原则，即谁投入资源多、谁受益多，谁的分配就应该多，因此，根据投入的多少决定利益的分配是必要的。但在跨域合作和事务处理中，对于利益相关事项的条款和注解往往是粗线条的，甚至几乎难以看到利益的影子，地方政府间都意识到合作的价值和意义，但对于责任分担、利益分配和利益补偿往往一笔带过甚至含糊其词，这会对双方深入而持续的合作造成重大影响。

三　合作资本匮乏

弗朗西斯·福山在《信任：社会美德与创造经济繁荣》一书中试图论证这样一个观点：一个国家的繁盛和竞争力是由某一普遍性的文化特征所

决定的，即社会本身所固有的信任程度。① 信任，在人际交往中让人免于警惕、担忧和恐惧，是人与人之间宝贵的精神财富和精神慰藉；在社会网络中信任可以促进大规模组织创建，从而促进经济发展，培育社会资本。如果一个社会缺乏信任，那么交易成本就会大幅度增加，所有人或者组织之间会存在搭便车、机会主义等现象，从而恶化了主体间的关系。

对于合作资本典范，可以对美国夏威夷州和亚利桑那州在公共卫生领域的合作进行解读，夏威夷州没有建立自己的医疗患者系统，而是选择借助亚利桑那州的系统。由亚利桑那州为本州和夏威夷州运行的这个系统，是一个用于管理式医疗护理的巨大而复杂的预付费医疗管理信息系统。亚利桑那州经由它自己的管理局主机来管理夏威夷州的系统，其工作人员就是管理其自身系统的人员。夏威夷州的要求与亚利桑那州的要求并不完全一样，亚利桑那州改进了它的系统以适应夏威夷州的要求。② 上述如此深度的合作和高度的信任是如何实现的呢？很显然，对于夏威夷州而言，节省资金、保持公共卫生服务质量是其基本诉求，但如果仅从降低卫生服务成本这个有利因素来分析促使两州合作的诱因则过于简单化了。组织间信任是一个涉及多层次变量的系统，它既涉及组织单方面的引力因素，如组织规模、声誉、合作文化等，又涉及双方互动行为，如合作历史、互动频度、合作资产专用型、未来预期等因素，创建、保持、延续合作都非简单任务。

对于地方政府而言，府际社会资本可以说较为匮乏，互不隶属的同级政府间要想建立信任关系是极为困难的。社会资本是一个互惠的网络，互惠来自彼此密集的交往，只有在高密度的交往和网络中，才有可能建立互惠、信任的规范。很难想象在没有交往的基础上彼此间能够破除猜忌的藩篱。

从中国区域一体化发展进程来看，无论是一体化程度较高的地区，还是区域一体化程度较低的地区，府际信任缺失依然明显存在，比较典型的就是基础设施无法统一规划或者合作共享，低水平重复建设依然存在，公

---

① 〔美〕弗朗西斯·福山：《信任：社会美德与创造经济繁荣》，郭华译，广西师范大学出版社，2016，第 11 页。
② 〔美〕格罗弗·斯塔林：《公共部门管理》，常健等译，中国人民大学出版社，2014，第 111 页。

共服务均等化问题依然突出，市场监管一体化依然任重道远。这些都凸显了府际合作资本的匮乏。

四 缺乏有效的磋商机制

在跨区域合作中，网络管理能力建设极为重要，因为"有效沟通网络的存在并不能保证生产网络的成功运行，就像100个可选择的频道的存在并不能保证观众找到值得看的节目一样"[①]。在网络管理能力建设中，极为重要的一点就是要构建有效的磋商机制。组织冲突是必然的现象，在组织冲突中保持持续、稳定的磋商，有利于组织间关系稳固并深化。

在区域一体化发展中，地方政府可以说已经初步建立了一定的磋商制度，比如泛珠三角区域合作行政首长联席会议制度、东北四省区行政首长联席会议制度，基本确立了组织机构、会议和成员职责，为地方政府协调沟通奠定了基础。但从联席会议的运转情况、合作论坛举办或者协调会举行的效果来看，这种协商制度具有明显的倡议性和洽谈性，不具备就专项议题进行协商、谈判、磋商的能力性质，这使得协商的实效性和制度化水平较低。正如上述所说，网络组织的存在和网络执行并不是一回事，地方政府合作中可能已经建立了组织机构，但组织运行可能是象征意义的，组织间网络不够稳固，运行也不够通畅。

还需要进一步思考应该利用怎样的磋商机制来协商解决彼此关切。

在行政实践中，很多制度性合作并不能成为有效的生产网络，这主要与磋商机制的基础建设不足有关。即使是比较成熟的区域，其磋商机制依然存在不少问题，有的组织网络的合作框架过于原则和抽象，固定的会期不确定，参加成员也不明确，其他诸如预算安排、工作人员设置、工作程序、项目推进等事项都不清晰，使得政府间关系处于间歇式交往状态，这就会渐渐地降低地方政府间的合作意愿，政府间很多合作平台的破产就体现了这一点。

五 区域间发展不平衡

在经济社会发展的不同阶段，地方政府的发展理念、发展战略和政策

[①] 〔美〕尤金·巴达赫：《跨部门合作：管理"巧匠"的理论与实践》，周志忍、张弦译，北京大学出版社，2011，第20页。

供给是不同的。经济落后地区一般不会在生态环境方面给予更多关注和治理，而经济发达地区则更注重环境保护。居民的意愿和偏好表达，以及对政府的履职要求，也随着经济社会发展而变化。美国经济学家西蒙·史密斯·库兹涅茨提出的收入分配随经济状况变化的库兹涅茨曲线（又称倒 U 曲线）引申到环境领域之中同样具有解释力。在地方经济发展初期，环境污染也较轻，随着经济发展持续增长，污染程度也持续上升，一直到达临界点①即倒 U 曲线的顶部时，地方政府和居民开始有强烈的治理需求，随着收入进一步增加，环境污染开始下降，环境质量逐渐改善，这就是所谓的环境库兹涅茨曲线。

区域发展的不平衡导致各地方政府关注的政策优先选项存在差异。政策选项差异影响到治理工具和治理方式的选择。以环境污染治理为例，各地方发展的阶段性差异导致各地方所面对的环境治理项目和环境治理对象是不同的。各个地方政府的环境治理任务和治理基础并不相同，这使得环境治理的难度亦不相同。在区域一体化发展过程中，应该充分考虑各地方经济社会发展阶段，制定具体的、切实可行的政策以兼顾包容彼此关切。

---

① 临界点往往是经济达到一定水平，即居民物质生活水准大幅度提高，政府公共服务水平较高时，环境污染已经对居民产生重要影响，从而产生强烈的治理需求，这是随着治理技术提高和综合治理成本下降等多种因素叠加出现的。

第四章 府际合作协议中的纠纷解决：
来自文本的研判

对于政府间合作协议的未来发展方向和发展空间来说，无论怎么想象，首先最重要的是对既有的形式、内容和规范进行判断和分析。从一般常理推演，地方政府之间花费时间、财政、人力、谈判和组织等诸多成本签署的协议应该具备基本的效力并发挥实质性作用，否则泛泛而谈合作的意义、宗旨和领域，不涉及协议的履行、责任的界定以及纠纷的解决，协议就会成为无意义的政治口号，流于形式。

在经济和社会生活领域，涉及双方或者多方订立的契约或者合同一般都会有违约责任条款或者纠纷解决条款，即使订立过程中没有明确载明，比如自然人之间的非要式借款合同，合同法也有明确的违约责任条款对合同订立双方的合法权益进行法律保护。当然合同之间的差异是存在的，比如金融机构的借款合同与自然人之间的借款合同有明显的不同，金融机构的借款合同是要式的、诺成性的、有偿的、有明确法律后果的，但自然人之间的合同不必是要式的，未必是有偿的，法律后果亦不相同。这两者之间简单对比体现了合同本身的复杂性。但对于地方政府之间签署的各种类型的合作协议而言，应该如何进行分析和解读呢？众所周知，实定法以其可预见性高、权利义务清晰、利益保障度高、无须重复多次谈判等优势赢得人们的青睐，但协议似乎要比实定法复杂得多，现有的协议文本中有的规定细致明确，有的抽象模糊，有的条款清晰，有的内容简练，技术风格迥异，这无疑增加了认知难度。因此，对文本本身进行分析是必要的，一方面要对文本本身进行归类，方便解读；另一方面要对具体内容进行分析，增加认知。

第一节　文本的类型

从语义学角度分析，府际合作文本的内容蕴含着价值指引、规律性的表达和内在的解释。因此，通过文本的解读可以挖掘隐藏的符号、"故事情节"和内在的张力。但首先需要做的就是对文本本身进行适当的分类，分类可以让事物变得更有条理、更加系统、更好评价；分类可以更容易诠释他人的意图，理解行动的意义，从而获取知识构建模式。地方政府作为管理地方事务的机构，其组织本身分为立法、司法、行政等机关，因其国情不同，包括执政党在内的组织角色功能不一，影响力不同；政府管理事务涉及经济社会文化等各个领域，议题广泛；合作过程复杂，涉及发起动议、合作组织设立、政策创制等。所以，府际文本的类型多样，具体包括以下几种。

一　立法机关文本、行政机关文本和司法机关文本

府际合作并不仅仅是执行机关——行政机关的职责，合作实践中按照协议订立的机构属性，协议文本可以分为立法机关文本、行政机关文本和司法机关文本。政府所有机构都有参与合作或者寻求协作的必要。对于涉及立法层面的合作，需要地方人大参与其中，对于司法协助，则需要地方法院、检察院进行协作。当然，从行政实践层面，地方行政机关的合作的领域、频度、类型是最多的。

1. 地方人大之间的合作

按照《宪法》和《立法法》的规定，设区的市的人大有制定地方性法规的权力，因此，作为具有立法权力的地方人大之间的合作是层次较高的合作形式。立法机关层面的协调与合作对于加快区域一体化进程、推动区域经济和社会发展来说意义重大，可以更为有力地化解区域间的纠纷和冲突。例如，在地方立法机关合作中，东北三省在一体化发展过程中立法协作推进得较早。早在2006年，东北三省法制办在沈阳召开了立法协作座谈会，就东北三省合作立法交换了意见，最后签署了《东北三省政府立法协作框架协议》，协议规定合作立法根据具体情况分为紧密型协作、半紧密型协作、松散型协作三种类型，逐步系统地推进地方立法工作。

东北三省立法协作具有极强的示范效应，为地方政府工作的开展提供了新的思路，促进了地方人大之间开展各种形式的合作。

2. 行政机关之间的合作

行政机关是府际合作的主体，这主要是由行政机关作为立法机关的执行机构的特性所决定的。专业、系统的官僚组织维持着政府机构的高效运转，管理国家社会事务的各个领域。现行《宪法》第 89 条和第 107 条明确规定了国务院以及地方政府的职责权限，行政机关有行政法规和行政规章的制定权，有采取行政措施、发布决定命令等规范性文件的权力，管理着经济工作、城乡建设、生态文明建设、财政、教育、科学、文化、卫生、体育事业、民政、公安、民族事务、司法行政、计划生育等行政工作。公共管理事务涉及经济和社会生活的方方面面，与民众生活休戚相关。因此，行政机关在跨区域合作治理、跨区域矛盾以及跨区域纠纷解决方面都是重要的直接利益相关者。

以京津冀及周边地区大气污染防治为例，大气污染的输入性、扩散性、流动性、多发性和高危害性特征决定了地方政府必须通过协同治理的方式应对，任何单个地方政府都难以根本性地改变本区域的大气污染状况。为此，在国务院及其环境主管部门的推动下，京津冀及周边地区加快推动大气污染一体化处置工作，2013 年 9 月，环境主管部门以及六省市地方政府联合制定了《京津冀及周边地区落实大气污染防治行动计划实施细则》，建立了区域内地方政府和国务院有关部门参加的区域防治协作机制，研究协调解决区域内突出环境问题，并组织实施环评会商、联合执法、信息共享、预警应急等大气污染防治措施。通报区域大气污染防治工作进展，研究确定阶段性工作要求、工作重点与主要任务。国务院与各个地方政府签订目标责任书，通过行政发包的方式，将目标任务层层落实，并通过检查验收和激励机制督促地方政府真正落实预定目标。在具体检验地方政府防治绩效方面，国务院及其环境主管部门还探索了以政府考核为主、兼顾第三方评估的综合考核体系，提高了考评结果的公正性和准确性。发挥行业协会、公众、专家学者和咨询机构的积极性，采用抽样调查、现场评价、满意度调查等方法，探索开展第三方评估。每年初对上年度任务完成情况进行考核，考核、评估结果向国务院报告，并向社会公告。京津冀及周边大气污染防治是一项必须持续性高度关注的重大战略工作，它非短期内就能解决的课题。2018 年 7 月，为推动完善京津冀及周边地区大气污染联防联控协作机制，经党中央、国务院同意，将京津冀及周边地区大气污染防治协作小组调整为京津冀及周边地区大气污染防治领导小组。由协作小组到领导小组的转变，既体现了国务院及环境主管部门，包括地方政府对大气污染防治工作的重视，又体现了污染防治工作任务的艰巨，需要高屋建瓴、统筹规划、综合协调、全面监督、逐步推进。

不仅大气污染具有典型的跨域性特征，随着经济和社会的发展，各种生产要素和人员流动性加剧，政府管理的其他领域也都出现了跨区域特征，不管是被动性应对还是主动性协作，跨域行政已经成为政府常态管理的一部分，比如食品安全、疫情防控、水资源使用、市场监管、旅游开发、基础设施对接、劳务合作等，任何管理事项都不再是自己的行政区内部的事情，呈现出的是一种扩散性特征，这必然伴随着管理主体、理念和行为的变迁。

3. 司法机关之间的合作

司法机关本身的职能决定了其具有一种沉默的机构特性，它所遵循的重要原则之一就是不告不理。司法程序的启动建立在当事人提起的基础上，所以司法机关在司法实践中似乎无须主动寻求合作。但随着经济社会的发展，司法机关的工作场域已经不再局限于传统的审判范畴，而是不自主地获得了更大的行动空间。比如在司法执行领域，当事人查找落实、财产确认、对抗行为、执行力量不足、执行管理不规范等各个方面都使得执行工作变得困难，尤其是涉及跨区域执行案件，更是增加了执行难度。因此，司法机关的合作是化解工作难题的有益探索。

例如，长三角地区司法机构一直注重加强合作，2019 年 11 月 5 日，上海、浙江、安徽、江苏四地高院联合举行第十一届长三角地区法院司法协作工作会议，会议签署了《长三角地区人民法院环境资源司法协作框架协议》《长三角地区人民法院联合发布典型案例推进法律适用统一实施办法》，为推动司法领域进一步合作奠定了基础。经过持续的合作，四地高院已经在重大案件防范处置机制、跨区域司法服务协助、司法执行协作、人才交流、大数据应用等领域取得了较大进展，为推动法治长三角、平安长三角提供了保障。

二　规划性文本、执行性文本

府际合作过程中，一般都会先有战略性的规划，然后再具体围绕某个专业领域设计可操作性细则，战略规划是府际合作的方向和指针，执行细则通过明确目标予以落实。因此，按照文本的宏微观程度、涉及对象、可操作性可以将文本分为规划性文本和执行性文本。

1. 规划性文本

规划性文本涉及的内容具有全面性，涉及区域合作的方方面面，比如2004年11月长江三角洲地区城市经济协调会第五次会议通过的《长江三角洲地区城市合作协议》，会议统筹安排了六项专题工作，分别是推进区域物流信息一体化、启动区域城市空间规划对接、建设区域科学研发仪器设施公用服务平台、加快区域产权交易市场一体化建设、设计区域主要旅游景点道路交通指引标志、加快区域合作与交流等。规划性文本展望持续时间长，往往是10年甚至20年的时间，比如2008年12月通过的《珠江三角洲地区改革发展规划纲要（2008—2020年）》；规划性文本一般以某个层级多个地方政府为主体商定，甚至由共同上级政府发布实施，比如《粤港澳大湾区发展规划纲要》就是以党中央、国务院的名义印发的。下面以《粤港澳大湾区发展规划纲要》为例进行分析。

改革开放以来，粤港澳联系与合作与日加深，从最初的招商引资、水利能源合作、产业升级替代到科技协同创新、各类生产要素自由流通，粤港澳地区的经济和社会联系、区域经济实力和区域竞争力持续增强。借鉴世界级城市群建设经验，建设粤港澳大湾区已成为新时代国家深化改革开放推动、"一国两制"事业发展的新举措。2019年2月，中共中央、国务院印发《粤港澳大湾区发展规划纲要》，从战略高度谋划布局粤港澳大湾区发展方向。规划纲要从规划背景、总体要求、空间布局、建设国际科技创新中心、加快基础设施互联互通、构建具有竞争力的国际现代产业体系、推进生态文明建设、建设宜居宜业宜游的优质生活圈、紧密合作共同参与"一带一路"建设、共建粤港澳合作发展平台、规划实施等十一章四十一节全面谋划了国家发展大局。粤港澳大湾区涉及两种制度、三个独立关税区，亟须在一个国家框架下通过制度创新推动区域一体化进程。该规划以中共中央、国务院的名义发布，体现了粤港澳区域合作的重要性。规划远景展望到 2035 年，大湾区的发展在规划纲要的指引下将持续全面地推进。

2. 执行性文本

执行性文本往往是为了执行总体规划中抽象的或概括式的项目而进行的专项细致的规定。执行性文本不像规划性文本一样只是描绘宏大的远景目标，它除了要设定具体目标，往往还会围绕目标制定具体措施、程序、步骤、条款等确保目标得以实现。执行性文本一般涉及地方政府之间或者同一层级政府的某个工作机构之间围绕具体领域签署的合作协议，比如2004 年 12 月通过的《泛珠三角九省区药品监督稽查合作协议》，即由九省区省级食品药品监督稽查机构围绕打击跨省区制售假劣药品、医疗器械违法活动而制定的文件；执行性文本一般具有可操作性，比如 2019 年 4 月通过的《长株潭城际轨道交通西环线项目合作框架协议》，文件规定了长株潭构建闭环交通体系，长沙湘潭按照线路比例出资成立项目公司融资和建设，以及确定开工时间等事项。

执行性文本有着明确的目标、执行主体、执行机制、执行组织、资金保障等要素，它有章可循、内容明确、程序步骤清晰。具体以《泛珠三角九省区药品监督稽查合作协议》来看，为了执行该协议，九省区成立了泛珠三角九省区药品监督稽查合作委员会，主任委员轮流担任，主任委员所在省区为执勤省区；委员会设立了联络员办公室，建立总联络员制度，处理日常工作，加强省区间联络；强化九省区案件协查联动机制，协议第 5 条第 2 款明确规定，对跨省区的案件协查，无论电函委托或直接派员调查等方式，有关省区均应给予密切配合、优先安排，协查结果各自送上级总联络员书面备案，对电函委托协查的，应当在 7 个工作日内给予回复，县级以上食品药品监管稽查机构跨省区办案的，经向其上级和调查对象所在地的总联络员备案后，可以向调查对象所在地的联络员提出协助，联络员所在稽查机构应予以密切配合，优先提供人员、食宿、交通、技术、取证方面的便利和帮助；协议还对会议组织、会议内容、日常经费安排、协议修改事项作了规定。上述协议清晰展示了执行性文本所具有的独特的内容表现形式。

三　倡议性文本和强制性文本

"软硬兼施"被人们称为处世哲学的一种策略。随着社会的发展，公共治理过程中法的规范体系也呈现出一种"软硬兼施"的特点，公共权力运用松紧不一、强弱不等。尤其是在跨区域合作过程中，公共权力的运用越来越体现出多元化、多向度的特点。因此，按照协议的约束性程度，府际协议可以分为倡议性文本和强制性文本。

1. 倡议性文本

倡议性文本主要是就某项合作事项发出合作倡议，协议一般使用开放和包容性语言进行叙述，对府际合作中的行为方式种类、数量或者幅度不作具体规定，协议的具体实施也没有强制性，一般也不规定违法责任，这种制度安排充满弹性，给予彼此较大的理解空间，为寻找适当时机推进合作留有余地和回旋的空间，体现出一种柔性治理的特点。

以 2006 年 4 月通过的《推进环渤海区域合作的天津倡议》为例，倡议中提出，32 个城市要遵循政府推动、市场主导、开放公平、优势互补、互利共赢的原则，提高城市整体竞争力，构筑资源共享、产业集聚、城乡协调、联动发展的新格局。为此，发出倡议并就跨区域合作作出如下声明：提出区域发展目标、构建一体化市场体系、建立便捷的交通网络、扩大能源与产业合作、加强科技创新、共同治理和保护环境、活跃旅游和文化交流、完善区域合作机制等。从构建一体化市场体系的内容来看，文中提出各城市研究制定生产要素合理流动的市场规则，促进资源、资本、技术、信息、人力的优化组合。消除行政壁垒和市场障碍，共同培育和发展环渤海地区统一、开放、有序的市场体系，积极发展面向区域经济的各类中介机构，增强区域经济活力。这些内容只是意向性内容表达，缺乏实质性内容，如果想继续合作则需要根据具体某个领域制定细则，当然，倡议性文本往往是后续具体强制性文本的基础。

2. 强制性文本

强制性文本一般规定了予以实现的内容事项，它通过明确约定条款对主体行为、程序、数量或者幅度作出安排，甚至通过纠纷解决条款事先明确了冲突解决方案，这种文本的制度安排是刚性的，没有自由理解的空间，体现出的是一种硬法的规范。

以跨区域合作中的"飞地经济"为例，飞地经济对地方政府而言涉及实质性的土地、资金、项目、利益等具体事务，地方政府之间需要签订规范、详细和具有可操作性的合作协议，比如，广东省中山市与河源市签署的耕地合作协议，采取了共建工业园区模式，两市采用"联手建设产业转移园区联席会议"制度，共同成立园区管委会，加强规划建设、运营管理和利益分配，明确了税收分配五五分成。

另以 2015 年 1 月实施的《新安江流域上下游横向生态补偿协议》为例，协议文本内容各方面的规定具体明确。比如，对水的监测工作依据《跨界（省界、市界）水体水质联合监测实施方案》执行；当两省对监测数据存在争议时，由中国环境监测总站组织仲裁监测，并以仲裁监测结果为准；对于生态资金的设立、补偿和使用，规定由中央财政和安徽省、浙江省共同设立新安江流域上下游横向生态补偿资金，2015~2017 年浙江省、安徽省每年各出资 2 亿元，根据当年 3 月底前公布的上一年两省水质联合监测数据，测算补偿指数（P），若 $0.95 < P \leq 1$，浙江省拨付 1 亿元补偿资金给安徽省；若 $P \leq 0.95$，浙江省再拨付 1 亿元补偿资金给安徽省；补偿资金于当年 4 月底前拨入安徽省指定账户。

上述跨区域合作都涉及具体的利益分配，而且其具有可操作性的细则为构建良好的府际关系奠定了基础。

第二节　文本的内容设计和条款

从法律文本的形式来看，法律制定有着严格的形式规范。全国人民代表大会常务委员会法制工作委员会在 2009 年和 2011 年分别制定了《立法技术规范（试行）（一）》《立法技术规范（试行）（二）》，《立法技术规范（试行）（一）》从法律结构规范、法律条文表述规范、法律常用词语规范、法律修改形式规范、法律废止形式规范等六个方面提出了具体的可操作标准，《立法技术规范（试行）（二）》对法律条文表述规范、法律常用词语规范予以释明。相比于法律文本的统一性、规范性和严苛性，府际协议的存在形式呈现出多样化特征。为了更好地理解府际协议制定的意义以及府际协议本身的内涵，从文本体例、结构、内容、表述方式等方面来认知是必要的。

一　文本的目录编码方式

本书所说的体例主要指文本所涉及的内容的安排和罗列形式。对于法律文本，《立法法》第 61 条明确规定："法律根据内容需要，可以分编、章、节、条、款、项、目。编、章、节、条的序号用中文数字依次表述，款不编序号，项的序号用中文数字加括号依次表述，目的序号用阿拉伯数字依次表述……"这种强制性规范使得法律法规呈现出统一的体例特征。对于府际合作协议而言，并没有统一的规范或标准，具体的协议文本呈现出多种类型，从所搜集到的文本来看，设计方式主要有如下几种。

1. 条款式设计

条款式设计呈现出较为规范的文本特征。协议中一般用"第一条、第二条……"的方式设计。比如《长江三角洲城市经济协调会章程修正案》就采用这种设计，有的协议内容较多，还会采取增加章条的方式，比如《泛珠三角区域安全生产合作联席会议制度》，先分为章，然后在每章下面设条款。

2. 阿拉伯数字式设计

有的协议内容相对较少，直接运用阿拉伯数字编码。比如《黔粤旅游合作协议》《武汉城市圈知识产权协作宣言》《关于加强川渝两省市旅游合作的协议》等。一般直接运用阿拉伯数字制定的协议的内容都比较简洁。

3. 中文数字设计

中文数字设计使用频率很高，该设计一级标题的使用较多，比如《京津冀地区合同监管合作协议》《北京市人民政府　河北省人民政府关于加强经济与社会发展合作备忘录》。有的协议有二级标题则使用括号加中文数字，如《泛珠三角区域能源合作"十一五"专项规划》，或者二级标题直接使用阿拉伯数字，如《江西省与广东省旅游交流与合作协议书》。

有的是章节式，比如《粤港澳大湾区发展规划纲要》。有的采用多元混合式，比如《泛珠三角区域省会城市合作协议》，有条款，而且条款里面有括号加中文数字和阿拉伯数字的混合使用。目录编码使用的多元化凸显了府际合作协议的复杂性。

二　文本的框架结构

府际协议文本种类多样，很难从纷繁芜杂的文本中理清其脉络，从搜集到的已有文本来看，不同类别的在书写风格和内容表达方式上各有特点。下面就其主要类型进行分析。

1. 规划纲要类

规划纲要类协议是地方政府合作推动府际共同事项的纲领性文件，它是地方政府之间勾勒全面合作事项或者局部事业的发展蓝图。规划纲要类数量众多，但其框架结构具有相似性。比如《粤港澳大湾区发展规划纲要》《长株潭国家自主创新示范区发展规划纲要》《山东半岛蓝色经济区发展规划》，这些规划纲要框架基本都包括以下几个部分：（1）发展基础与战略意义，主要包括规划基础背景、制定依据以及规划的战略意义；（2）总体要求，主要包括规划的指导思想、基本原则、战略定位和发展目标；（3）具体规划内容，主要包括发展规划的具体内容，比如基础设施、产业布局、科技创新、人才等；（4）保障措施或者规划实施，主要包括发展机制、政策支持、组织等。

2. 组织类

府际合作需要决策、组织管理、执行方面的工作，必须设立机构具体负责实施。组织类协议是地方政府之间为了更好地开展、推动合作而制定的组织章程方面的文件。比如，《长江三角洲城市经济协调会章程》《泛珠三角区域合作行政首长联席会议制度》《环渤海地区经济联合市长联席会办公室章程》，这些协议主要包括：（1）工作宗旨、原则和任务，主要说明组织存在的依据和目标；（2）组织机构，主要说明组织的领导机构、具体主席方或者常务主席方、联络机构、机构职责；（3）活动形式，主要包括会议举办、会议类型、会议任务；（4）会费缴纳和管理，主要包括会费额度、会费使用和管理。

3. 具体项目类

项目类协议是地方政府间围绕某个具体议题（如交通）开展合作而制定的文件。府际合作最终要落实在具体公共事务领域，这是政府间能够持续推进合作的动力和基础。比如《长株潭城市群共建国家物流枢纽合作框架协议》《江西省与湖南省进一步加强应急管理合作协议》《川渝野生动植物与自然保护区及湿地生态保护合作协议》，项目类协议主要包括：（1）协议依据和目的，具体合作协议是为了实施全面合作框架协议、推动具体项目落地而制定的，协议首段一般通过简练的语言介绍地方政府或者具体工作机构之间积极开展的具体事项合作；（2）具体合作内容，主要包括地方政府之间将在哪些具体领域开展工作；（3）合作机制，主要包括组织设立、会议、工作小组、制度运行等。

三　纠纷解决条款

在任何组织间合作过程中，合作都关系到劝告与说服、给予和索取，只要存在合作就会存在矛盾，只要存在合作就需要彼此协商。在私人合作纠纷中，财政方面的激励足以保证彼此协商成功。但在地方政府之间，官僚行为模式受到价值、偏好、民意、财政等多重因素的影响，府际关系表现得极为复杂，以至于纠纷产生与纠纷解决是无法回避的议题，因此，如果合作协议中缺乏纠纷解决机制，协议文本的履行和承诺兑现就会成为难题。但在合作协议文本中，纠纷解决条款或者法律责任事项涉及较少，这既显示了协议本身的丰富性，又体现出非规范性的特点。

1. 纠纷解决条款的设定

行政协议的缔结只是实现区域行政合作的起点，远非事情的全部。真正重要的，是行政协议的履行和内容的实现。[①] 协议文本的效力唯有通过纠纷解决条款才有可能实现。没有效力，就没有拘束力，没有拘束力，协议任何一方都可能违反承诺。因此，要想协议得到有效的履行，规定违约责任或者纠纷解决条款是必要的。

协商解决合作方有关争议事项是协议中较为常见的规定，比如《泛珠三角现代物流发展合作协议》规定，任何关于本协议的解释、实施和适用方面的问题，可以通过磋商以友好的方式加以解决；《泛珠三角区域整规工作合作协议书》规定，合作经费由合作方协商解决。协商解决是一种自组织解决方案，这是最直接、最简单的纠纷解决方式。

有的协议则规定了仲裁方案，江西省人民政府与湖南省人民政府签署的《渌水流域横向生态保护补偿协议》第 4 项规定了争端解决方式，当两省对补偿断面监测数据和评价结果存在争议且协商无果时，可提请中国环境监测总站仲裁，并以仲裁结果为准。中国环境监测总站的主要职能是承担国家环境监测任务，引领环境监测技术发展，为国家环境管理与决策提供监测信息、报告及技术支持，对全国环境监测工作进行技术指导。争议由专业的第三方仲裁是府际合作中积极有益的尝试和示范，仲裁也是方便

---

① 叶必丰等：《行政协议：区域政府间合作机制研究》，法律出版社，2010，第 184 页。

快捷的纠纷处理方式。

在协议的履行部分，有的协议则规定了违约责任。比如《广东深汕特别合作区管理服务规定》第五章规定明确了法律责任，第43条规定："省人民政府有关部门、深圳市人民政府及其有关部门、汕尾市人民政府及其有关部门未按照本规定调整相关经济管理权限的，由省人民政府责令改正；拒不改正的，予以通报批评；情节严重的，对直接负责的主管人员和其他直接责任人员依法追究责任。"这里所涉及的违约责任不仅是通过上级政府利用行政命令的方式解决，而更多意义上是通过上级政府对下级政府工作人员的处分来督促合作。

2. 纠纷解决条款的缺失

纠纷解决条款是地方政府间合作的基础，但在大量的政府间合作协议中却难觅影踪，如何解读协议文本中纠纷解决条款的缺失呢？这是有意为之，还是疏漏所致？从文本制定的角度来看，在这种合作协议中，最常见的都是如"建立"、"加强"、"积极"、"推动"、"促进"、"打造"、"取消"和"实现"等愿景式词语，这些词语的含义是希望通过彼此合作达成共识，而实践中可能存在对立或者空白。以《泛珠三角经济圈九省区暨重庆市道路运输一体化合作发展议定书》为例，九省区希望构建交通运输、道路救援、信息服务一体化的道路交通运输网络，具体议定以下事项：建立省际客运统一规范，规范省际客运业务流程，取消省际旅游包车区域限制和景区限制，加快客货运站场建设步伐，建立运政稽查联动机制，建立区域性维修和救援网络，建立统一道路运输专家库，加强信息网络和职能运输合作等。上述事项对于区域性交通一体化构建极为重要，但协议本身都是倡议性表达，具体落实还需大量的工作，即使文本中也提出要及时修改和完善各自地方的法规规章，使之适应一体化发展的需要，但法规规章的修订工作涉及地方立法，而立法工作要考虑立法的时机、条件、程序等要求，这往往是一个漫长的过程。

任何事物的出现绝非偶然，但为何在合作协议中不愿意列入具有约束力的争端解决条款，并没有引起理论界和实务界的关注，以至于这已经被认为是一种常态。有以下几种原因解释此现象：一是政府间所需要的可能恰恰是在弹性空间找寻合作的力量。协议中有大量的愿景式的构想、原则式的表达、粗线条的叙述，这为地方政府间合作提供了方向，但又不至于刚性地约束了自己的手脚。尽管这种做法使得政府间行为体现出一定的偶然性、随机性和试探性，其行为本不符合政府行为标准和行为模式，但不受协议所捆绑的灵活性诉求要优于强制性约束。二是当事各方想维持对协商谈判的控制权，不愿意求助于第三方。如果列入争端解决条款，容易触发争端解决程序，当事各方不得不参与纠纷解决中，失去了自我控制权，给当事各方造成共同损失，而且，争端解决条款可能增加违法成本。三是当事各方怕在争端解决中失败而承担责任，因此各方宁愿避免争端也不愿意冒险，哪怕通过无休止的协商也不愿意启动纠纷解决程序，只希望通过保持开放性，增加选择性。四是科层依赖心理，地方政府一方面有自主治理的动力，另一方面又有对上级政府的期待，尤其是在面对跨域性纠纷时，往往期待上级政府干预以化解争端。

　　一般情况下，往往地方政府之间一体化程度越高越需要解决条款，因为协议各方一体化程度越高，越能捕捉到争端解决程序所产生的信息外部性，尤其是在遵约所获得的利益超过违约必须承担的费用时，纠纷解决条款设定可能性就越大。正如合作本身有正式合作与非正式合作一样，纠纷解决的设计也应该区别对待，对于非正式合作，其目的并不在于某些项目的履行，或者说履行与否对双方不会产生实质性影响，这种合作或许就没有必要规定得过于详细或明确。而对于一些合作中必须达到某些目的的协议，其双方履行与否会对双方带来利益的收益或损失，这就必须规定某种形式的纠纷解决机制。这对于合作各方来讲是规避矛盾、保持合作连续性的关键。

第三节　文本的制度语言分析

　　在语言学中，句法是一套规则、原则和过程，它们控制着给定语言中的句子结构，句法学家的目标是发现所有语言共同的句法规则。克劳福德和奥斯特罗姆将句法规则应用于制度场域中，形成了一种制度语法分析方法。[①] 制度语法的目标是找到通用的、精确的语言来理解制度，以帮助理解

---

① Sue E. S. Crawford, Elinor Ostrom, "A Grammar of Institutions", in Elinor Ostrom, *Understanding the Diversity of Structured Human Interactions*, Princeton Universtiy Press, 2005, pp. 138-153.

制度在经济学、社会学、法学等不同学科中所表现出的制度异质性。制度语法的研究打开了一个长期存在的"黑匣子"——个人为什么要遵守或者不遵守一个制度。为了理解制度语法，应把制度分解成不同的组成部分，并通过分析不同的组合类型以理解制度的作用和制度变迁的过程，这有利于辨明制度中已经得到较好确认的正式制裁和情感道德因素。

一 制度的三种形式

克劳福德和奥斯特罗姆认为，学界对于制度的理解主要有三种形式：制度即共享策略，制度即规范，制度即规则。这三种方法都为观察人类行为模式的规律性提供了制度解释，其差异主要涉及对观察到的规律性的解释所依据的理由。[①] 将制度视为共享策略是基于这样一个假设，即理性个体与其他理性个体相互作用，通过相互关注和理解参与者的期望、偏好和行为，制度被看作一种由对他人将采取的行动的相互期望所维持的正常行为模式。从这个立场出发，一个人可以避免将"制度具体化"的陷阱，将其视为与参与者对有关事物或行为的共同理解。将制度视为规范的依据在于一个假设，即许多观察到的互动模式都是基于一群人对特定情况下恰当和不当行为的共同看法、共有行为规则或标准。规范可以内化于心，融入个人内部，人们可以在没有外部奖励或惩罚的情况下保持一致。为了理解为什么存在一些规范化的互动模式，我们需要超越直接的手段—目的关系来分析一个群体关于规范性义务的共同信念。将制度视为规则的理由在于一种假设，即许多观察到的互动模式都是基于一种共同的理解，即如果有权实施惩罚的行为者发现与被禁止或要求采取的行动不一致时，将告知这些行为会受到制裁或无效。为了理解规则影响的交互的规则化模式，需要研究规则允许、要求或禁止的行为和结果，以及执行这些规则的机制。

上述三种制度阐释方法本身并不存在优劣之分，也并不相互排斥，因为制度往往是规则、规范和策略的有机结合，只是不同情境下的侧重点、表达和应用不同而已。但要想理解这些不同的制度，通过制度语法理论，可以对制度表达进行结构性描述，系统性地区分规则、规范和共享策略。

---

① Sue E. S. Crawford, Elinor Ostrom, "A Grammar of Institutions", in Elinor Ostrom, *Understanding the Diversity of Structured Human Interactions*, Princeton Universtiy Press, 2005, pp. 138-153.

对规则、规范和策略之间的差异的明确承认澄清了关于这些概念之间的相似性以及关于制度规则的存在和起源的分析问题。使用制度语法，可以弄清楚策略或规范什么时候以及为什么演变成规则。[①] 制度语法是一种逻辑工具，它补充了表现制度现象的方式，有助于分析制度性表达的内容、不同类型的制度表达以及制度表达的演变。需要注意的是，与任何语法一样，制度语法在现有语句中的应用有时难以判断或出现反例，指导成分识别和语句分类的原则不能消除所有歧义。

二　制度语法：一个句法规则

制度语法是由五个部分——属性（attibute）、约束（deontic）、目标（aim）、条件（condition）、后果（or else）组成的 ADICO 框架，该框架是一个相对简单的通用语法。"属性"指谁是制度表达的对象。"约束"指如果一个义务存在，制度表达就会有规定性的事物，不能再简单地策略性处理。有三种不同的情态动词阐明，分别是"允许"（may-permitted）、"必须"（must-obliged）、"禁止"（must-forbidden）。使用这些词语可以体现出制度的"严肃性"程度。"目标"是指制度表达应该做什么；"条件"指制度的对象何时、何地、怎样、何种程度做目标所述的事情。"后果"是制度的对象不遵守该制度所要承担的责任。制度语法这五个部分并非在任何制度中都会存在，这就形成了常见的上面所描述的三种制度类型：共享策略是由"属性"、"目标"和"条件"组成（AIC）；规范由"属性"、"约束"、"目标"和"条件"组成（ADIC）；规则由五部分组成（ADICO）。可以用三个例子说明上述制度结构。（1）AIC 结构：为了更好地修复潮白河上游地区水生态环境，北京市政府决定于 2018～2020 年实施为期三年的生态涵养工程，支持上游地区 1 亿元生态基金加大生态保护力度。（2）ADIC 结构：为了更好地修复潮白河上游地区水生态环境，北京市政府决定于 2018～2020 年实施为期三年的生态涵养工程，支持上游地区 1 亿元生态基金加大生态保护力度，所有资金必须用于生态涵养工程，不能挪作他用。（3）ADICO 结构：为了更好地修复潮白河上游地区水生态环境，北京市政府决定于 2018～2020 年实施为

---

① Sue E. S. Crawford, Elinor Ostrom, "A Grammar of Institutions", in Elinor Ostrom, *Understanding the Diversity of Structured Human Interactions*, Princeton Universtiy Press, 2005, pp. 138-153.

期三年的生态涵养工程，支持上游地区 1 亿元生态基金加大生态保护力度，所有资金必须用于生态涵养工程，不能挪作他用。如有违反，将对责任人进行问责，依法依规处理。

上述制度类型区别显示出规范不包括"后果"因素，共享策略不包括"后果"和"约束"因素。但实践上，许多策略、规范和规则并不像这些例子中那样容易被发现或者识别，它们可能以各种形式出现，或者可能只是隐含地存在，即使一个制度没有存在于行动者的意识中，但它仍然存在。在制度语法的五个组成部分中，"约束"和"后果"两个因素是理解语法的核心。"约束"可以用德尔塔参数表示，德尔塔参数是指改变参与者服从或不服从规范的收益矩阵的要素，可以有效地反映"约束"的内部和外部影响。尤其是在"后果"不存在时，它们与语法中的"约束"联系在一起，体现为一种心理因素，依赖于个体和个体所处的语境，即内部源于个人规范价值观和偏好，外部依赖于特定情况下的社会规范、价值观和偏好。这显现了制度本身的复杂性。但毋庸置疑的是，制度语法提供了一种制度表达的结构化视角，为分析制度提供了重要的逻辑工具。

三　文本的制度语法检验

为了更好地理解制度表达，下面运用制度语法理论分析制度具体有哪些组件以及这些组件的具体内容。具体以《江苏省环保厅、上海市环保局、浙江省环保厅关于印发长江三角洲地区企业环境行为信息公开工作实施办法（暂行）》（以下简称《长三角企业环境信息公开工作实施办法》）、《安徽省人民政府、浙江省人民政府关于新安江流域上下游横向生态补偿的协议》（以下简称《新安江横向生态补偿协议》）、《广东深汕特别合作区管理服务规定》为例。[①]

《长三角企业环境信息公开工作实施办法》是以区域企业信息共享提升区域环境管理水平为目标的协议，主要有 9 条内容；新安江横向生态补偿协议包括序言、总则、水质监测、资金安排和拨付、资金使用、绩效管理与合作提升、附则共 7 条内容；广东深汕特别合作区管理服务规定是一个包括 45 条内容的地方性行政规章。此三项政府间合作文本都涉及地方政府间合

---

① 内容见本书附录。

作，具体的名称、条款数量、内容详略、制定主体、文本性质并不相同，有利于运用制度语法理论进行诊断。

可以发现，《长三角企业环境信息公开工作实施办法》是一个包含五部分内容但有的部分又存在不完全情形的准 ADICO 结构，在属性方面，企业信息公开对象由苏浙沪三省市环保部门参照国家评价范围来确定企业环境行为评价对象，鼓励其他企业自愿参加。这里的"参照"和"鼓励"都不是规定性内容，"参照"是具有选择性意涵的词；条件方面，尽管总体企业环境行为信息评价周期为一年，每年 6 月 5 日要公开结果，但条款中规定的建立评价工作的协调机制，定期交流信息、推动区域企业环境监管一体化等内容存在不确定性；后果方面，条款规定了评价"绿色"的企业，依照国家有关规定优先安排环保专项资金等鼓励政策，连续两次被评价为"黑色"的企业依法责令整顿，仍然不达标的报请同级人民政府实施关闭，这里通过奖励惩戒的方式对结果作出了规定，但也存在后果中断的可能性，比如依照规定优先安排环保资金是否可行，报请政府关闭行为也存在一定的变数，体现了后果的不完整性。因此，本办法是一个具有准规则特征的 ADICO 结构。《新安江横向生态补偿协议》是一个典型的 ADIC 结构，目标方面，明确为新安江流域水环境保护工作；属性方面，表达对象为安徽省、浙江省人民政府，以及财政部、中国环境监测总站、黄山市政府；条件方面，每年 3 月底公布上一年两省水质联合监测数据，测算补偿指数，4 月底拨入指定账户；约束方面，强调补偿资金用于新安江流域产业结构调整、水污染防治、流域综合治理，不得截留、挪用。两省分别对补偿资金进行监管，使用方法报财政部备案。两省政府应该严格落实各项措施，建立联席会议制度，并于每一年一季度将上年试点工作情况报财政部。但在后果方面，该协议文本没有作出任何说明，尽管明确了资金的使用范围，强调不能挪用。但双方没有对后果作出进一步说明。《广东深汕特别合作区管理服务规定》是一个 ADICO 结构，作为地方行政规章，条款的"严肃性"和"法制化"程度高，制度对象的约束和后果都有明确规定，比如第二章"管理职责"中规定，合作区管理机构作出重大行政决策应当依法实行公众参与、专家论证、风险评估、合法性审查和集体讨论决定等程序。不符合本条规定和其他法定程序的，不得作出重大行政决策。第五章"法律责任"中的规定，合作区管理机构未按照本规定依法行使经济管理权限的，明确了改正、通报批评和依法追究责任三种惩戒形式。

实践中，制度结构往往是规则、规范和共同策略的不同组合。即使在同一结构中，也有着不同的规定性、约束和后果，呈现出较为复杂的样态。一般情况下，制度的规则性越强，可执行性就越高，规范和策略内容能否被有效执行则要看具体行动情境及制度对象的价值观、偏好等复杂的变量。制度语法理论为我们创造了观察制度的窗口，ADICO 语法说明了制度表达可能影响个人期望的潜在累积方式。因此，提高我们分析和讨论制度表达的能力为我们更彻底地分析制度和人类行动做好了准备。关注制度语法可以使我们以新的视角去观察制度效力，并能够更好地理解政治秩序问题。

第五章 域外省察：美国府际合作中纠纷解决机制的启示

他山之石，可以攻玉。从文明的历史长河去考量，人类文明的每一步都是在彼此借鉴磨砺、开放包容中成长。在成长的文明中，一个挑战遇到一个成功的应战后会产生另外一个挑战，另一个不同的挑战再激起一个不同的应战，这样成长过程就不会中断，文明就不会衰落。[①] 文明在碰撞中才会找到前行的力量，故步自封、抱残守缺最终会自遗其咎。

世界各国，不管是单一制国家的授权体制还是联邦制国家的分权体制，都需要划定一定数量的行政区域进行治理。各个行政区政府依据宪法和法律或者中央政府行政决定在政区内部发挥职能、履行责任。行政区划定了治理范围，也衍生出治理问题。尽管中央和地方政府之间的纵向关系或者联邦与州政府之间的纵向关系是化解区域性治理难题的合法化机制，但凡事依靠中央政府出面显然是不现实的，这种治理机制并不能确保治理的时效，也不能确保治理的绩效，而且可能造成巨大的治理成本。因此，地方政府间需要通过创造性努力形成一种横向网络，来化解区域性公共管理问题。在政府间体制方面，美国对于宪法有关条款的解读提供了解决政府间纠纷的经验。

在美国州政府层面，州政府之间越来越愿意通过签署州际协议的方式解决跨区域问题，其重要性程度可以通过州政府之间签署的协定数量来观察，约瑟夫·齐默尔曼统计了 182 个国会批准的州际协定，[②] 凯文·沃伊特等人统计了美国 50 个州签署的州际协定数量，签署超过 29 个协定的有 9 个

---

① 〔英〕阿诺德·汤因比：《历史研究》，刘北成、郭小凌译，上海人民出版社，2010，第540 页。

② Joseph F. Zimmerman, *Interstate Cooperation*：*Compacts and Administrative Agreements*, State University of New York Press, 2012, pp. 237-249.

州，签署 28~29 个协定的有 7 个州，签署 24~27 个协定的有 18 个州，签署 22~23 个协定的有 8 个州，签署少于 22 个协定的有 8 个州。① 这些州际协定在美国政策体系中属于实际意义上的法律行为，具有法律的强制力和约束力。州际协定属于正式的行政协议，而除了州际协定之外，美国州政府之间还通过签署州际协议、志愿联盟示范性立法等不同形式开展合作。除了州政府，美国各个州的地方政府之间几乎在所有行政领域也开展了不同形式的合作。

第一节　美国行政协议的法律定位及类型

美国政府不仅庞大，而且政府类型复杂，它由 1 个联邦政府、50 个州政府、1 个特区、80000 多个地方政府构成，而在这庞大的地方政府体系中，又包括县、乡镇、自治市、学区、特别区等不同类型的政府。美国地方政府之间并不存在严格意义上的上下级关系，它们是相对独立的机构，尤其是学区和特别区的设置，它是为了单一目的或者有限目的而组建的准自治实体，主要为了履行某项专门的政府职能，比如教育、消防、供水、垃圾处理等。学区和特别区与传统的行政区并非重合的，它往往跨越行政区划界线，从而和传统的行政区交叉重叠。学区和特别区有独立的财政和人事制度，不依附于原有的行政区的管辖，是解决跨区域公共事务的典范。如交通管理服务，一个城市的交通管理区可以跨越地理边界和辖区向其他周围的数十个城市或者县提供公交车服务。美国州政府的分权以及地方政府的自治对政府间跨域治理提出了要求，联邦和州政府分权留有大量的缝隙，地方政府自治属性意味着自上而下等级链条并不能有效发挥作用，这都为政府间通过协议的方式合作处置公共事务提出了要求，也提供了空间。因此，美国不同层级政府间自发性横向网络是比较发达的。这也意味着对美国政府间协议的界定和剖析是必须正确对待的事情。要想真正理解美国州际协议，需要弄清两件事，一是美国政府的自治性，二是美国宪法的法制基础。

① Laurence J. O'Toole, Robert K. Christensence, *American Intergovernmental Relations: Foundations, Perspectives, and Issues*, Washington: CQ Press, 2007, p. 133.

一 美国州以及地方政府的自治传统

美国自治传统的精神内核蕴含于与英国相割裂的追求自我和自由的清教徒所拥护的基督教旧约的主要教义中，该教义的许多方面与最纯粹的民主共和理论相一致。美国社会秩序的构建正是源于在上帝面前相互订立圣约的思想与建立民治国家的思想的相连。① 美国州和地方政府自治传统在殖民地时期就开始得到了具体体现，可以说，"当英国国王授予新英格兰在母国的保护下自行组织政治社会和在不违反母国法律的条件下自治的权利时，在新英格兰海岸落户的移民群体很自然地根据人民自治的原则组织起来"②。而从美国第一份政治性契约——《五月花号公约》就能清晰地看到其自治精神，《五月花号公约》强调了签约之人基于上帝的信仰立下誓约，自愿结成一个自治团体，充分体现了美国政治社会构建的自主性。而殖民地之间最初的纠纷解决方式也体现出自治性。美国州际协定的前身最初被用来解决殖民地之间的边界争端，由于英国政府对美国的地理知识并不能完全掌握，殖民地土地宪章的边界在其发布时界定得比较模糊，因此，殖民地有时都声称对同一土地有管辖权。如果两个殖民地之间发生边界争端，首先是由两个殖民地的代表组成一个联合委员会，并就一项协议进行谈判。如果这一进程成功，该协议将提交英国政府批准。当然，如果谈判不能形成一项决议，那么双方就在类似诉讼的过程中向英国政府提出解决请求。英国政府通常将此事提交皇家委员会，并指示它作出决定。如果对决定不服，殖民地通过枢密院对皇家委员会的决定提出上诉。③ 这种自主协商谈判解决问题的传统深深烙印在美国历史进程之中。

在独立宣言中，殖民地联合宣告不论何种政体何时侵犯了公民生命、自由和追求幸福之权，人们有权改组或弃绝之，并另立新政府，体现了政府权力来自公民的授予。这种独特的自治品性深深地影响了美国的历史，在美国殖民地反抗英国统治、追求独立的过程中，各个州政府联合制定了

① 〔美〕文森特·奥斯特罗姆：《美国联邦主义》，王建勋译，上海三联书店，2003，第58页。
② 彭润金：《乡镇自治：使民主持守自由——托克维尔民主政治学说片论》，《研究生法学》2006年第2期。
③ Matthew R. DalSanto, Interstate Compacts, *The Economics of the Constitutional Mechanism for Interstate Cooperation*, ProQuest Dissertations Publishing, 2010, p. 36.

《邦联条例》，该条例第 2 条规定：各州均保留其主权、自由与独立，凡未经本条款明示授给合众国之各项权力、司法权及权利，均由各州保留之。这充分体现了州政府对成立统一的联邦政府的疑虑，也意味着州政府含有自治的基因。即使后来通过的美国宪法加强了联邦政府的权力，州政府依然和联邦分权并在自己的州行使属于自己的职权。美国宪法第 10 条修正案规定：本宪法未授予合众国也未禁止各州行使的权力，均由各州或人民保留。美国宪法对联邦政府的权力通过条文式列举的方式予以明确，而对于州权则赋予了除联邦权力之外的保留权，这种保留权是对州权自治地位的高度认同和接受。这种自治精神也体现于州政府以下的地方政府。

美国地方政府尽管属于州政府管辖，但地方政府同样拥有较为强大的自主治理权力和治理能力，在地方立法实践中经常可以看到这样一种现象：州政府颁布的法案，地方政府可以依据行政保留原则选择性执行，比如，2020 年 1 月 1 日，伊利诺伊州大麻合法化法案正式生效，但地方政府可以在本区域内禁止销售大麻；阿肯色州有的县可以销售酒类产品，但有的县则会禁止销售，诸如此类的规定林林总总。美国这种联邦制的传统是依赖订立圣约和把我们联合在一起的程序形成自治的关系社群，这些关系始于新英格兰小镇，扩展至殖民地特许状、州宪法、《邦联条例》、《美国联邦宪法》及构成美国当代社会的新的秩序模式。[1] 托克维尔在观察美国后看到，乡镇的组织早于县，县早于州，州早于联邦。这个源流体现的是人民主权，人民是自身利益的最好裁判者，是自己事务最好的主宰。由人民到政府，其结果就是人们通过契约来阐明有关政府的基本条款和条件，并将这一具有根本意义的民主原则应用到各个层次的政府中。因此，地方政府制度为美国民主政治奠定了基础。[2] 托克维尔把美国的乡镇自治精神归结于清教教义和中产阶级的身份平等，早期移民的清教信仰也为殖民地自治制度的产生提供了深厚的宗教支持，清教教义在许多方面掺有极为绝对的民主和共和因素，对美国建国后的地方自治特别是乡镇自治造成了深远的影响。而新英格兰地区的大部分清教徒移民出身于中产阶级，承认相互之间的身份

---

① 〔美〕文森特·奥斯特罗姆：《美国联邦主义》，王建勋译，上海三联书店，2003，第 58 页。

② 〔美〕文森特·奥斯特罗姆等：《美国地方政府》，井敏、陈幽泓译，北京大学出版社，2004，第 20 页。

平等，这为民主自治的实施提供了基础。① 美国宪法对于除联邦政府之外的权力，规定了州或者人民保留的字眼，其中"人民"正是地方自治的深意。

当然，虽然权力起源于乡镇，但是州政府依然可以通过州立法来确定乡镇或者地方政府的权力。美国有的州规定了地方政府有自治权，但该自治权依然要受到州的一般法律条款约束。

二 美国行政协议的宪政基础

在任何时代，州政府或地方政府都不是孑然独立的存在，彼此总会因某事发生某种联系。州政府或者地方政府之间存在竞争与合作二元现象，彼此保持着脆弱的平衡，这都是自然而然的行为。竞争是因为每个政府都是靠自己的资源、财税来提供公共服务，保持政府机构运转的，合作则有利于处置跨区域问题，降低本区域行政成本。

鉴于这种关系，美国宪法设置了关于处理州政府之间有关行为的规则。宪法第 4 条第 1 款规定：各州对其他州的公共法令、记录和司法诉讼程序应给予完全的信任和尊重。国会可用一般法律规定此类法令、记录和司法诉讼程序的验定方法及其效力。该条款强调了州政府之间要彼此信任和尊重，使得每个州的公民都要受到其他州法律和政策的约束，同时也受到法律的保护，免于歧视。查尔斯·蒂伯特的"用脚投票"理论所揭示的人口自由流动现象就在于该条款对他州公民与本州公民同等权利保障使然。第 4 条第 2 款规定：每州公民应享受其他各州公民所有之一切特权及豁免权。凡在任何一州被控犯有叛国罪、重罪或其他罪行的人于另一州被缉获时，该州应依照该人所逃出之州的行政当局的请求将其交出，以便押送到对该罪行有审理权的州。凡根据一州之法律应在该州服兵役或服劳役者，逃往另一州时，不得根据逃往州的任何法律或规章解除该兵役或劳役，而应依照有权得到兵役或劳役的当事人的要求将其交出。该条款规定了州际引渡，以避免因州际法律差异而让罪犯逃避法律制裁。上述条款中所体现出的信任、尊重、平等为处理州际关系奠定了重要基础。

对于行政协议而言，直接规定体现在宪法第 1 条第 10 款第 3 项：无论何州，未经国会同意，不得征收船舶吨位税，不得在和平时期保持军队或

---

① 〔法〕托克维尔：《论美国的民主》（上卷），董果良译，商务印书馆，1988，第 36~39 页。

战舰，不得与另一州或外国缔结协定或条约，除非已实际遭受入侵或遇到刻不容缓的危险，不得进行战争。宪法规定了在国会的同意之下，州与州之间可以缔结协定，这为州际合作提供了最为重要的法制基础。宪法中之所以有此条款，主要是充分考虑了美国分权体制下联邦与州之间、州与州之间因权力分割、州法不同而存在的争端，权力划分得再细致，也难以考虑到问题的方方面面，即使考虑到存在冲突风险，让州与州之间自主协商解决问题或许也是两全其美之道。

对于条款中"国会同意"① 说，一方面，体现了国会在州际协议中的角色，对于州际协议，国会可以行使批准权力；另一方面，这个批准权并不意味着所有的州际协定都要国会批准，美国联邦法院在 1893 年审理弗吉尼亚州诉田纳西州一案时指出，只有在协定"旨在形成任何可能侵犯或干扰美国公正且至高无上地位的倾向于增加政治权力的组合"的情况下，才需要国会同意。② 宪法也没有具体规定国会同意州际协定的时间或形式。虽然国会通常在缔约州执行协定之前同意，但国会也可以在实施之后同意，因为在此之前，关于协议的主题并不一定能得到充分考虑。此外，虽然国会的同意通常是明示的，但也可以根据情况推断。

州际协定不但在这些州之间具有约束力，而且经国会批准后也成为联邦法律。在凯勒诉亚当斯一案中，当国会同意一项州际协定，并且"该协定的主题事项是国会立法的一个适当主题时"，国会同意将州际协定转变为联邦法律。③ 美国第四巡回上诉法院澄清，国会同意的协定不威胁联邦至高无上地位，但涉及适合国会立法的主体，即使不需要这种同意，仍然成为

---

① 历史上看，州际协定的参与者主要是作为当事人的各州，但随着联邦政府角色的变化，国会同意并不仅仅限于协定的批准，在有的协定中，联邦政府也开始逐步参与到协定治理中，成为事实上的协定治理者。比如阿肯色州和俄克拉何马州关于阿肯色河的州际协定，协定所设立的阿肯色州—俄克拉何马州河流协定委员会要求成员包括总统或授权的联邦机构指定一名代表美国的专员（包括一名候补）。如果指定了联邦专员，联邦专员应担任委员会主席和主持人（联邦专员在委员会的任何审议中无表决权）；一些协定由国会颁布为联邦法律，并规定联邦政府直接参与契约所处理的事项，如《关于被拘留者的州际协定》，该协定适用于因无关审判而被判刑的囚犯的移交。

② Andrew Winston, "Interstate Compacts in the United Sstates", The Law Library of Congress, Global Legal Research Center, June 2018, https：www. loc. gov/law/help/interstate-compacts/us. php.

③ Andrew Winston, "Interstate Compacts in the United Sstates", The Law Library of Congress, Global Legal Research Center, June 2018, https：www. loc. gov/law/help/interstate-compacts/us. php.

联邦法。根据宪法，美国最高法院对国家之间的争端拥有原始管辖权，法院将根据合同法原则执行州际契约。

三 美国行政协议的类型

美国州际政府与地方政府经历过一段时间的沉默后，彼此关系与交往才逐渐密切，并呈现出高频率的互动，政府间合作的领域也逐步扩展，合作的深度逐步增加，合作的精细化程度逐步提高。梳理美国州际合作协议的历史对于理解政府行为理念、政府职能变迁、政府行为模式以及化解政府间隔阂与冲突大有裨益。

在美国建国之初，由于社会结构简单，社会问题较为单一，州政府以及地方政府注重自主治理，府际关系极为简单。最早的州际协议为1791年《肯塔基州和弗吉尼亚州边界协定》，该协定主要涉及肯塔基从弗吉尼亚脱离之后边界争议地带的划定。之后的整个19世纪以及20世纪初期，也即阿拉斯加州和夏威夷州加盟美国联邦政府之前的时间段，州际协定的签署主要与边界有关，比如1820年《肯塔基州和田纳西州边界协定》、1833年《纽约州和新泽西州边界协定》、1846年《密苏里州和阿肯色州边界协定》、1853年《马萨诸塞州和纽约州边界协定》、1879年《纽约州和康涅狄格州边界协定》、1890年《纽约州和佛蒙特州边界协定》、1897年《南达科他州和内布拉斯加州边界协定》等。这一时段边界协定主要为州政府刚刚成立或者成立初期加入美国联邦政府时对争议边界的厘定。

进入20世纪之后，州政府之间的合作开始增多，合作领域丌始拓宽，比如1912年《新泽西州和特拉华州关于特拉华河水资源管辖权协定》、1939年《科罗拉多州、新墨西哥州、得克萨斯州关于格兰德河协定》、1950年《墨西哥湾沿岸各州海洋渔业协定》、1954年《堪萨斯州、路易斯安那州、密西西比州、俄克拉何马州、得克萨斯州南部森林防火联防协定》、1955年《加利福尼亚州、内华达州水资源协定》、1959年所有州批准的《灾害和民防州际协定》、1969年《康涅狄格州、纽约州铁路旅客运输协定》、1972年除亚利桑那州、加利福尼亚州、密西西比州、内华达州、弗吉尼亚州之外其他州签署的《心理健康州际协定》、1986年《阿肯色州与密西西比州大桥建设协定》、1989年亚拉巴马等19州与联邦政府签署的《东南地区低放射废弃物处理州际协定》、2006年所有州签署的《儿童安置州际协定》等。从上述协定可以看出，州际合作已经从传统的边界问题向政府职能各个领域全面推进，无论是交通运输、能源安全、应急处置、水资源分配，还是儿童救助、基础设施建设、疾病防治等领域，州政府都在积极主动地寻求合作，应对跨区域难题。

上述行政协议主要是按照合作领域来区分的。在行政协议中还有很多分类方式。根据联邦政府是否参与到州际协定之中，可将协定分为联邦参与型行政协定和非参与型行政协定，比如联邦政府1988年参与的《州际拘留协定》、1998年《国家预防犯罪和隐私协定》。根据政府间行为方式可以分为发展型行政协定、管制型行政协定、互助型行政协定。发展型行政协定主要与政府间共同发展议题有关，比如1997年的《机场设施州际协定》；管制型行政协定是为了达成共同行政目而实施的协定，比如1918年《哥伦比亚河渔业协定》、1958年《州际驾驶员执照协定》；互助型行政协定是为了州际政府间就某项服务领域互相协助而实施的协定，比如1980年《州际收养和医疗救助协定》。行政协定的执行方式分为区域一体化、政府间机构一体化、州际机构协作制、法律一体化背景下州政府独立行使。区域一体化是指州际政府间成立合作性机构来具体负责执行有关行政协定的内容，比如阿巴拉契亚区域委员会；政府间机构一体化是指州际政府合作成立新的机构，新机构独立行使职权来履行有关职责，比如纽约新泽西港务局是纽约州和新泽西州共同成立的第三部门交通管理机构；州际机构协作制是指州际政府及其政府有关部门共同合作执行有关行政协定；法律一体化背景下州政府独立行使是指州政府共同采用统一的法律，每个州政府都按照统一法律要求执行，比如统一商法典。除此之外，根据协定在行政事务中的持续性，可以将协定分为永久型协定和暂时型协定；根据国会在州际协定中的影响力分为国会批准型协定和国会备案型协定等。

除了州际政府之外，美国州以下地方政府也被鼓励通过彼此合作来提供公共服务，美国有42个州已经明确颁布法规授权它们的地方可以通过彼此签署协议的方式来提供公共服务，这种服务似乎也越来越受到地方政府的欢迎，它不仅可以有效地解决跨区域公共管理问题，更重要的是，它还可以有效地减少地方政府成本，从而更好、更全面地提高地方政府服务供给能力。在地方政府之间开展的具体合作协议，根据合作事项的类型和特点，主要可以分为三种：（1）政府间服务协议，一个政府通过付费购买另一个辖区的相关服务项目，本地政府无须主办该项目；（2）联合服务协议，该类型要求地方政府之间共同规划、共同融资、共同建设、共同提供服务，合作的要义在于联合起来、共同行动，比如图书馆、科技馆、应急物资储备等；（3）政府间服务转移，该类型意味着地方政府把某项职责直接转交给另一个地方政府或者非政府组织，被委托政府或者非政府组织可以通过财政转移支付和收费的方式来具体运营并提供服务，例如卫生和健康服务、公共工程等。①

第二节　美国府际纠纷处理机制

在一个像我们这样多样化的国家里，试图为所发生的众多问题确定一种解决办法和技术是不可能的。灵活性也是联邦政府提供创新和环境保护的最佳激励措施之一。就各州而言，它们必须愿意继续承担这一责任，展现其获得公众信任的能力。我坚信他们会这样做。②

横向政府间既有着广阔合作的潜力，又无时无刻不存在竞争，甚至是意想不到的竞争，比如，蒙大拿州和爱达荷州曾因华盛顿州想在太平洋上空进行人工降雨而对簿公堂，因为这些雨云可能会降临至它们那里，当风调雨顺、降水充沛时，不存在类似这样的冲突，而在酷热干涸、雨量稀少时，彼此的矛盾就会凸显出来。南达科他州在一段时间内给一些犯罪分子两种选择方案，要么被起诉，要么搬回加利福尼亚州，加利福尼亚官员则立即驳斥指责南达科他州的行径。类似的问题极为广泛，比如河道改变导致的土地纠纷，无名财产的归属，富翁在各地留有的财产和遗产税，等等。因此，政府在良性竞争时能够形成正激励并促进彼此发展，但恶性竞争则往往意味着冲突和纠纷，阻碍并拖累发展步伐。那么，在美国州际政府间以及地方政府间合作的过程中，发生纠纷之后是如何解决的呢？具体来看，有以下几种方案。

---

① 〔美〕尼古拉斯·亨利：《公共行政与公共事务》（第8版），张昕等译，中国人民大学出版社，2002，第660~661页。

② Gregory E. Conrad, "Interstate Cooperation and Environmental Protection", *Environmental Geology and Water Sciences*, Vol. 20, No. 1, July 1992, pp. 1–3.

一 司法途径

从美国宪法所确立的规则来看，州与州之间的纠纷可以适用司法权，宪法第 3 条第 2 款司法权适用的范围如下：一切基于本宪法、合众国法律以及根据合众国权力所缔结的及将缔结的条约而产生的普通法的案件及衡平法的案件；一切涉及大使、其他使节及领事的案件；一切有关海事法和海事管辖权的案件；以合众国为当事人的诉讼；两个州或数个州之间的诉讼；一州与另一州公民之间的诉讼；一州公民与另一州公民之间的诉讼；同州公民之间对他州让与土地的所有权的诉讼；一州或其公民与外国或外国公民或者外国国民之间的诉讼。该条款为州与州之间纠纷处理的司法适用提供了依据。从涉及州际纠纷的司法判决来看，联邦法院一直承担着重要角色来化解州际矛盾，2008 年最高法院判决，特拉华州和新泽西州之间协定的第 7 条，没有赋予新泽西州对一处河岸改良设施以排他性管辖权。该设施是一个液化天然气站，它延伸越过了特拉华河的低水位线，并到了河道的特拉华州这一边。[①]

在州际行政协定中，一般都会有条款规定通过一定司法程序来解决争端，但即使没有明确条款说明可以运用司法程序，也不影响各州向联邦法院提起诉讼，一方面在于州际协定的合同属性，另一方面宪法规定了司法管辖权。比如，《军属儿童教育机会州际协定》第 13 条规定：针对成员州的违约，州际委员会可以根据成员州多数票向哥伦比亚特区美国联邦地方法院提起诉讼，或由州际委员会酌情在州际委员会设有主要办事处的联邦地区法院提起诉讼，以强制执行协定或其颁布的规则和细则。寻求的救济可以包括强制救济和损害赔偿。如果司法强制执行是必要的，胜诉方应获得此类诉讼的所有费用，包括合理的律师费。还允许违约州向美国哥伦比亚特区联邦地方法院或州际委员会设有主要办事处的联邦地区法院提出上诉。胜诉方应获得此类诉讼的所有费用，包括合理的律师费。《阿肯色州和俄克拉何马州关于阿肯色河流域协定》第 12 条和第 13 条规定：阿肯色州和俄克拉何马州双方同意并准许根据 1962 年 10 月 15 日颁布的第 87-830 号公

---

① 〔美〕约瑟夫·F. 齐默尔曼：《州际合作：协定与行政协议》，王诚译，法律出版社，2013，第 37 页。

共法律的规定向美国联邦地区法院提起诉讼，或随后进行修订。如果本协定的任何部分或适用由有管辖权的法院宣布无效，本协定的所有其他规定和适用应继续完全有效。当联邦政府是不可缺少的当事方时，如果诉讼源于本协定或因其适用，则国会同意在美国最高法院的任何诉讼中提名和加入联邦政府。《格兰德河协定》第 4 条对司法程序作了规定，新墨西哥州和得克萨斯州一致同意，有关水流质量和数量引起的争端依据已经生效的州际协定来解决。但是这并不能理解为诉讼程序的禁止，如果一成员州擅自违反协定的规则，对另一成员州造成损害，受害州有权向联邦最高法院提起要求赔偿的诉讼。

宪法已经提供了州际纠纷司法解决途径，但对于州际纠纷的处理，还有必要进一步认识行政协定的法律定位，从一般意义上来说，州际协定具有合同属性而不是法律属性，最高法院在 1959 年还曾有过声明。一个协定，说到底就是一个合同，而任何主体间的合同纠纷都可以通过法院来审理，因此，州与州之间签署行政协定而引发的纠纷很显然可以通过法院来审理。但需要考虑的是，美国州际协定是否只是普通的简单意义上的合同，是不是合同对于美国而言并不具备实质性意义，因为不管是合同纠纷还是法律纠纷，美国法院都可以受理，美国是具有司法审查权的国家，最高法院可以审理一切与宪法和国会颁布法律相冲突的立法和政府行为。对有的国家而言，政府间行政协定是法律还是合同则是极为重要的，这主要与协定的可诉性以及诉讼管辖有关，比如中国政府间协议法院是无法受理的，在法国行政契约纠纷则需要行政法院受理。因此即使在美国，从长远来看，剖析州际协定的性质并非没有意义。

从形式上看，州际协定很显然具有合同属性，它是平等主体间基于合意而产生权利与义务的法律行为，但州政府之间和市场主体之间例如企业之间，合同是不同的，州议会和州政府是拥有立法权和行政管理权的机构，任何州际协定一般都会涉及管制或者服务对象，这就涉及除州政府之外的第三方，这和一般的合同是不同的，而且经过国会同意，还象征着主权行为。从州际协定的制定程序上看，实际上程序十分严苛，从漫长的谈判到草案制定，从州议会批准到州长批准，再到国会同意，并非易事。比如 1936 年纽约州议会尽管通过了《关于假释犯监管的州际协定》，但该协定不能自行生效，由于州长拒绝批准，该协定 8 年都没有生效。这似乎都说明州际协定和普通合同差距甚大。而且，有些协定已经成为本州的法律，比如 1952 年美国统一州法委员会和美国法学会通过的《统一商法典》，这部由法律团体制定而由各州议会批准的法律成为促进州际商贸发展的重要基础。另外，美国宪法第 10 条修正案规定：本宪法未授予合众国也未禁止各州行使的权力，分别由各州或由人民保留。任何州都有权制定州宪法和州法律，州与州之间合作制定法律行为也应该属于州的权力。

狄骥曾专门分析了公法的变迁，作为稳定性极强的公法并不是固定不变的，它随着社会的变化、人们持有理念的革新、管理事务本身的复杂性而调整。他认为，公共服务已经成为现代国家的基础，甚至已经取代了"主权"的概念。① 公共服务的崛起意味着存在具有某些制定法性质但又并非出自行使主权权力的公共机构的行政规章。比如，总统所颁布的诸多行政规章已经不再局限于与制定法有关，而这些规章同样约束着公民、行政机关和法院。② 在地方，权力分散化使得法律出现地方化倾向，即使是单一制国家的法国同样如此，地方议会颁布地方法规，地方公共行政机关颁布地方行政规章，以及协定式法律兴起，都反映了公法随着时代的发展而产生变革。

在美国宪法制定之前，国会一直作为有权"对目前存在或今后可能在两个或两个以上州之间出现的关于边界、管辖权或任何其他原因的所有争端和分歧提出上诉的最后手段"。第一个通过司法诉讼的方式解决州际纠纷的案件是康涅狄格州和宾夕法尼亚州之间关于苏斯克汉纳河附近"怀俄明州领土"的纠纷。宾夕法尼亚州请求国会举行听证会，并指示两州联合任命法官解决争端。特设法院于 1782 年 12 月 30 日裁定，康涅狄格州无权获得争议的土地。③ 1787 年美国宪法被批准通过，正式确立了美国联邦法院对涉及两个州及其以上的案件的原始管辖权。法院一般并不会轻易行使原始管辖权。这里必须涉及两个条件：一是提起诉讼的州是实质上的当事人而不是名义上的当事人；二提出诉讼动议的州必须证明已经造成伤害或即将造成伤害，而不是推测性的。美国最高法院 1883 年在新罕布什尔州诉路易斯安那州一案中首先审查了一个州作为寻求起诉另一个州的家长（其人民

---

① 〔法〕狄骥：《公法的变迁》，郑戈译，商务印书馆，2013，第 42 页。
② 〔法〕狄骥：《公法的变迁》，郑戈译，商务印书馆，2013，第 79 页。
③ Joseph F. Zimmerman, *Interstate Disputes: The Supreme Court's Original Jurisdiction*, State University of New York Press, 2006, p. 5.

之父）的地位，法院认为，新罕布什尔州旨在保护本州公民有权要求其他州清偿债务的行为是一种允许公民运用政府名义起诉的行为，在这种民事争议中，公民一般有足够的补救手段，并不需要政府干预，因此法院驳回起诉。而该法院在 1921 年审理的涉及新泽西州和纽约州之间的一项 1834 年签署的协定的案件中解释：该法院可以根据宪法行使其特殊权力以控制一个州对另一个州的诉讼行为之前，必须确定当事州的权利被威胁侵犯是极其严重的，必须有明确和令人信服的证据来证明。1934 年，法院发表了一项更有力的声明，并表示"在没有绝对必要的情况下"不会行使其原始管辖权。宪法赋予法院这样的"原始管辖权"来审理州与州之间的争端，但这种权力通常被用来裁决边界争端或水权，以至于法院往往不愿意主动扩展自己的管辖边界，并且希望国会更多地发挥在州际纠纷处理中的作用。在内布拉斯加州和俄克拉何马州起诉科罗拉多州有关大麻合法化一案中，联邦法院最后拒绝审理此案，也没有作出任何解释。①

二 政府间协商

政府间协商是美国圣约精神建构社会秩序的最直接体现，也是美国州政府尤其是州以下地方政府解决治理碎片化的重要方式。美国地方政府具有强大的自治能力，这种自治所导致的地方分权已经到了"不仅仅是让人觉得不愉快，而是已经感到无法容忍的地步"。②"巴尔干化"的地方政府可

---

① 2012 年，科罗拉多州选民修改了该州宪法，允许娱乐性地使用大麻，并对大麻的销售和分销进行监管。内布拉斯加州和俄克拉何马州认为，科罗拉多州授权、监督、保护大麻种植、加工和零售组织，该组织在 2014 年向 36 个州出口了数千磅大麻，每月可获利约 1 亿美元。科罗拉多州大麻合法化导致给它们州的居民前往科罗拉多州买售和消费大麻，带来了犯罪风险。科罗拉多州认为，内布拉斯加州和俄克拉何马州承认科罗拉多州有权使大麻的种植和使用合法化。几十年来，大麻的需求量巨大，而且直到最近，大麻都是由一个价值数十亿美元的黑市提供的，然而，原告州寻求打击旨在将需求从黑市转移到一个有许可证并受到严密监控的零售体系的法律法规，是不合理的。联邦政府最高上诉律师、总检察长唐纳德·B. 维瑞利（Donald B. Verrilli）敦促法官拒绝审理此案。他认为，内布拉斯加州和俄克拉何马州基本上主张，科罗拉多州授权州内生产和分销大麻，增加了第三方在内布拉斯加州和俄克拉何马州犯下刑事罪行的可能性，因为它们将从科罗拉多州持牌实体购买的大麻带入这些州。但它们并没有指控科罗拉多州违反它们的法律，指示或授权任何个人将大麻运到它们的领土上。Adam Liptak, Supreme Court Declines to Hear Challenge to Colorado's Marijuana Laws, *New York Times*, March 2016.

② 〔法〕托克维尔：《论美国的民主》（上卷），董国良译，商务印书馆，1988，第 98 页。

以对权力进行制衡，但碎片化的单个地方政府难以提供广泛的公共服务。因此，地方政府往往通过协商的方式来解决公共问题，提供公共服务。常见的措施有政府间协议会、地区间协议和特别区政府的设置。① 政府间协议会是地方政府间联合解决诸如公共交通、环境污染、城市供水等事务的非独立性、临时性和自愿性组织。地区间协议是地方政府间旨在解决某一专门领域问题如消防、治安、污水处理、医疗等而达成的合作。特别区政府是提供特定服务的功能型政府，如防火保护、水土保持、废物处理、蚊虫控制，它由州立法机构或者地方政府遵照州法联合创立。②

州际及地方政府间通过协商进行合作不仅可以解决区域性公共问题，促进区域共同发展，而且也是解决区域纠纷的重要方式。众所周知，司法程序是最正式、最权威、最规范的处理府际纠纷的方式，但司法程序烦琐、复杂、漫长且成本高昂。因此，在纠纷处理中除了司法程序之外最高效、最易行、最节省成本的方式就是政府间直接协商。协商解决纠纷存在于政府间关系的全过程，无论是问题动议阶段、协定制定阶段，还是政策执行和纠纷解决阶段，保持持续性的沟通和谈判是解决政府间矛盾、冲突和纠纷的关键。

政府间协商是政府间行政协议内含的纠纷解决方式，这从订立协议时的意思一致以及州和地方政府的自治权就可以理解。因此，府际纠纷问题解决的关键不在于要不要采取协商的方式化解争端，而在于通过什么样的方式来协商。从美国具体协商机构和协商方式来看，政府间协商主要有以下几种类型。（1）通过联合机构平台来协商。设立委员会来执行州际行政协议是较为常见的做法，委员会成员可能是州长任命州议会通过，可能是州议会及其相关机构选择，也可能是因担任相关领域职务而具备资格。在具体权力行使方面，委员会权力并不相同，有的可以制订章程、执行协议，有的则权力有限，没有执法权。但不论何种委员会，在具体处理州政府之间的纠纷时都是重要的协商平台，政府间通过该平台进行对话交流，保持沟通协调。（2）通过州议会设立的州际关系合作委员会来协商。为了有效

---

① 王旭：《美国城市发展模式：从城市到大都市区化》，清华大学出版社，2006，第402页。
② 特别区政府是美国地方政府最庞大的政府类型，1940年特别区政府接近9000个，2003年增加到了35356个，提供了与市民相关的几乎所有领域的公共产品和公共服务项目。

地履行行政协议，州议会还可以基于职责权限设立相关合作委员会，以保持与合作州的联系，在争端处理中，州议会中的合作委员会可以直接发挥协调作用。比如康涅狄格河流域管理，新罕布什尔州议会设立了一个由 15 名成员组成的康涅狄格河谷资源委员会，佛蒙特州州议会也设立了一个由 15 名成员组成的康涅狄格河流域管理委员会，两州的委员会在州际合作中保持密切联系，共同保护流域的农渔业资源和生态，并承担了重要的协调工作事宜。（3）通过州政府间关系委员会来协商。州政府因其管理上的必要性等因素也可以设立政府间关系委员会来具体负责政府间工作。从行政实践来看，现行的政府间关系委员会更多注重纵向的协调，其中有的州由注重纵向关系逐步扩展到注重横向关系，为处理州际争议提供了新的机遇和平台。

政府间自主协商往往并不能消除彼此分歧，主要原因在于问题本就由合作各方产生，再由当事人直接协商似乎无论在心理上还是行动上都会受到一定影响。但协商过程也是共识构建的过程，在频繁交往中有利于各方进一步分享信息，触摸并感知问题的边界和实质，从而推动政府间关系往深层次发展。下面是协商解决州际纠纷的经典案例。

加利福尼亚州和俄勒冈州的克拉马斯盆地一直被各种"轮流危机"所困扰，比如濒危鱼类保护、畜牧业、农业灌溉、水力发电、干旱等问题，经过几十年的水权诉讼和冲突，依然难以找到具体的水管理方案，后来通过一个包含广泛的流域利益相关者在内的由 26 人组成的克拉马斯处置小组于 2007 年确立的处置框架推动了政策议程，最终在 2010 年 2 月，由印第安部落各方、环境团体、灌溉者、商业渔民和各方政府官员组成的"不太可能的联盟"同时签署了克拉马斯盆地恢复协定和克拉马斯水电处置协定（该协定最初原则框架由加利福尼亚州、俄勒冈州和联邦政府拟定）。这些协定虽不完善，却是上克拉马斯盆地和下克拉马斯盆地水管理的可行框架。经过几十年的冲突，这些协定的协作性质为利益攸关方提供了稳定的愿景，并为今后的水资源冲突提供了一个可能有用的模式。这些协定涉及数十个相关方，包括地方、州和联邦行动者，不仅代表了一个一体化的愿景，而且也是一个冲突肆虐的盆地的具有深刻象征意义的重新定向。就像水滴石穿一样，盆地中的最终解决办法不是从武力或冲突中产生的，而是随着时间的推移，基于有关各方的毅力和决心而出现的：各方对现状感到厌倦，决心找到某种可持续的解决办法。

实践表明,诉讼在解决此类复杂的、多方参与的水资源管理问题方面有时候捉襟见肘,甚至加剧了利益相关者之间的紧张关系,而包括多方的政府间协商过程却有利于化解几十年的持续不断的冲突。经过多年建立的关系和联盟、价值观分享、愿景理解和利益相关者沟通,谈判得以为解决冲突提供更全面、更综合的方法。并更好地构思全流域范围内的解决和妥协方案,此外,谈判提供了一个论坛,与法庭或联邦授权的条例完全不同,地方利益攸关方可以在这个论坛上找到"自下而上、由地方主导"的办法,解决该流域猖獗的生态、经济和社会问题。鉴于在谈判进程中对结果有发言权,当地利益攸关方不是被迫,而是主动接受最终结果。通过开展非正式的"客厅"对话,促进相互了解,利益攸关方得以抛开几十年的敌意和不信任,确定共同价值观,建立信任关系,并通过整合当地思想发展共同的愿景。利益攸关方在法庭外的环境中与以前在"诉"案中与当事方建立联系的能力,扩大了社区认同。"通过改善沟通,明确各方之间的不同看法,讨论促进了理解,提高了找到解决方案的可能性。"[1]

另一个例子是内华达州和加利福尼亚州关于太浩湖以及相关跨界河流水资源争夺案件,亦是在诉讼无解的情况下通过政府间协商化解纠纷,但具体的协商过程充满了荆棘。具体协商过程如下:1955 年,内华达州州长授权成立该州协商委员会,随后 7 月 7 日加利福尼亚州州长也授权成立委员会。同年 8 月,时任总统艾森豪威尔签署了一项联邦法案,授权两个州协商制定一项协定。法律要求他制定一名代表参与协商过程并保证联邦政府利益。在艾森豪威尔授权磋商之前,两个州的委员会就举行了非正式会议,旨在对国会悬而未决的相关项目法案提出修改意见。1956 年 8 月 1 日,总统批准了修改后的协定。1956 年 1 月 17 日,两个州委员会举行第一次联席会议。[2] 加利福尼亚州协商委员会由 7 名成员组成,有代表地理区域的 5 人以及州总工程师和州复垦局长。内华达州协商委员会委员则由水资源利用的特殊群体构成,仅州总工程师作为整体代表州。双方谈判代表的组成对

---

① E. Bayley Toft Dupuy, "The Ovidian Water Drop: Negotiations in the Klamath Basin", *Journal Environmental Law and Litigation*, Vol. 28, No. 2, 2013, pp. 263-285.

② Donald J. Pisani, *The Strange Death of the California-Nevada Compact: A Study in Interstate Water Negotiations*, University of California Press, 1978, p. 643.

磋商进程产生了重要影响。从理论上讲，每个委员会都有责任保护本州利益而不是地方利益，但实际上地方利益却成为谈判的拦路虎。而且很多委员对河流以及水资源方面的知识知之甚少甚至不感兴趣，以至于协定的起草花费了 13 年的时间。因为谈判中面临许多棘手难题，比如，双方首先应该就目前的用水量达成一致，这就需要选择一个代表性年份，以得到平均流量数据。每个州为了编制统计数据还成立了专门委员会并花费了数月的时间，原因在于对水资源的使用存在纷争以至于存在严重的数据冲突。直到 1959 年，双方才汇集到足够的数据以供协商开始。诸如此类的问题繁多，如未来加州的娱乐用水有优先权吗？太浩湖的水位应该由湖边居民、联邦政府、协定委员会或其他机构设定？发电、娱乐、工业、农业灌溉应该如何排列先后顺序？纠纷应该如何解决？每个问题都要花费大量时间协商。经过漫长的协商谈判过程，最终双方于 1968 年 7 月正式签署一项协议。加州立法机构 1970 年 9 月 19 日批准了该协议，内华达州 1971 年 3 月 5 日批准了该协议。

政府间协商是解决府际纠纷的有益方式，但在具体的协商过程中，政府间对协商的认同、协商机构的设置以及人员的组成、协商机构的权力授予和职能界定、联邦政府或者州政府的介入，都会对最终结果产生影响，因此，应该根据纠纷涉及的领域、范围、利益相关者、影响程序来具体分析。

三　政府间调解

尽管双方直接协商是最简单易行、便捷高效的纠纷解决方式，但通过协商谈判解决争端往往受到诸多因素的制约，比如价值差异、利益、权力控制、谈判的结构化程度、政治因素、个人议程、信息匮乏程度、角色理解等，这导致在涉及重大问题和采取敌对公开立场的利益争端中，容易出现谈判僵局，直接谈判可能难以维持并最终破裂。另外，协商解决纠纷和冲突除了要处理事实问题，还要面对情绪问题，比如愤怒、自我、恐惧、自尊、自私、不信任等，加大了协商的难度。因此，寻求一种第三方参与的调解方案是可行的办法。

调解是通过引入第三方调停、排解当事人分歧的替代性纠纷解决方式，它基于当事人自由意志同意发起，结果亦在当事人同意的基础上才能成立，具有自由、经济、简易、迅速的特征。根据俄亥俄州争议解决和冲突管理委员会的数据，调解案件通常在一次会议上解决，耗时只有 2 个小时。更令人印象深刻的是，统计数据表明，调解案例的成功率往往达到 90%。① 调解的自愿属性和灵活的规则结构使得调解进程具有较大灵活性。例如，在为解决争端做准备时，当事方可以放心地知道他们没有被迫进入这一进程，他们可以自主地设计自己的方案。此外，在冲突各方感到不适或不抱幻想的时候，他们都有权调整或终止程序。显然，使用调解人的一个主要价值是在建立这一进程和通过这一进程帮助冲突各方而不迫使他们承担重大义务方面获得援助。使用调解人可以提供一个安全和舒适的环境，因为调解人可以为争端解决过程带来结构平衡，尤其在调解进程的初始阶段，结构平衡特别重要。

美国从殖民地时代就出现了运用调解化解纠纷的方式，随着经济社会的变迁，对抗性强的诉讼逐步成为纠纷解决的首选方式，但人们对诉讼所产生的对抗性、高成本性、程序复杂性以及时间上的漫长性越来越厌倦，20 世纪初期，美国著名法学家庞德呼吁并倡导替代性纠纷解决方式的重要性，推动了一些州创设调解程序和规则。1947 年，国会设立联邦仲裁与调解服务局，并在全美设立 70 个办事处以在私营部门推动调解。1990 年美国国会通过了《民事司法改革法案》，规定了法院附设仲裁、法院附设调解，简易陪审团审理和早期中立评估等新型纠纷解决方法。1998 年国会通过了《替代性纠纷解决法案》。2002 年，美国律师协会和统一各州法律之全国委员大会通过了《统一调解法》，为各州适用调解提供了标准和规范。

尽管调解在许多纠纷领域正在发挥作用，但政府间调解一直发展得比较缓慢。赫尔曼认为，我们在政治环境下不愿意寻求帮助的原因是复杂的，传统智慧将寻求帮助等同于软弱——犹豫不决、缺乏远见或缺乏政治影响力。② 在一个通常个人主义的世界里，公职人员以果断行动而为同行、媒体或者公众赞扬，因此即使替代性纠纷解决方式能够解决纠纷，公职人员如果选择求助于外部力量比如调解，往往会受到批评。尽管如此，州以及地方政府对政府间调解的兴趣似乎一直在增加。

① Wiseman W. Thomas, *Intergovernmental Mediation: A Technique for Successful Local Government Partnerships*, ProQuest Dissertation Publishing, 2001, p. 41.

② M. Herrman, *Resolving Conflict: Strategies for Local Government*, Washington, DC: International City Management Association, 1995, p. 68.

在州内层面，比如，1998 年新墨西哥州"政策共识倡议"确定了约 37 个组织，这些组织可被认为是该州范围内解决冲突服务的提供者。弗吉尼亚州建立了一种独立调解人制度来解决地区间纠纷。独立调解人一直与弗吉尼亚州的一个机构合作，以协助城市、城镇和县进行谈判，解决重大的地区间争端。该机构——弗吉尼亚地方政府委员会确定了调解人介入高度政治化①的地方争端的背景，实践中发展出一种支持民选和任命官员之间的政策谈判，以解决传统上通过旷日持久和昂贵的诉讼来解决的争端。演变而来的跨辖区调解进程的实际模式将政治、行政和法律专业人员聚集在结构化谈判环境中，以处理复杂的政治和技术问题。其目标是深化谈判拟定备选方案，使之成为能够在对抗性环境中开展工作的强有力的进程，以促进地方政府谈判解决两极分化的公共问题。在华盛顿州内，根据华盛顿州修订法规第 43.17.330 条题为"机构间争端—替代争端解决—方法"的一节规定：每当机构之间发生争端时，机构应尽一切努力自行解决争端，而不诉诸诉讼，这些努力应涉及其他争端解决方法。如果有关机构不能解决争端，任何一个争端机构都可以要求州长协助解决争端，州长应采用他认为适当的任何争端解决方法来解决争端。这种方法可包括但不限于由总督任命一名争议机构可以接受的调解人，以协助解决争议。总督也可请求总检察长协助，对调解人和争议各方提供咨询服务。俄亥俄州修订法典第 179.01 章至第 179.04 章规定：争端解决和冲突管理包括协助有争端或冲突的人解决分歧而不再提起诉讼、内乱、经济中断或暴力的任何程序。负责执行该法这一部分的任务和指示的行政机构是俄亥俄州争议解决和冲突管理委员会。俄亥俄州修订法典第 179.02 章规定，一个行政机构有责任颁布关于俄亥俄州替代争议解决的规则。被称为争议解决和冲突管理委员会的机构由 12 名成员组成。理事会有 4 名成员由州长任命，4 名成员由最高法院首席法官任命，2 名成员由参议院议长任命，2 名成员由俄亥俄州众议院议长任命，任期为 3 年。俄亥俄州争端解决和冲突管理委员会的目的是在俄亥俄州全境确立争端解决和冲突管理方案并在政府、教育机构、社区发起

---

① 这里所说的高度政治化主要是指弗吉尼亚州地方政府间兼并或者吞并行为，比如斯汤顿市（Staunton）与奥古斯塔县（Augusta）土地兼并纠纷，里斯堡镇（Leesburg）与劳顿县（Loudoun）土地规划纠纷。

活动。该委员会与各组织和机构合作，提高其有效管理冲突的能力。为此，该委员会充当催化剂、经纪人、顾问、合作者和促进者，并与其他人合作，努力包容来自不同文化环境中的人。

上述州内纠纷调解模式体现出不同的样式，比如非政府组织模式、独立调解人模式、行政领导模式、机构创设模式等，充分展现了美国州政府的高度自主权以及美国州以下地方政府的高度自治色彩。

在州际层面，州际纠纷及其争端同样可以运用调解方式来化解。有的州际协定会直接规定具体的调解条款，比如1957年加利福尼亚州和俄勒冈州的《克拉马斯河协定》第10条就对调解作出规定，当协定委员会的双方代表对有关管理问题不能达成一致意见时，由两州代表各自任命一名人员，接着由这两名人员选出第三名人员。于是，这三人组成一个调解委员会，由其决定争端的解决方案，各成员州必须遵守该决定。《军属儿童教育机会州际协定》第10条和第13条规定，经协定设立的州际委员会有权规定成员州之间的争端解决办法；州际委员会应根据成员州的请求，设法解决成员州之间以及成员州与非成员州之间可能出现的、受协定约束的争端。州际委员会应颁布一项规则，酌情规定调解和有约束力的争端解决办法。

在具体调解过程中，调解委员会主要有四种组织形式。第一种是类似《克拉马斯河协定》中的规定，即可以根据具体问题临时组建，委员会成员由争端各方指派相等人数成员后再由其选出另外奇数数量的成员组成。第二种是直接可以由经协定产生的委员会进行调解，类似于《军属儿童教育机会州际协定》中的规定。第三种是协议各方直接邀请独立的第三方来行使调解权，比如美国统一州法委员会、美国环保协会、美国冲突与争端解决联合会等非政府组织。具体从冲突与争端解决联合会来看，该组织是一个以解决冲突和争端为目标的专业性的社会中介组织，主要工作内容为提供冲突解决服务、决策支持、争端解决系统设计和技能培训。目前，其提供的服务主要集中在五大领域：国际和跨文化冲突解决、公共政策方案设计、环境与自然资源管理组织与工作场所冲突管理、协作性决策程序与争端解决系统、冲突管理培训项目。该组织在调解府际冲突过程中发挥作用重大。[1] 第四种为

---

[1] 吕志奎：《美国州际流域治理中政府间关系协调的法治机制》，《中国行政管理》2015年第6期。

法院附设调解，自从民事司法改革法案通过以后，联邦上诉法院以及大多数联邦地区法院都增设调解项目，调解案件数量逐渐上升。法院附设调解具体有两种类型，一是法官或者助理法官直接主持调解，二是选择法院名册中注册的调解员调解。美国这种调解机构灵活性和多样化设置体现了调解组织的丰富性，同时在这种不同的组织设置背景下还有多样化的调解标准和规则，显现了调解的个性化和特殊化场景。

总体来看，调解是解决州际争端极为有价值的方式，尽管调解结果并不一定具备实际的强制力和约束力，但有利于促进各方沟通和协商，为冲突各方提供了机会，有利于充分地斟酌和考量各方的利益和诉求，使得争端和纠纷变得清晰，重新回到曾经健康的关系，从而为未来合作与发展提供新的契机。所以，美国诸多州际协定都对争端解决中的调解作出了规定。比如，《科罗拉多河协定》（Colorado River Compact）第 4 条、《黄石河协定》（Yellowst one River Compact）第 25 条以及《加拿大河协定》（Canadian River Compact）第 4 条等。

调解制度及其多样性也印证了奥斯特罗姆所描述的美国多中心体制的特征：许多形式上相互独立的自治单位；选择按照考虑他人的方式行动；通过合作、竞争、争端和冲突解决程序。冲突解决不必依赖"中央机构"，解决冲突的非中央机构已存在。[①]

四 政府间仲裁

和调解一样，仲裁也是基于双方自愿而进行的，但仲裁是更为正式、更具约束力的纠纷解决方式，与诉讼相比也是高效经济快捷的解决机制。州际冲突引入仲裁的方式源于美国殖民地时期，未独立的殖民地时代，州与州之间发生冲突如果通过谈判无法解决则可以通过枢密院交由英国女王来进行裁断。美国宣布独立后，《邦联条例》第 9 条第 2 款规定，对两州或多州之间发生的土地、边界及司法权争端，应依照当事人对议会之申请，由议会参照解决各州领域争端之方式作最终裁判。这种独特的非司法解决方式为以后州际纠纷的仲裁解决方案提供了重要思路。

但仲裁长期以来并不为法院所接受，当时著名学者、曾任联邦最高法

---

① 〔美〕文森特·奥斯特罗姆：《美国联邦主义》，王建勋译，上海三联书店，2003，第 231 页。

院大法官的约瑟夫·斯托瑞（Josepf Story）描述普通法传统对仲裁的"敌意"为：那些仲裁员没有权威，他们并不非常熟悉法律或衡平规则，不能处理复杂案件，当事人真正的法律权利或平等权利怎么能够得以彻底查清和切实保护呢？[①] 随着独立后社会各类矛盾的增多，运用仲裁的方式化解纠纷开始在许多州出现，1778 年至 1920 年，各州涉及仲裁的法律规定逐渐增多，[②] 并最终于 1920 年在美国纽约州制定通过了美国历史上第一部现代意义上的仲裁法。1925 年，美国国会通过了《联邦仲裁法案》，强调了对仲裁规则和仲裁裁决的承认和尊重，明确州际和国际仲裁条款以及裁决是可执行的。该法案核心条款第 2 节规定：涉及州际或外国商事合同中的书面仲裁协议应当是有效、不可撤销和可执行的。随后，逐步确立了仲裁条款的可分性原则和自裁管辖原则。[③] 1955 年，美国统一州法委员会通过了《统一仲裁法》，为协调各州仲裁规则的差异提供了重要示范。随着社会各界对替代性纠纷解决方式的广泛讨论，为了鼓励地区法院通过仲裁及时解决民事案件，1978 年，美国国会修改了《美国法典》第 28 编，增设新的一章，亦称《法院附设仲裁法案》，1990 年美国国会通过了《民事司法改革法案》，授权联邦司法部实施试点法院替代纠纷解决项目。随后 1998 年国会通过了《替代性纠纷解决法案》，之后美国各个法院都开始实施仲裁。

对于运用仲裁的方式解决州际纠纷在州际合作中亦早有体现，比如 1950 年爱达荷州和怀俄明州签署的《蛇河协定》的第 4 条对仲裁作了规定，当两个州的行政官员对有关协定的管理问题不能达成一致意见的时候，成员州可以要求美国地质调查委员会或其他有权组织任命一名联邦代表参与到该争端的解决过程中来，争端的最终解决方法由三方中的多数意见决定。阿肯色州和俄克拉何马州《关于阿肯色河流域协定》第 8 条第 E 款规定：一旦委员会的任何决定、命令或其他行动出现平票，任何一州的过半数专员经书面请求可将该问题向委员会主席提交仲裁申请。仲裁不应是强制性的，但一旦发生仲裁，应有三名仲裁员：（1）一名由阿肯色州水土保持委

---

① 孙祥壮：《美国法院对仲裁态度的演变轨迹》，《人民法院报》2004 年 8 月 11 日。

② 陈福勇：《美国仲裁发展模式考察》，《北京仲裁》2009 年第 2 期。

③ 可分性原则是指当事人的合同和其中的仲裁条款是可以分离的，一般情况下，尽管当事各方的合同可能会过期、终止或无效，但其中仲裁条款可以继续有效。自裁管辖原则是指当协定的执行存在异议或者纠纷，当事一方认为仲裁员无权管辖时，仲裁庭可以决定管辖。

员会正式通过的决议所指定，或今后负责阿肯色州水法管理的其他州机构指定；（2）一名由俄克拉何马州水资源理事会正式通过的决议指定，或今后负责执行俄克拉何马州水法的其他机构指定；（3）由上述两名选定的仲裁员选出第三名，如果仲裁员在选定后 60 天内未能选定第三名，则应由委员会主席选定。国家应急管理协会与国家公共安全组织合作制定的《州内互助协定范本》第 7 条也规定：任何提出要求的政府分支机构应根据本制度偿还参与的政府分支机构提供的援助。提供援助的政府分支机构可决定向接受援助的政府分支机构捐赠任何种类的资产。此种偿还申请应符合州内部互助委员会制定的程序。如果成员之间在偿还方面发生争端，有关当事方将尽一切努力在声称不遵守的一方发出关于争端的书面通知后 30 天内解决争端。如果在索赔通知发出 90 天内争端没有解决，任何一方都可以通过仲裁请求解决争端。根据本规定进行的任何仲裁均应按照美国仲裁协会的商事仲裁规则进行。最近关于政府机构间仲裁规则出现于应急管理援助领域，地方政府获得一项新的仲裁权，可以帮助他们解决联邦紧急事务管理局的公共援助纠纷。2018 年 10 月 5 日，国会通过了有关《2018 年灾难恢复改革法案》的新的法律，其中第 1219 条规定受 2016 年 1 月 1 日之后发生的灾害影响的公共援助申请人可以提出仲裁。根据联邦斯塔福德法案，当灾害发生时，联邦应急管理局向州、地区、部落和地方政府以及某些私人非营利组织提供公共援助。联邦应急管理局经常拒绝向那些认为自己有资格获得此类资助的申请人提供公共援助。《斯塔福德法案》历史上曾提供了一个行政上诉程序，通过该程序，申请人可以对联邦应急管理局的决定提出质疑。[①]

　　佛罗里达州圣彼得堡市和皮涅拉斯县之间的"坦帕湾水战"是经历协商、调解、诉讼，最后通过具有约束力的仲裁条款化解纠纷的经典案例。案件不仅涉及圣彼得堡市和皮涅拉斯县，还涉及另外两个主体——佛罗里达州西南水管理区和西海岸区域供水当局，各方围绕水文变化、水权、取水许可证、会议程序和规则展开了持久的谈判和诉讼，诉讼费用超过了1000 万美元，问题依然难以解决。最后于 1998 年各方通过了一项《伙伴关

---

① Pepper, "New Arbitration Remedy When FEMA Denies Public Assistance for Disaster Recovery", March 2019, https：//americancityandcounty.com/feed/.

系协定》，协定各方同意将具有约束力的仲裁作为解决坦帕湾水域成员政府之间有关初级环境许可证的所有争端的唯一和专属方法。州立法机构同时要求西海岸区域供水当局重新改组，使之成为一个能够更有效地满足坦帕湾地区用水需求的组织。在 2000 年的一次仲裁中，仲裁小组启动了一项为期三周的听证程序，以确保协定中所规定的仲裁作为唯一争端解决机制的权威性和严肃性。这种程序上行政听证与仲裁的混合体是成本高昂的、不可预测的、往往令人不满意的诉讼机制的替代形式。①

仲裁是对纠纷各方当事人有着一定约束力和强制力的纠纷解决方式，因此，仲裁比调解更需要规范性，更需要具有稳定性和可持续性的规则。为此，联邦最高法院在 1991 年俄克拉何马州和得克萨斯州诉新墨西哥州的判决中就曾呼吁各方当事人通过多元对话和协议来解决彼此间的纠纷，而且随后联邦法院还规定了通过仲裁解决州际争端的基本程序。首先，仲裁前应该根据各方当事人达成的协议确定仲裁规则的使用，并且各方当事人应该书面同意运用仲裁的方式解决争端，在具体仲裁过程中，各方当事人可以通过共同约定的程序或者协商指定仲裁官的人选和数量，也可以提出回避的人选。各方当事人同意仲裁官人选和仲裁规则之后，向各成员州和联邦政府有关部门发出《仲裁联合公告》。《仲裁联合公告》的主要内容包括对争端范围的书面介绍和描述，向各州提供充分详细的材料，让各州理解争端和相关问题的实质性，以及向在争端中有实质性利益的其他州提供充分的信息，明确仲裁官应具备的解决争端所需要的技能。其次，确定仲裁官人选后，仲裁官应在 7 天内与各成员州举行首次会议和听证会，安排解决争端的议程，调查和了解争端事项，并且整个争端解决期限不超过 6个月。再次，举行听证会后，为达到各方满意的仲裁结果，各方开始谈判和协商讨论解决争端的办法，并邀请联邦政府相关部门参与仲裁过程。最后，如果争端各方经过谈判和协商达成调解协议，则需将协议提交仲裁官审查，经过仲裁官审查并同意调解协议后，仲裁官再将调解协议提交联邦最高法院批准。如果参与方对调解协议不满意，则可请求提起正式的法律

---

① Daniel P. Fernandez, "From Litigation to Arbitration: A Case Study in Water Resources Conflict", *Journal of Business Case Studies* (*JBCS*), Vol. 9, Issue 3, April 2013, pp. 235-242.

诉讼。① 仲裁是独立的第三方较为正式地解决争议的机制，仲裁机构和人员的选择、仲裁结果的效力、仲裁程序的规范性等各个环节都体现出了仲裁的价值和意义，是解决州际纠纷的利器。

除了上述所描述的府际纠纷解决方式，美国还存在诸如联邦政府设立机构来管辖州际纠纷、州政府直接利用权力介入地方事务等不同的类型，但上述四种方式是解决府际纠纷的主要类型。总体来看，美国在政府间纠纷解决领域有着多样化的机制，每种机制都有着成熟的制度安排和独特价值，切实为解决美国政府间纠纷提供了各种可以选择的途径。每一种方式都有其独特的解决纠纷的优势，同时也存在某些缺点和不足。至于在具体的纠纷事项中选择何种方式能更好地化解当事各方的矛盾，要根据纠纷发生的领域、纠纷波及的范围、纠纷复杂性程度、纠纷涉及的利益相关者数量、纠纷当事各方的信任度等因素综合研判，以寻求更合适的方法。这里需要注意区分纠纷解决中所涉及的相似问题和共同问题。相似问题具有相似的过程和影响，需要通过具体的、适合当地的、个案的方式加以处理；共同问题同时对社区里的很多人产生影响，可以运用宏观的、统一的办法加以处理。相似问题并不一定是共同问题，因为它们也许只在某一时刻对某人具有影响。② 这就是为什么同样是州际河流水资源纠纷，有的通过诉讼、有的适合调解，而有的则通过仲裁来解决。企图用整齐划一的组织模式来解决个案性较强的相似问题，对问题诊断的失误必然会导致对策的失败。

第三节　美国府际纠纷解决机制的启示

美国多元化的纠纷解决机制体现了美国联邦制度的丰富图景，体现了美国自治原则在国家政治、经济和社会生活各个领域中的应用。人们不能仅靠观察被称为"政府"的这个高度正式化的机构来理解美国的政治运作过程。美国政府体系依赖于组织间关系的配置就如其依赖组织内部的关系一样。人们通过政府机构解决问题和获取各种公共产品和服务的方法需要

---

① 吕志奎：《美国州际流域治理中政府间关系协调的法治机制》，《中国行政管理》2015年第6期。

② 〔美〕文森特·奥斯特罗姆等：《美国地方政府》，井敏、陈幽泓译，北京大学出版社，2004，第216页。

涉及不同层级的政府、大量的志愿性组织、利益集团和私营组织,① 体现了人类活动链条中的联系是通过多种结构而不是仅局限于命令和控制系统而形成的。在民主社会的治理中,合作、竞争、冲突以及解决冲突的过程比命令和控制的过程更为重要。对于任何国家而言,有效地处理纠纷、冲突和争端都是避免社会衰败、国家动荡,以及推进社会文明进程的关键。但法律和制度并不能因自身而存在,面对不同制度背景,如不同的国家结构、经济制度、历史积淀和社会文化心理,应该采取怎样的态度去借鉴其他文明的成果?

首先,应从历史的支配里跳出,寻求逻辑和理性的力量。法律和制度很显然会受到历史的约束,而这也是其本身稳定性的基础。但法律和制度也是需要成长的。它像一个旅行者,必须准备翌日的旅程。法律需要确定性,但确定并非唯一价值,法律永远不动或者永远变动一样具有危险性,而妥协是法律成长原则中重要的一条。② 20 世纪七八十年代,全世界范围内兴起一股重塑政府改革浪潮,改革核心指向就是构建一个权力有限、责任明确、信息透明和廉洁高效的政府。中国的政府改革也顺应了这股改革的潮流,加快了体制改革的步伐。在政治领域,高度集权的体制被打破,中央向地方分权、政府向社会分权;在行政领域,强调法治行政、责任行政和透明行政,行政管理规则、制度和行为开始与世界对接。可以说,世界范围内这股改革的浪潮并不是一个国家的孤立事件,而是一种理念上认同、目标相似的共振现象,体现了全球化进程对政府改革的推动。对此,有的学者认为,应该以全球化的视角来看待行政管理,不能简单地把全球化当作行政管理的背景来研究,也不能把全球化仅当作全球化的挑战来看待,而应关注行政管理的全球化。③ 无论是公共事务、行政规则、行政伦理,还是政府机构职能、民族国家间的政府间关系,都日益体现出行政管理全球化的必要性和趋势。其中所隐含的是最根本的管理逻辑和管理理性的诉求。

---

① 〔美〕文森特·奥斯特罗姆等:《美国地方政府》,井敏、陈幽泓译,北京大学出版社,2004,211 页。

② 〔美〕本杰明·N. 卡多佐:《法律的成长:法律科学的悖论》,董炯、彭冰译,中国法制出版社,2002,第 12~13 页。

③ 胡象明等:《应对全球化:中国行政面临的挑战与对策》,北京师范大学出版社,2001,第 8 页。

因此，对于其他文明的有益成果应该积极地借鉴、吸收和应用，以更好地为我所用。

其次，应该批判地借鉴不同制度和文化背景下的政治行政规则。从国际层面看，国家间的交往是建立在共同认同和接受的规则上的，国家间不论是政治、经济、文化、军事领域的日常交往，还是各种类型的纠纷的解决，都有一套国际规则，如果没有公认的规则，国家间交往就难以进行下去。尤其是多元化的争端解决机制，长期以来是调解国家间各种纷争、保持国家间交往的关键。适用于国际层面的纠纷解决方案很显然对国内各种纠纷解决有重要的参考价值。那么，能否借鉴学习其他国家国内的纠纷解决机制呢？答案是肯定的。

最后，借鉴美国纠纷解决经验，挖掘我国法律和政策中已经存在的府际纠纷解决规定，推动府际纠纷解决制度的完善。政府间纠纷如同人与人之间的矛盾和纠纷一样，是必然存在的现象，因此，我国法律和政策中已经对此作出规定，规定了纠纷解决的方式，比较常见的就是政府间协商和上级政府协调，同时也出现了协议仲裁的政策文件。当然这些解决方式的具体运作和美国有所不同，但具有一定的相似性。比如上级政府协调解决地方政府间纠纷，实际上在某种程度上是一种权威式的调解行为，这种方式因为处于科层体制之中，当然不同于第三方独立组织的调解，但终归也是一种调解，如果第三方独立组织具有相当大的权威性，即使是非上级组织主持的调解，也依然能够发挥应有的作用，比如国务院发展研究中心、中国法学会、全国市长协会这样的组织，其权威性是不言而喻的。对于仲裁方式的应用，有关政府间针对一些技术性较强的领域已经开始启动仲裁机制，尤其是流域治理、雾霾治理领域，涉及非常专业的且技术性强的关于污染源、污染物以及污染程度的界定，需要独立且专业的第三方的介入。另外，临时仲裁制度在中国的出现，充分体现了仲裁制度的变革和发展。因此，对于新的纠纷解决机制的引入和应用，应该在充分尊重中国国情和制度的背景下有步骤地推进。

第六章 中国府际纠纷的新特点、
现行解决机制及有效性

改革开放之前政府间合作具有浓厚的政治和行政色彩，而改革开放之后，市场经济体制确立以及地方政府权限扩大，政府间合作开始呈现自发性趋势。区域性公共问题和市场要素一体化推动了区域一体化进程，而区域一体化进程又进一步推动了府际合作，地方政府间关联度越来越高，并深陷彼此构建的组织网络。府际合作解决了区域性公共问题，增强了公共服务供给能力，提高了公共治理水平，但是，任何组织本身并不存在于真空之中，都是有着自身目标和独特利益的实体。政府间合作从根本上讲只是地方政府追求目标的一种手段，这就使得责任分担、利益分配、获取和维持资源的过程中，不可避免地发生府际纠纷，甚至可以说，纠纷是政府间必须充分考虑的永恒的议题，只是在不同历史时段，因组织间依存度、交往方式、稳定性不同而呈现的纠纷形式不同而已。正确认识和理解政府间在新阶段出现的新问题、新情况，是防止和解决府际争端的关键。府际纠纷纷繁芜杂决定了纠纷处理方式多种多样，不存在放之四海而皆准的统一的纠纷解决机制，要充分考虑纠纷的属性、特点、严重性程度、范围大小、涉及领域等因素，以寻求不同的解决方案。

第一节 区域一体化进程中地方政府间
纠纷的特点

在区域一体化发展之前，地方政府间的纠纷最常见的表现形式主要有五种：一是行政区划边界纠纷，比如黄河河道游荡导致山西和陕西"三十

年河东、三十年河西"的土地纠纷问题，从历史上看，双方纠纷不断。① 新
中国成立后，1953 年陕西和山西联合制定了《陕西、山西两省解决黄河滩
地问题的协议》，确定将黄河主流作为两省省界小北干流段的自然分界线，
主流以东地属山西，滩地归山西农民耕种，主流以西地属陕西，滩地归陕
西农民耕种。主流确定方法有力地解决了土地争端问题，但依然存在主流
如何确认的难题，以至于每年冬季沿线各县水利技术人员都要测定主流流
向。除此以外，还出现了挑流争端、壶口瀑布景区共享等问题。类似与水
有关的还有山东济宁与江苏徐州围绕微山湖而产生的纠纷，这都属于自然
现象变化重构了空间格局而引起既定秩序的失衡从而发生的纠纷。二是污
染的跨域性纠纷，比较典型的就是河流污染和空气污染，两者都属于流动
性污染，容易出现污染方获益而受污染方承担成本的"外部性问题"，比如
安徽与浙江关于新安江流域污染治理方面的纠纷。三是邻避设施导致的纠
纷，法国学者克洛伊·杜维威尔以河北 253 个化工厂为例分析了跨界污染，
结论是越靠近省边界地带的县市，吸引污染企业的概率越大，② 这也是北京
市污染物 30% 来自外部输入的原因之一。四是地方保护主义引起的纠纷，
比如阻止外地产品进入、防止生产要素流出。以盐业体制改革为例，盐业
改革明确取消了食盐准运证，但有的地方盐务局还以此为理由阻碍外省食
盐进入市场，甚至有个别地方盐务局公开发文进行地方保护。③ 五是各种资
源争夺纠纷，比如四川江油和湖北安陆曾就"李白故里"发生争夺战。当
然，这五种形式的纠纷当前还依然在一定范围内存在，尽管纠纷的影响力
和表现方式已并不相同。随着区域经济一体化的发展，地方政府间合作与

---

① 山川形便是行政区划的重要原则，因此，自然河流是划分行政区的重要依据。一般情况下，
大河是大行政区的分界线，小河是小行政区的分界线，但这种分界容易导致资源争夺，即
使治者基于政治考量用"犬牙相入"的方式把河流内置于行政区划之中，但其在大的行政
区内部依然可能是小行政区的边界。因此，问题同样不少。这种问题在世界各国都是棘手
难题，比如美国密西西比河是美国各州的分界线，采取以河道中间为基准，分区域各州全
部包含为补充，河道中间小岛独占或共享的方式来划分州界，同样因为河流水文变化导致
各种纷争以至于引发持久的诉讼。在工业污染以及干旱所导致的水流减少或者断流的当下，
纠纷更为复杂。

② 《今日话题：跨省污染无人管，企业爱扎堆》，腾讯网，2015 年 3 月 9 日，https：//view.
news.qq.com/a/20150309/024134.htm。

③ 《发改委：部分地方盐务局设行政壁垒 阻碍外地食盐进入》，央视网，2017 年 5 月 18 日，
http：//news.cctv.com/2017/05/18/ARTIJnCzLoLohHVkErXdtK8B170518.shtml。

互动的频率、广度和深度持续增加，地方政府都在积极主动地寻求某种形式的合作，构建伙伴关系，实现区域一体化发展。区域一体化进程能够实现地方政府间从对抗竞争转变为合作竞争，能够促进区域内资源要素重组，实现资源的优化配置，从而推动区域共同发展。合作的过程是一个寻求区域间共同利益的过程，但这种区域间共同利益与地方利益之间并不能完全一致，地方政府间对于合作协议的履行、合作成本的分担、合作收益的分配等事项存在不同形式的矛盾，因此，区域一体化发展过程中地方政府所面临的纠纷必然存在区别于传统纠纷的新特点。

一 纠纷类型趋于多样化

人类社会越来越呈现出复杂性状态，比如学科越来越分化，分工越来越细密，行业不断分化，技术持续革新，社会关系和结构呈现出多元化态势，人与人交往的结构、场域、形态、秩序不断地组合、演化和重构。在这眼花缭乱、纷繁芜杂的社会交际网络背后蕴藏着无穷的力量、风险、纠纷和矛盾。一个不经意的举动都可能引发巨大的涟漪效应，影响到部分区域、某个行业、某些群体的利益。

政府间交往的过程同样如此，尤其是区域一体化发展过程中，地方政府的时空观、行政观、权力观、利益观、交际观已经发生了变化，不能再仅仅局限于本行政区的视角，而是要从区域一体化的高度来思考自身的行动。这种以行政区划为治理范围的政区行为与以合作所要求的区域共同行为会发生纠葛，目标、行动、人财物投入、利益分配、规则等各方面都要协调配合，不可避免地会产生矛盾，而且随着合作领域扩大、范围扩展、频率增加，纠纷的类型呈现出多样化特点。从泛珠三角一体化协议内容来看，合作协议的签署几乎涉及政府管理的所有事项，比如《泛珠三角区域水利发展协作倡议书》《泛珠三角区域环境保护合作协议》《泛珠三角区域无线电管理合作框架》《泛珠三角区域农业合作协议》《泛珠三角区域科技创新合作框架协议》《泛珠三角区域工商行政管理合作协议》《泛珠三角九省区人才服务合作协议》《珠三角人才资源开发一体化合作协议》《泛珠三角区域地方税务合作协议》《泛珠三角出版合作框架协议》《泛珠三角九省区食品药品监管合作框架协议》《关于"泛珠三角洲经济圈"信息产业及信息化合作协定》《泛珠三角区域外经贸合作备忘录》《泛珠三角区域内地九省》等。一般来说，从反向角度来思考，有多少合作事项就会有多少纠纷类型。

以产业发展为例，区域一体化发展要求地方政府间实现产业结构错位发展，通过合理的分工和差异化发展实现各个地方的集聚优势和竞争优势。如果产业结构高度趋同，都集中于所谓的高增加值、高税收领域，容易导致区域低水平重复建设。区域一体化过程中，地方政府间往往通过制定区域规划和缔结行政协议来力避"零和博弈"，但现实中由于规划协议的"软约束化"导致地方政府会因各自的利益诉求而存在一定纠纷和矛盾。作为一体化发展程度较高的长三角地区，产业同质化竞争、行政区域间的产业壁垒依然存在。以长三角地区 2018 年规模以上工业企业主要经济指标总产值来比较分析：石油、煤炭及其他燃料加工业行业，上海 1369.4 亿元，浙江 1676.1 亿元，江苏 1031.0 亿元；汽车制造业行业，上海 6832.1 亿元，浙江 5230.8 亿元，江苏 6639.9 亿元；黑色金属冶炼和压延加工业行业，上海 1233.4 亿元，浙江 1944.6 亿元，江苏 6468.8 亿元；电器机械和器材制造业行业，上海 2239.7 亿元，浙江 6710.6 亿元，江苏 13281.2 亿元；化学原料和化学制品制造业行业，上海 3017.2 亿元，浙江 6154.8 亿元，江苏 10960.2 亿元；计算机、通信和其他电子设备制造业行业，上海 5467.6 亿元，浙江 4387.7 亿元，江苏 15465.0 亿元；铁路、船舶、航空航天和其他运输设备制造业行业，上海 1770.6 亿元，浙江 1463.9 亿元，江苏 3592.6 亿元。[①] 结合各行业总产值具体数据以及各省市生产总值规模来看，长三角各行政区产业结构依然存在一定的趋同化现象。而从近五年的数据来看，不同区域产业产值尽管有一定变化，但变化规模较小。各地普遍存在"大而全""小而全"的布局倾向，同质化竞争明显。2019 年全国政协会议上，民盟中央在向全国政协提交的提案中表示，长三角港口群在一体化推进过程中存在明显不足：各省市制定的港口发展规划较少考虑彼此衔接，存在低水平重复建设、重复开发问题；区域港口同质化竞争激烈，部分港口存在能力过剩、码头和业务结构不合理等问题；信息平台多样导致信息传递迟滞，影响港口运作整体效率；跨地域港口合作受限于行政区划，缺乏更高层次、更大范围的

---

① 上述数据来自上海市统计局、浙江省统计局和江苏省统计局网站公布的统计年鉴。

合作机制。① 这种产业结构趋同化的结果会引发地区间不规范竞争，尤其是在招商引资方面，和其他区域一样，都在不断地用越来越多的名目繁多的筹码去吸引客商，从最初的财税、土地到各种公共服务，如户口、教育、医疗、旅游等优厚条件的附加，令人眼花缭乱、目不暇接。这种地方性政策的差异性对长三角区域性政策形成了巨大的冲击，政府间信任资本和区域共同价值受损，不利于长三角区域整体利益的发展。

学界所关注的传统的中央与地方的利益矛盾在区域一体化的背景下，又延伸出区域性公共利益和本行政区域的利益之间的矛盾。新事物确实带来无限的发展机遇和潜力，但也不可避免地产生相应的纠纷和矛盾。

二 纠纷要素的异质化

区域一体化进程推动了各方经济和社会的发展，合作各方基于合作领域的扩展而变得日益紧密。在区域一体化发展中，互惠是保证彼此交往的关键。正如奥斯特罗姆所言，政治发展是不能脱离互惠的，就如同经济发展不能脱离交换，发展必须源于互惠并服务于互惠。② 但互惠网络构建并非易事。合作初期不仅要面临合作成本诸如会务、谈判、组织、人力等领域的分担，还要考虑合作收益的分配，而在具体的协议履行过程中，各种难题都会导致利益失衡从而影响互惠。以京津冀及周边区域大气污染防治为例，区域联防联控已经成为中央政府和地方政府的共识，但在横向地方政府之间，其政策创制时间、发文主体、政策目标和政策工具使用并不完全协同。不同类型的政策工具的使用凸显了地方政府在治理理念、目标、手段和策略方面的审慎选择。这一方面说明了府际合作治理的差异，另一方面也体现了府际合作的难度，彼此间需要大量的谈判来调适合乎目标的行为。

三 纠纷存在复合化特质

地方政府间所发生的纠纷可能不仅仅是行政主体之间的纠纷，还与公民个人、法人组织等密切相关。纠纷可能既直接涉及地方公共利益，又间

---

① 钱蓓：《长三角：追求产业共生 参与全球竞争》，文汇网，2019 年 3 月 13 日，http：//dzb. whb. cn/html/2019-03/13/content_766261. html。

② 〔美〕V. 奥斯特罗姆等编《制度分析与发展的反思——问题与抉择》，王诚等译，商务印书馆，1992，第 121 页。

接与私人利益相关。传统的纠纷所涉及的对象如财产权、人身权或者两者兼有都是比较明确的，因果关系、权利义务相对简单。而区域一体化发展过程中地方政府间所产生的纠纷具有不确定性，权利归属、义务承担往往不够清晰，利益协调的难度较大。

以垃圾无害化处理为例，目前处理模式主要为行政区自己处理本辖区范围内的垃圾，但各地方在垃圾处理过程中出现了不同类型的问题。有的地方政府有较为充足的土地资源但没有足够的财政资金运行垃圾处理项目，有的地方政府财政资金雄厚却苦于土地资源的极度紧张，有的地方政府产生的垃圾较少，没有必要投入大量财政资金建设垃圾处理设施。因此，在区域一体化发展过程中政府间迫切需要加强跨区域垃圾处理领域的合作。地方政府间通过跨区域合作的方式共建垃圾处理厂并通过行政协议委托企业建设运营，但在合作过程中容易出现各种类型的问题，比如垃圾处理数量的增加要求地方政府追加财政资金的投入、垃圾处理成本上升涉及价格调整、垃圾数量短时期异动导致垃圾处理超过负荷能力而出现垃圾处理数量分配问题、垃圾处理设施所在地生态补偿问题、建设所在地一方居民反对建设垃圾处理设施而导致停工甚至最终停建的现象、前期大量投入造成的资产损失的费用承担等。这些纠纷涉及合作中的各个地方政府，另外还与涉及的企业密切相关。以经常发生的民众阻止垃圾处理项目建设问题为例，有的企业已经投入了巨大的资源对项目进行规划、设计、组织、运营，停建会造成巨大的沉淀成本，这很显然会引发复合性的纠纷。实际上，作为珠三角一体化发展的龙头，广东省极为注重区域规划与协调发展。《广东省城镇化发展"十一五"规划》提出，要逐步建立统一协调的规划体系。城乡规划、发展改革、国土资源、交通、水利、卫生、环保、旅游、电力等部门要密切配合、加强沟通，建立有利于规划协调的体制机制和沟通途径。要在确保各级各类规划科学性和合理性的基础上，通过综合统筹和协调，实现规划之间在技术层面、政策层面的整合和对接，确保区域规划、城市规划、土地利用规划以及各专项规划的相互衔接一致，实现信息共享。要建立城镇联盟协调机制，促进各方开展协商与合作，逐步消除地方保护主义等妨碍区域合作的体制与政策障碍。此次事件反映出省内城市政府间区域协调运行机制没有发挥应有的作用。

四 软纠纷现象突出

在政府间合作过程中，既存在实质性合作事项，也存在合作上象征性互动，还有大量的介于两者之间广阔的中间地带。实质性合作往往涉及具体项目，双方投入大量的资源以共同处理区域性公共问题或者提供区域性公共产品以达成双方目标，比如基础设施一体化、流域治理等；象征性互动是指合作双方通过试探性接触达成的具有宏观意向性的政策框架，一般没有可执行的计划、路线图或者项目联结，双方签署完合作文件后往往将其束之高阁。当然，象征性政策并不是毫无意义的，在需要双方进行实质性合作时，签署过的文件会成为重要的纽带和桥梁。

在实质性和象征性合作之间还有具有一定合作基础、合作意愿和合作项目但又不存在紧密联结的中间地带，而软纠纷则正发生于其中。软纠纷和硬纠纷相对应，硬纠纷会对当事各方产生实质性利益方面的影响，必然要通过协商、上级介入等方式来解决，否则会影响后续工作的进行，软纠纷则指因为政策不清晰或者政策缺乏可执行性而导致当事各方行政上的不便或者执行上的纠结。比如地方政府间应急管理方面的合作，一般都强调要加强应急物资、救援设备、救援队伍、专家队伍方面的信息共享，突发事件发生地应急管理机构可以请求合作各方在救援设备、救援队伍和专家方面给予支持，但在实际救援后，可能存在支援方资源投入后的成本负担问题，许多合作协议往往不予载明，容易出现纠纷。实际上即使协议中规定受支援一方应该按照支援方实际发生的费用予以结算，也并不能保证不发生纠纷。

软纠纷可能出现于各个合作领域，无论是大气污染协同治理、口岸通关一体化，还是疫情信息共享、区域市场监管标准化，纠纷都会以某种形式出现而触发当事各方的不悦。

五 纠纷解决的时效性要求高

纠纷的处理要注意把握时效性，一般来说，在矛盾之未发时引导或者矛盾爆发初期介入是化解纠纷的最佳途径。随着互联网和自媒体时代的发展，负面新闻事件传播速率、传播频次和传播面广度呈现出几何级数增长，很多事件不及时处理往往会造成很大的舆情，甚至会导致难以收拾的局面。

相较于个体而言，地方政府间解决的时效性要求更高，地方政府纠纷涉及领域更广，利益相关者更多，任何纠纷和矛盾的发生都会在短时间内被传播、知晓和探讨，尤其是涉及居民切身利益的领域更是雪上加霜。如果不注意及时化解这些纠纷，必然会加深双方之间的痕隙，扩大双方的矛盾。

区域一体化发展不仅要靠制度安排去规划设计，更要靠形成区域共同价值来维系，当然，政府间的共同理念和认知是一个需要渐进培育的过程。就地方政府间纠纷处置而言，其解决的速度与质量极为重要。如果纠纷不能及时解决并日益累积，很难想象地方政府间能展开更深层次的合作，而且还可能使得已有合作领域和项目退回到原来的位置。因此，及时化解府际纠纷有利于培养信任和合作资本。

这些纠纷所呈现出的新特点与传统纠纷存在明显的异质性，对其纠纷解决的方式也提出了特殊要求，如果不能拓展并创新纠纷解决方式，地方政府将会面临越来越繁重的事务性压力，从而影响政府间的信任和合作。当然，创新纠纷解决方式是一项系统工程，解决方式本身只是提供了一种可能的工具和手段，它需要其他各个领域的一系列配套性的法律和政策来配合新手段的实施。

第二节 府际纠纷的解决方式及其有效性

在单一制国家，解决政府间纠纷最有效的方式就是依靠科层制自上而下进行协调，这种协调方式基于宪法的权威、行政等级制度以及上级政府对下级政府的奖惩机制。当然政府间纠纷不可能只依靠上级政府的介入，而且上级政府本身的工作已经足够繁重，因此，必须鼓励政府间寻求更多的机制来解决争端，具体来看，府际纠纷的解决方式主要有三种：府际协商、科层协调、党委一体化和纠纷内部化。

一 府际协商及其有效性

地方政府间协商是解决彼此纠纷和矛盾的最主要方式。所谓协商，就是不同行政区域之间在发生纠纷和矛盾之后，双方或多方依据法律和行政法规的有关规定，在自愿的基础上，本着互相谅解的精神自行解决纠纷。管理学家法约尔曾提出一个"天桥理论"，也称"法约尔跳板理论"，理论寓意就是在互不隶属的两个部门建立天桥或者跳板以实现两者之间直接对话，避免双方通过等级链条逐级上报等待协调的信息而贻误解决问题的时机，这样既减少人力资源占用和信息泛滥又缩短了沟通路径，同时也培养了承担责任的习惯和勇气。法约尔跳板理论说明，地方政府间通过直接对话协商化解纠纷是直接、高效且成本较小的一种方式。有鉴于此，立法机构在法律和行政法规的制定过程中，充分考虑到了相关条款。

比如，《水法》第 56 条规定：不同行政区域之间发生水事纠纷的，应当协商处理；协商不成的，由上一级人民政府裁决，有关各方必须遵照执行。在水事纠纷解决前，未经各方达成协议或者共同的上一级人民政府批准，在行政区域交界线两侧一定范围内，任何一方不得修建排水、阻水、取水和截（蓄）水工程，不得单方面改变水的现状。《环境保护法》第 20 条第 2 款规定：前款规定以外的跨行政区域的环境污染和生态破坏的防治，由上级人民政府协调解决，或者由有关地方人民政府协商解决。《大气污染防治法》第 89 条规定：编制可能对国家大气污染防治重点区域的大气环境造成严重污染的有关工业园区、开发区、区域产业和发展等规划，应当依法进行环境影响评价。规划编制机关应当与重点区域内有关省、自治区、直辖市人民政府或者有关部门会商。重点区域内有关省、自治区、直辖市建设可能对相邻省、自治区、直辖市大气环境质量产生重大影响的项目，应当及时通报有关信息，进行会商。会商意见及其采纳情况作为环境影响评价文件审查或者审批的重要依据。《矿产资源法》第 49 条规定：矿山企业之间的矿区范围的争议，由当事人协商解决，协商不成的，由有关县级以上地方人民政府根据依法核定的矿区范围处理；跨省、自治区、直辖市的矿区范围的争议，由有关省、自治区、直辖市人民政府协商解决，协商不成的，由国务院处理。《公路法》第 64 条第 1 款规定：收费公路设置车辆通行费的收费站，应当报经省、自治区、直辖市人民政府审查批准。跨省、自治区、直辖市的收费公路设置车辆通行费的收费站，由有关省、自治区、直辖市人民政府协商确定；协商不成的，由国务院交通主管部门决定。同一收费公路由不同的交通主管部门组织建设或者由不同的公路经营企业经营的，应当按照"统一收费、按比例分成"的原则，统筹规划，合理设置收费站。《海洋环境保护法》第 8 条第 1 款规定：国家根据海洋功能区划制定全国海洋环境保护规划和重点海域区域性海洋环境保护规划。《行政区域边界争议处理条例》第 3 条第 1 款规定：处理因行政区域界线不明确而发生的边界争议，应当按照有利于各族人民的团结，有利于国家的统一管理，有利于保护、开发和利用自然资源的原则，由争议双方人民政府从实际情况出发，兼顾当地双方群众的生产和生活，实事求是，互谅互让地协商解决，经争议双方协商未达成协议的，由争议双方的上级人民政府决定。必要时，可以按照行政区划管理的权限，通过变更行政区域的方法解决。有学者统计，截至 2014 年 9 月 6 日，我国已经有 15 部法律和 25 部行政法规，共 53 个"协商条款"。另外，还有 24 个有关地方政府相互协商和合作的法律文件。根据"协商条款"，行政机关之间可以缔结行政协议，也可以开展共同规划、联席会议等各种形式的协同合作。[①]

上述法律和行政法规的相关条款为解决地方政府间可能产生的纠纷提供了法理上的依据。对于"划区域而治"的地方政府而言，彼此因其地方利益追求、政绩考核压力、政策非一致性、邻避设施问题等原因不可避免地会出现矛盾和纠纷，地方政府应该积极主动协商以迅速解决，从而避免矛盾激化。府际协商是有效的纠纷解决方式，否则就不能解释区域一体化为什么如雨后春笋般出现，区域一体化的过程本就是协商沟通的过程，地方政府作为地方治理主体有强有力的治理经验和能力，这种经验和能力同样能够运用到府际纠纷处理中。但实际运行过程中，地方政府间同样会存在难以协调的可能，零和博弈、囚徒困境在任何组织间包括地方政府组织间一样会出现。政府组织、管理和人事制度是为等级制政府模式而设立的，[②] 组织运转的风格、行为模式、行政文化都不利于协调，加上地方政府自身特殊利益的存在，无疑增加了协调难度。

二　科层协调及其有效性

由于纠纷的复杂性、难易度和类型不同，地方政府间并不能完全通过协商解决彼此间的问题，因此，上级政府的协调是必然选择。马克斯·韦伯所提出的科层制被认为是最有效的组织形式，亦被称为行政管理的典范。

---

① 叶必丰：《行政组织法功能的行为法机制》，《中国社会科学》2017 年第 7 期。
② 〔美〕斯蒂芬·戈德史密斯、威廉·D. 埃格斯：《网络化治理：公共部门的新形态》，孙迎春译，北京大学出版社，2008，第 19 页。

科层制最主要的特征就是利用程序化的命令—服从关系对下级官员实施管理，地方政府官员的行动路向受到上级政府的管控，上级政府运用手中权力、行政命令和奖惩机制进行协调。对此，宪法、地方组织法和一些具体法律都有明文的规定。

《宪法》第89条规定了国务院的职权，其中包括统一领导全国地方各级国家行政机关的工作，规定中央和省、自治区、直辖市的国家行政机关的职权的具体划分。《地方各级人民代表大会和地方各级人民政府组织法》第69条第1款规定：地方各级人民政府对本级人民代表大会和上一级国家行政机关负责并报告工作。县级以上的地方各级人民政府在本级人民代表大会闭会期间，对本级人民代表大会常务委员会负责并报告工作。《矿产资源法》第49条规定：矿山企业之间的矿区范围的争议，由当事人协商解决，协商不成的，由有关县级以上地方人民政府根据依法核定的矿区范围处理；跨省、自治区、直辖市的矿区范围的争议，由有关省、自治区、直辖市人民政府协商解决，协商不成的，由国务院处理。《水污染防治法》第31条规定：跨行政区域的水污染纠纷，由有关地方人民政府协商解决，或者由其共同的上级人民政府协调解决。

科层协调是协调地方政府纠纷的有力方式，这是宪法法律赋予的权力。尽管科层协调往往最终能够解决问题，但是限于地方政府间纠纷的多样化和多元化，不可能事事都要苛求上级政府来解决。尽管上级政府有责任、有义务、也有能力解决下级政府之间发生的问题，但本级政府事务的繁重性决定了其不可能总抽身去调解地方政府之间的矛盾。而且，纠纷处理并不能一次性解决，需要长期的持续性的沟通、商谈和谈判，需要随着形势的变化适时地对所处理的纠纷领域作出重新认知和目标调整。因此科层协调方式的应用本身具有一定的限制性。

三 纠纷内部化及其有效性

经济学上内部化理论认为，外部市场的不完全性导致企业不能有效控制交易成本，影响到企业的利润。当企业外部市场的交易成本过大且超过了企业内部的协调成本时，企业可以通过内部化的方式用内部的交易活动代替外部市场的活动。内部化有利于企业控制不确定性因素，以更合理地配置资源，从而降低成本。政治领域区域主义也认为，地理区域的分割化、政府机构的碎片化、服务功能的多元化是区域治理和跨界治理的痼疾，因此，自20世纪80年代行政改革以来，地方行政体制改革呈现两大趋势：一是行政区的大规模合并，通过合并将治理问题内部化以解决碎片化所导致的服务不足、效率低下和财政匮乏问题；二是通过跨域治理构建政府间伙伴关系以提高区域治理水平，化解区域性公共问题。将纠纷内部化可以说是相对终极的一揽子解决问题的方案，但在行政领域进行行政区的合并并非易事，面临的问题比不合并亦是不少，因此，纠纷内部化可以超越单一的行政区合并寻求其他形式。

在现实的行政实践中，存在类似的解决方式，主要类型有以下几种。（1）改变行政区划。行政区划调整的目的是统筹区域发展以更好地履行行政职能、提供公共服务、解决区域性公共问题。比如，山东、江苏两省为解决历史遗留的南四湖问题，通过设立微山县（隶属山东省济宁市）对南四湖进行统一管理。当然，行政区划调整是一个传统的解决方案，也是一个相对难以施行的方案，地方行政区划调整涉及地方权力的再分配，与经济利益、民众地域归属和历史文化传统休戚相关，区划的调整并非一劳永逸的任务，上述微山县设立之后，地方政府间的矛盾和纠纷并非立即消失，而是继续持续了几十年的时间。行政区划调整应当予以充分的论证才能实施，可以说，这是一种不能轻易为之的方案。（2）设立派出机构。派出机构的设置主要是为了解决特定任务、执行特定职能。这种方式一般是一种自上而下的，对于地方政府间可能产生纠纷的领域，通过直接设置派出机构将纠纷实现内部化并提供一体化解决方案。比如水利部设置的六大水系委员会、太湖流域管理局等，都是为了统一管理效能而设置的。（3）联合党委。联合党委是规避行政区划调整下的一种解决地方政府间问题的组织创新形式。中国共产党承担着促进经济社会发展的重任，在地方重大决策中，党委的影响力不言而喻，无论是议程设定、公共政策制定，还是政策的评估和监控，都需要切实发挥党委的职能。地方政府间的矛盾和纠纷可以通过上级党委来进行协调。利益表达与聚合本就是政党的重要职能，因此，政党在地方组织结构的调整亦是化解纠纷的可能方式。

相对来说，纠纷内部化是效果最好的解决方案，相比于外部协调，内部协调能够更好地启动议程，深入地分享信息，也更容易产生信任。但是，纠纷内部化并非容易实现的方案，比如行政区划的调整问题，行政区划往往基于历史传统、自然风貌、人文精神甚至民族宗教等因素而划定，无论基于何种原因调整区划都会面临不小的阻力，所以区划调整只能是特殊领域的特殊做法。派出机构的设立同样面临区域间利益差异问题，实际运行中同样面临艰难的协调工作。相比较来说，联合党委是一个较容易实现的协调机制，这得益于党组织的权威性以及领导的灵活性，但联合党委缺乏专职人员，也没有统一的组织机构，区域协调依然面临阻力，高昂的管理成本亦不能忽视。

在行政实践中，上述地方政府间纠纷解决方式针对不同类型的纠纷发挥了重大作用。随着经济社会的发展，尤其是区域一体化进程的加快，地方政府间因一体化发展中角色功能定位、市场要素配置、跨域资源保护和划分、公共设施对接、政策一体化制定、管控标准规范等事项存在越来越多的冲突和矛盾，使得地方政府间的纠纷呈现出越来越复杂的形势。

第三节　完善传统纠纷解决方式

尽管现行相关法律已经对地方政府间存在的潜在纠纷确定了平等协商和上级协调裁决制度，以及通过政区合并、跨辖区特殊管理机构、组织创新等形式实现纠纷内部化处理，但在协商与协调领域，依然缺乏可操作性规范来确保协商或协调的顺利实施，比如协商或协调的主体应该如何确定？协商或协调程序如何进行？协商或者协调的效力如何？这些问题都需要解答。实际上更为重要的是，必须对协商或者协调的本质予以正确的考察，这是进一步化解纠纷的关键。一般观点认为，对协商或协调的认识往往只局限于政府之间的行为，但实际上协商或协调不应该只是一项单纯的行政行为，也不只是单纯的技术问题，而应该把其纳入民主的视野来思考，协商或协调应该是政治进程的一部分，因为这一进程涉及政策制定尤其是资源的再分配问题。尽管达成纠纷解决协议的主体只是地方政府当事各方，但实践中协议会决定着各个主体——地方政府及其职能部门、市场主体、公民个人、非政府组织等利益相关者将来的行动方向。因此，协商或者协调应该考虑治理进程中的基本层面，必须让与公众或其他各级政府有接触的所有地方政府"家庭"成员有更多的机会去了解进程的基本情况，有时对于政府来说微不足道的协议可能对有关人员意义重大。

总体来看，纠纷解决的制度化和规范化不足、纠纷解决的新理念和新思维匮乏，导致地方政府间或者共同上级政府涉及具体纠纷时只能临时确定纠纷解决方案，这显然不利于及时有效地化解当事各方的矛盾。因此，需要进一步完善传统纠纷解决方式，为化解政府间矛盾提供强有力的保障。具体来看，应该从主体、程序、效力和能力四个方面来考虑。

一　规范明确协商、协调和裁决的主体

对于地方政府间协商解决纠纷，法律或行政法规已经作出明确规定，协商主体主要就是涉事双方等级相同的地方政府，地方政府具体主管某一领域的职能部门并不是协商主体，这不存在疑义，但在具体协商中，地方政府是否应邀请其中的利益相关者参与，并没有明确的标准。而上级政府协调解决纠纷，存在四种不同的表述形式。第一种是将上级政府协调解决作为一种和地方政府间协商解决并列的方式，比如《环境保护法》第 20 条第 2 款规定：前款规定以外的跨行政区域的环境污染和生态破坏的防治，由上级人民政府协调解决，或者由有关地方人民政府协商解决。第二种是对地方政府之间协商不成的直接由上级政府裁决，比如《水法》第 56 条规定：不同行政区域之间发生水事纠纷的，应当协商处理；协商不成的，由上一级人民政府裁决，有关各方必须遵照执行。在水事纠纷解决前，未经各方达成协议或者共同的上一级人民政府批准，在行政区域交界线两侧一定范围内，任何一方不得修建排水、阻水、取水和截（蓄）水工程，不得单方面改变水的现状。第三种是既规定了上级政府协调，也规定了国务院主管部门协调，最后如果协调不成，则直接由国务院决定，比如《海洋环境保护法》第 9 条规定：跨区域的海洋环境保护工作，由有关沿海地方人民政府协商解决，或者由上级人民政府协调解决。跨部门的重大海洋环境保护工作，由国务院环境保护行政主管部门协调；协调未能解决的，由国务院作出决定。第四种是"处理"，比如《矿产资源法》第 49 条规定：矿山企业之间的矿区范围的争议，由当事人协商解决，协商不成的，由有关县级以上地方人民政府根据依法核定的矿区范围处理；跨省、自治区、直辖市的矿范围的争议，由有关省、自治区、直辖市人民政府协商解决，协商不成的，由国务院处理。

从法律法规的规定来看，上级政府解决的方式主要有协调、裁决、决

定、处理等形式，为何上级政府协调解决地方政府间纠纷采取了如此复杂的形式？这些复杂的协调形式是必要的吗？众所周知，立法过程中法律用语要规范、准确，而不同法律中对政府间纠纷协调的表述如此不同凸显了公共事务的复杂性和差异性，也体现了纠纷处理的灵活性。

从字面意义来看，决定和处理是相对简单的解决方式，它具有明显的自上而下的科层意味，体现出上级政府的强制力和权威性，在具体纠纷中，上级政府往往以相对独立的行为来处理有关事件，而不必过多地征求涉事相关地方政府的意见。而协调和裁决则比较复杂。协调一般是协调者在第三方的立场上进行调停促使其双方达成协议，尽管上级政府有自上而下的领导权，但在这里，上级政府协调利用的不是强制性的权力，而是自身的权威，这里的权威如同巴纳德所言——权威来自接受，[①] 因为只有接受的人真正理解、认同命令，并相信命令和组织目标、个人利益是一致的，命令才能被彻底执行。在协调过程中，被协调者一般会参与到协调过程之中陈述自己的观点、表达自己的意愿。而对裁决而言，裁决之前一般都会经过协调，裁决的权力往往是在协调不能发挥应有作用时再使用。在裁决过程中，经由各方提交各种材料之后，裁决主体一般不再与被裁决各方进行会面，裁决原则上是书面审查，当然在裁决中如果裁决主体认为必要也可以进行实地调查。这里实际上涉及的是形式裁决还是实质裁决的问题。

从现有的研究来看，学界对上级政府协调或者裁决并没有深入具体地研究协调和裁决的主体应该采用何种形式，就协调而言，所谓的上级政府协调很显然不可能是上级政府召开常务会议或者全体会议的方式来协调，也不可能由政府相关主管部门来协调。为了尽量避免上级政府在协调中出现"马太效应"或者偏袒的情形，成立专门的协调委员会对纠纷进行中立的协调具有重要意义。[②] 该委员会可以由行政首长或者分管领导领衔，并由主管部门、专家学者、当事各方地方政府有关人员组成，因为协商的本意不是运用权力的过程，而是通过充分利用权力、权威、专业水准、参与等要素协同会商寻求各方都满意的结果。协调委员会解决府际纠纷既保证了权威性和专业性，又体现了开放性和透明化。相对协调，裁决可以考虑运

---

① 〔美〕巴纳德：《经理人员的职能》，孙耀君等译，中国社会科学出版社，1997，第129页。
② 卢群：《我国环境治理纠纷解决机制研究》，博士学位论文，南昌大学，2019，第46页。

用政府的权力和权威来行使，在行政裁决中，一般都会规定由主管部门来实施裁决，① 因此上级政府在裁决下级政府之间的纠纷时，考虑到权威性和强制力，不适宜采取类似协商委员会的方式。裁决是涉及纠纷双方的根本性决定，尤其是重大裁决，应该以召开政府常务会议或者全体会议的方式实施。

二　规范协商、协调和裁决程序

分部门而治的组织无时无刻不涉及大量的组织事务、部门以及跨部门事务的处理，处理的原则之一就是组织根据轻重缓急，分部门、分事项酌情考虑。由若干部门组成的一级政府同样既要考虑本区域全局性的事务，还要就各部门上报的棘手问题进行解决，但在行政实践中，很多部门认为的重大问题并不能进入领导的议程，"政策之窗"② 的开启往往需要焦点事件、可见的参与者、国民情绪、政策企业家以及职能部门报告等多重因素的叠加才可能实现，而且机会稍纵即逝。因此，为了更好地解决地方政府间的纠纷，规范的程序是保证地方纠纷被及时纳入议事日程轨道的关键，也是纠纷处理机制有序顺畅运作的保障。

规范的程序应该包括以下几个环节。一是申请阶段。不论是协商、协调还是裁决都要就纠纷事项提出处理申请，为了保障及时开启协调程序，地方政府任何一方都应有提出纠纷协调申请的权利。在同级政府协商过程中，当事一方对另外一方提出协商解决问题的动议应该积极回应，积极回应有利于体现真诚、促进沟通、培育信任。在协调或裁决申请中，应确立清晰的纠纷解决通道，对于地方政府提出的协调申请应该确立以纠纷涉及领域的主管部门受理为主、政府办公厅为辅的递交通道，目的是让主管部门能够充分了解纠纷事项以有利于在讨论阶段就自身主管权限范围内的部

---

① 这里需要注意的是，主管部门行使的裁决权应该是一种代表政府的权力，比如在裁决省际纠纷中，单靠政府的主管部门来裁决行政等级相同的政府间纠纷缺乏权威性，所以法律中"上级政府或者国务院的决定"的表述应是一种政府行为，如果主管部门拥有裁决权则应是一种政府委托主管部门的行为，而不是主管部门自主拥有裁决权。在水利部机构职能的表述中，主要职责第 12 项规定：涉及重大涉水违法事件的查处，协调和仲裁跨省、自治区、直辖市水事纠纷。这里的仲裁并不是裁决行为，而是一种具有履行水管理职能的专业性的仲裁行为。参见水利部网站，http://www.mwr.gov.cn/。

② 约翰·W. 金登认为，政策之窗是政策建议倡导者提出其最得意的解决办法的机会，或者是他们促使特殊问题受到关注的机会。参见〔美〕约翰·W. 金登《议程、备选方案与公共政策》（第二版），丁煌、方兴译，中国人民大学出版社，2004，第 209 页。

门性观点向政府进行汇报，综合性纠纷或者敏感性纠纷可以由办公厅接收，然后上报分管领导或行政首长。二是讨论阶段。当申请接收者收到申请后，应该在规定时间内就申请进行讨论并作出回应。对于政府间协商方式，接收方结合发起方的动议可以讨论双方会商的具体议程，并就初步构想回应发起方。对于协调行为，上级政府可以在召开常务会议或者全体会议时就有关纠纷进行初步讨论，决定是否启动协调委员会。对于裁决行为，上级政府应该就采取何种形式的裁决方式展开讨论，比如是委托主管部门进行裁决还是由政府直接裁决，裁决过程是否需要纠纷双方参与。三是组织实施阶段。实施阶段是根据前期设定议程开始面对面讨论。对于协商行为，当事各方在开启讨论前应该就纠纷事项形成初步方案，比如理想的结果、对方可能的需求、后退的空间等。对于协商或者裁决行为，参与者要保持客观公正的立场。对于前面提到的协调委员会，并不必然是固定或者临时的，可以根据具体领域具体分析，但从一般意义上考虑，如果区域间需要协调的事项多，则需要相对固定，否则完全可以采取临时性方案。四是会议讨论并形成报告。不论是当事各方达成的协议，还是协调建议、行政裁决，应该形成规范性的文件并将其作为后续行为的指南。

三 明确协商、协调和裁决效力

在现行法律框架下，协商、协调、裁决、处理和决定这五种行为类型表述中，裁决、处理和决定都是终局性的行为，一方面体现了行政司法化在府际纠纷中的延伸，另一方面其关键在于科层制下行政层级管理的需要，对于上级政府的决定，地方政府应该切实执行，行政的高效运转离不开等级制链条。协调则存在进一步商讨的空间。就上述法律中的条款规定来看，协调既有存在终局的可能（因为法律中只规定了上级政府的协调），也有进一步通过其他方式解决的空间（协调具有调解的性质），所以上级政府协调效力是一个复合体，具有很大的弹性，对于经由多元主体组成的协调委员会的协调结果，应是建议性结论，不应强制性执行。

在只规定上级政府协调的法律中，必须明确上级政府作出的协调书具有拘束力，而且要确保强制力实施，这是为了保证上级政府的权威和领导力的要求，也体现了科层制政府组织运转的需要。在规定协调后可以裁决或者上级处理的法律中，应该充分保证地方政府的裁决申请权，上级政府不能因地方政府再次提出裁决申请要求而对地方政府另眼相看。具体裁决中，针对已经存在的协调报告书应该予以尊重，但不能将其作为裁决的直接依据，这要充分考虑纠纷事件的复杂性。

四　提高协商、协调和裁决能力

在政府间网络日益密切的今天，当事各方协商、第三方参与协调以及上级政府裁决的能力显得越发重要。提高协商、协调和裁决能力有利于实现当事各方共赢，避免零和博弈结果的出现。

第一，地方政府要有积极的合作意识和合作理念，发展并获取政府间关系技能。政府间关系不再是偶然性的行为，而是已经成为一种持续性的表现。地方政府应该抛弃单一的行政辖区观念，在自愿平等和互惠互利的前提下塑造共同解决问题的文化，注重培育区域社会资本和区域共同价值。鉴于关系与矛盾相伴相生，政府间应该注重运用协商方式去控制而不是强行消除那些不可避免的冲突和紧张关系，用谈判商议来解决竞争角逐，形成平等对话、权利共享、责任共担的协商机制。[①] 地方政府间应该对合作协商具有的价值进行想象，不是站在自我的立场上，而是要放在联盟构建和愿景分享的基础上去设计未来的关系。

第二，要注重公民尤其是利益相关者的参与。非洲有句谚语：没有人能够永远安顿下来，只有那座山不会离开它的位置。地方政府应持有这样一种理念——目的支配结构，而不是结构支配目的。地方政府因处理地方公共事务而生，因追求公共利益而存在，正因为地方政府要追求的是公共利益而不是个人利益，为了体现公共价值理念，地方政府在协商协调过程中可以把本地区的利益相关者代表纳入其协商协调程序，这样更容易产生有效的对话机制。公民参与或者精英吸纳可以更全面地表达偏好和意愿，这既能体现地方政府公共利益取向，又能弥补协商协调中的漏洞。

第三，构建民间多层次协商机构。在国际事务中，一些民间社会的交流和沟通往往是打破国家间僵局的办法，这是对组织的权力性行为的有益补充，问题解决并非只能通过权力实现，通过志愿性、中介性、非强制性

[①] 尹艳红：《我国地方政府间公共服务协商提供的得与失——基于长三角地区的探索》，《江苏行政学院学报》2012 年第 4 期。

的处理方式、利用其柔性的治理策略恰恰有可能收到意想不到的效果。在一国内部，充分发挥非政府组织在纠纷处理中的力量同样重要。各种非政府组织可以通过举办论坛、构建多样化的协商对话平台，克服官员的有限理性缺陷，从而促进解决冲突和对话障碍。埃莉诺·奥斯特罗姆对公共池塘资源的研究充分证明，论坛、俱乐部等民间自发对话形式可以充分发挥这些对话机制的交流沟通作用。①

第四，各级政府可考虑设立政府间咨询小组，尤其是高层级政府，需要有管理政府间关系的长期战略。机构是获得价值和稳定的组织。一个促进府际关系的常设机构是创造一个改进实践和加深对政府间决策理解的地方。咨询小组将为政府间关系创造一个体制基础，避免人事更迭所引起的变动，规避了政府间的系统性弱点。政府间关系需要系统的和持续性的思考，以制定解决问题的战略。对咨询小组进行更多投入，有利于增加政府间合作领域的实践性知识，从而开发识别、建立和利用最佳实践性知识的能力。以更好地在制定政府间协定方案和合作的做法方面发展技术专长。建立一个政府间政策和协定方面的专门知识库将使该系统不再依赖少数官员的记忆，确保政府间关系处理的连续性和稳定性。②

第五，地方政府间应加强信息共享避免事态升级。信息共享是政府间关系发展、信任培育以及纠纷解决的最基本问题。无论是协商、协调还是裁决，其关键都在于信息的传递和表达、沟通和研判。诸多分歧往往是信息渠道不畅所致，因此，信息共享是构建府际关系的关键。有的地方政府在合作中极为重视信息共享，甚至通过地方性立法来具体规定共享信息范围和有关事项，比如《上海市大气污染防治条例》第72条规定："市人民政府应当与长三角区域相关省协商，将下列环境信息纳入长三角区域共享：（一）大气污染源信息；（二）大气环境质量监测信息；（三）气象信息；（四）机动车排气污染检测信息；（五）企业环境征信信息；（六）可能造成跨界大气影响的污染事故信息；（七）各方协商确定的其他信息。"这些信息的共享可以及时处置可能发生的问题，从而把纠纷消灭在萌芽状态。

---

① 尹艳红：《我国地方政府间公共服务协商提供的得与失——基于长三角地区的探索》，《江苏行政学院学报》2012 年第 4 期。

② Jennifer Menzies, "Reduing Tensions in Australion Intergovernmental Relations Through Institutional Innovation", *Australian Journal of Public Administration*, Vol. 72, No. 3, Sep2013, pp. 382-389.

第七章 中国横向府际合作中利益纠纷解决机制的构想

区域一体化发展浪潮必将深入推进府际合作，全方位、立体化、多层次的合作将成为未来府际关系处理的重要议题。随着府际治理的网络化和多元化，府际纠纷和争端同样会爆发式增长。未来的纠纷和冲突管理将是地方政府的常态管理项目，政府及公务人员应该将纠纷和冲突视为"盟友"而不是"敌人"，不能视其为偶然性现象，期待通过一次性处理就可以实现一劳永逸的结果。要意识到其存在的必然性，并把纠纷和冲突视为进一步处理政府间关系，促进教育和有效变革的机会。各级政府及职能部门应该做好准备，制定纠纷解决的计划，提供必要的纠纷解决教育方案，以使政府组织及其公职人员更好地理解政府间纠纷产生的原因，认知政府间纠纷的形式，从而提高对政府间纠纷的解决能力。地方政府官员尤其要意识到地方政府间紧张局势的存在是必然的且并不全是坏事，要意识到自身处于高度竞争的环境中，而府际纠纷化解能力将是地方政府治理能力的重要衡量标准。在政府间纠纷普遍化的今天，传统的解决方式已越来越难以高效地解决纠纷，导致纠纷和冲突旷日持久、久而不决。面临府际关系和府际纠纷的多元化，寻求更为多元化的府际纠纷解决方式已成为刻不容缓的课题。一方面，要进一步完善传统府际纠纷解决方式，促进协商协调机制的制度化和规范化；另一方面，要创设并引入新的纠纷解决方式以应对日益复杂的纠纷挑战。[1] 从目前的行政实践来看，一些领域的纠纷解决方式已超越传统的解决路径，出现了替代性纠纷解决方案，尽管替代性纠纷解决机

---

[1] 当然，要想创设解决冲突的新方法并非易事，尤其对于拥有公共权力和权威的公共部门而言，本身就是解决社会各类纠纷的主体，让其接受新的方法以调解自身冲突，可以说就像政治和宗教问题一样容易引起争论。

制以及司法机制并没有明确的宪法基础和法律依据，但这应当是未来的发展趋势。我们必须明白，所有的方法都应被视为工具，而非绝对标准，没有一种判决方法优于另一种方法，这儿只存在根据不同的问题而选择不同的方法；我们必须用其中一种方法验证另一种方法，补充和加强存在缺憾的地方，以便在需要的时候，保证为我们所用的任何方法都是最有用的、最有力的。①

第一节　第三方调解机制

作为替代性纠纷解决方式之一，调解因其具有简易性、高效性、低廉性、灵活性等特征在各国民事纠纷领域被广泛采用。相对于诉讼、仲裁等以查明过去事实真相为依据的纠纷解决方式，调解是一种更关乎未来的问题解决机制。它不仅要考虑过去既定的事实，而且更为重要的是要给双方提供一种前瞻性的思考，所以说，调解的理念是更为注重未来。从国际关系领域来看，国家间纠纷解决除了传统的外交斡旋、调停和仲裁之外，也注重以调解的方式解决化解争端。较早的在国际性文件和国际条约当中，都涉及通过调解解决国际争端的有关条款。比如 1928 年《和平解决国际争端总议定书》、1945 年《联合国宪章》、1971 年《精神药物公约》、1982 年《联合国海洋法公约》等，都对调解或者调解程序的实质性内容有明确的规定。冰岛和挪威曾经围绕扬马延岛的主权和 200 海里专属经济区的争议组织了一个非政府的调解委员会，该委员会聘请了一些专家作出了权威的鉴定。专家认为该岛不属于冰岛，但建议冰岛和挪威共同开发，最终双方政府都接受了这个建议。② 这种调解委员会在西方很盛行，在城市地方政府组织之外，常常会有这种调解委员会的组织，专替政府组织解决城市间的各种矛盾和问题。以美国为例，创始于 1908 年的美国州长协会在处理州际事务中一直发挥着重大作用，州长协会的组织特性决定了其权威性，其不但能够在州政府之间或者地方政府之间的合作中发挥桥梁和纽带作用，而且对于

---

① 〔美〕本杰明·N. 卡多佐：《法律的成长：法律科学的悖论》，董炯、彭冰译，中国法制出版社，2002，第 58~60 页。

② 靳尔刚、苏华：《职方边地——中国勘界报告书》，商务印书馆，2000，第 321 页。

州际纠纷或者地方政府纠纷有着较大的影响力和话语权。尽管政府自身的官僚体制属性更容易认同通过上级来协调彼此关系，但由于行政事务的复杂繁重，上级政府不可能及时地去研判地方的纠纷事务，因此会导致大量纠纷得不到及时解决。在实践中，有些纠纷形势危急、刻不容缓，如果不去及时处置可能会造成更为重大的损失，而且会激化双方的矛盾。可以说，美国州长协会提供了一种非常有效的解决州际冲突的机制。

一　调解适用府际纠纷的可行性

调解是中华法系中极具特色和传统的纠纷解决方式，孔子"必也使无讼乎"之理想就暗含通过调解的方式实现"无审判、息争论"的结果。时至今日，中国调解制度领域已经发生了巨大变化。2011年，中央社会治安综合治理委员会等16家单位联合印发《关于深入推进矛盾纠纷大调解工作的指导意见》，强调调解前置、调解优先的原则。2012年，全国人大常委会通过《关于修改〈中华人民共和国民事诉讼法〉的决定》，进一步突出了调解的重要性。其中第9条规定：人民法院审理民事案件，应当根据自愿和合法的原则进行调解；调解不成的，应当及时判决。该条确立了法院调解的基本原则，凸显了对用调解方式处理纠纷的重视。如今，中国调解已经形成人民调解、司法调解和行政调解三大较为完善的调解体系，为解决社会各领域当事人纠纷发挥着极为重要的作用。

那么需要追问的是，府际纠纷能否适用调解呢？下面先从一般的行政诉讼案件来理解行政调解。现行《行政诉讼法》第60条规定：人民法院审理行政案件，不适用调解。但是，行政赔偿、补偿以及行政机关行使法律、法规规定的自由裁量权的案件可以调解。调解应当遵循自愿、合法原则，不得损害国家利益、社会公共利益和他人合法权益。该规定确立了行政案件一般禁止调解原则，仅对部分例外情况作了规定。由此看来，行政主体和行政相对人之间的纠纷并不适合适用调解原则。那么对于府际纠纷而言，是否更意味着关闭了调解的大门？这里需要对政府治理的本质和实践进行根本性思索。从一般意义上看，政府行为必须有严格规则依据才能实施，法治政府的理念就在于政府行为要依据法律赋予的职权进行活动，行政权应用受到明确的赋权和限制。这种依法行政的形式主义法治观似乎决定了府际纠纷难以通过调解的方式来进行。但是，这种传统的硬法治理思维似乎越来越难以解释当下大规模的软规范治理现象，当前的公共治理正在经历巨大的变迁，公共权力主体的多元化、主体行为的多样化、治理向度的二元化、治理方式的非强制化、利益结构的多元化无一不推动政府治理向"软硬兼施"的方向发展。尤其是软法的非强制性、原则性和非约束性，扩大了治理的弹性空间，提供了新的治理思路。当前，区域一体化进程如火如荼，地方政府都在通过合作构建区域共同体，以拓展发展空间，享受合作互惠所带来的成果。这些新的规范是政府间协商式行政的重要表现形式。调解的适用并不是要重构规则和法律体系，它的目的在于寻求更为有效的对话机制。

地方政府间签署各类合作协议的过程本就是合意的治理过程，至于治理过程中因协议的履行产生的纠纷，没有理由对其关闭调解的大门。调解本身也是一种协商的过程，只要双方意思一致，引入第三方参与到纠纷解决之中并无不可。非政府组织参与政府间的合作治理已经不是什么新鲜事，学理上和实践中都给予了高度认同，政府的行政理念也开始发生转向，转为注重构建与非政府组织之间的伙伴关系。非政府组织能够承接政府职能，提供公共服务，实施社会管理，有效地化解社会矛盾和冲突，甚至在国际治理中都承担着重要的角色。许多非政府组织在化解国家之间的矛盾中起到了重要的润滑剂的作用。因此，对于地方政府之间的冲突或者纠纷，完全可以利用非政府组织或者依托于非政府组织成立的第三方调解委员会以利用自身的中立角色及客观公正的姿态提供化解双方矛盾的建设性意见。而且，调解并不必然都需要具备严格的形式，完全可以采取各种灵活的、弹性化的、非正式的调解办法。

现行法律中规定的上级政府协调，其本质亦是协商调解行为，因为即使是上级政府进行协调，也应该根据纠纷的起因、影响力以及客观情形从中立的立场不偏不倚地去调解，这里所体现的无非是一种科层制下的权威式调解。但行政实践中，并不都是上级政府进行跨域纠纷的协调。比如，水利部的机构职责规定，水利部协调跨省、自治区、直辖市的水事纠纷；生态环境部的机构职责规定，生态环境部协调解决跨区域污染纠纷。对于国务院组成部门协调省际纠纷的行为是一种同级状态下的协调，其合法性和合理性来自部门分工下的专业管理权限。另外，尽管法律在政府间调解方面的获得性有限，但法律规定了地方政府间纠纷处理的协商行为，这种规定是对地方政府间协商解决纠纷的授权，至于怎么协商没有明确规定也没有限制。在双方合意的基础上邀请第三方帮助双方更好地协商具有可行性，尤其是在技术性和专业性较强的领域，让第三方提供客观中立的专业知识，可以缓解政府间潜在的政治紧张气氛。同理，法律所规定的上级政府的协调行为，并不必然是上级政府召开法定的常务会议或者全体会议来进行协调。上级政府行政首长可以通过委托有关组织及人员来具体组织实施协调，实践中的协调往往是行政首长指定相关业务主管部门和工作人员承担协调任务。既然如此，行政首长亦可以委托第三方来进行协调。尤其是多中心治理理念和治理体制的兴起，治理主体的多元化已成为提高政府治理能力关键要素之一。

二　府际调解的制度设计

尽管从长远来讲，府际调解的合法性需要对现行有关调解方面的法律作出调整，但考虑到渐进性改革的需要，地方政府间可以先通过非正式的示范性制度设计，即地方政府间在签订协议的时候约定基本的调解规则。这种示范性做法可以积累经验，为后续的改革提供借鉴。实际上，从中国改革开放的进程来看，地方立法权的拓展与公共政策创新实验一直是改革的突破口。在中央的认同和默许下，地方政府的先行先试权为国家立法和政策完善提供了宝贵经验。因此在法律或政策空白地带开启地方示范性制度创新具有可行性，比如 2008 年湖南省政府以行政规章的形式制定颁布的《湖南省行政程序规定》，尽管从国家法制统一原则以及立法法有关立法精神的具体规定来看，行政规章的制定依据并不明确，但考虑到行政程序立法属于限权性立法，并不对市场、社会和公民附加义务，而且在行政许可法、行政强制法、行政处罚法领域也有程序性规定，所以地方性制度创新实验具有合理性、可行性和必要性。实践也表明，湖南省行政程序的制定提供了重要的经验范本。作为替代性纠纷解决方式的调解完全可以通过非正式制度创新来提供解决问题的新方案。

调解制度应简单化、易施行，以防止增加政府间协商成本，但为了更好地促进调解方式的应用，还是应该初步地考虑调解制度的基本规则。在调解规则制定和具体实施方面可以从横向静态规则、纵向动态过程和行为规则三个方面来考虑。横向上要考虑调解主体、调解员、调解原则和规则、调解效力等要素，纵向上要考虑协议规定、动议发起、调解委托、调解组织实施、调解结果等要素，行为规则主要确保当事各方高效地处理纠纷。这里需要明确的是，并不是所有的府际合作都需要通过调解的方式来解决，在具体合作过程中，有很多合作比如合作倡议书、合作愿景规划、合作框架协议、宣言、备忘录、联席会议制度等并不具体涉及双方利益格局的调整，因此并不需要调解条款，即使有的合作涉及双方或者多方的具体合作项目和利益内容也并不一定非得需要预先订立调解条款，这个要结合具体项目由合作方协商而定。调解本身并不涉及相关法律的调整，因此，调解制度只是一种合意的可供彼此思量的方案。

1. 静态横向规则

调解的横向规则主要涉及调解的基本依据，要明确调解目的和原则、调解主体、调解内容、调解效力等事项。

第一，调解目的和原则。调解本意就是基于意思一致邀请第三方对当事各方因合作事项存在的争议进行调停和排解。调解的基本原则有如下几点：一是合意性，调解当事各方皆出自自愿，并在双方同意的条件下才可以发起，一般情况下，当事人也可以随时终止调解；二是一级调解原则，调解本身的目的强调便捷、经济、高效，因此，调解无须设立较多调解层级，以便当事各方尽快解决问题；三是回避原则，调解实施主体最好与当事各方不存在直接的利益关联，以避免做自身案件的法官之嫌。

第二，调解主体。从国外府际纠纷调解主体来看，非政府组织往往在纠纷调解中发挥重要的作用，非政府组织因其组织自身的公益性、独立性、中立性、专业性也适合承担调解角色，比如上述谈到的 1908 年成立的美国全国州长协会就在州际合作和州际纠纷处理中发挥着极为重要的作用，日常工作中组织运转积极而又有活力。对于中国而言，实践领域也有类似的组织机构，比如 1991 年成立的中国市长协会，吸收中国各城市现职市长、副市长及直辖市的区长、副区长参加，现有会员遍布全国约 765 个城市。该协会除了承担城市问题研究、开展市长培训工作之外，也通过会议、会刊等各种方式促进全国市长之间的信息沟通、经验交流，加强城市间的横向联系。可以说，该协会完全可以扮演政府间调解机构的角色。在具体实践中，地方政府之间针对不同领域纠纷可以吸收不同类型的非政府组织，比如与法律相关的法学会、律师协会，与卫生相关的医学会、医疗卫生行业协会，政府部门的事业单位如国务院研究发展中心、中国环境监测中心，科协的各专业学会如中国食品科学技术学会，或者高等院校的科研机构等参与到调解中去。

另外，也可以设立专门的调解委员会，通过吸纳相关专业领域、相关专业机构组成特定的调解组织，以更直接的方式发挥调解功能。

第三，调解内容。调解内容主要涉及调解方法的使用、调解管辖、调解费用等事项。调解可以根据纠纷类型、严重性程度、利益复杂性等因素分为直接调解、间接调解、公开或秘密调解。直接调解一般来说是当事人之间纠纷并不严重，因此当事人可以参加的调解；间接调解一般都是纠纷比较复杂，当事人不便参加的调解；公开或秘密调解主要考虑到利益复杂性，府际纠纷不仅仅是政府之间的纠纷，往往会有第三人参加，因此，要结合具体情况区别对待。调解管辖主要考虑当事人之间的隶属关系，一般不让与任何一方具有利益相关性的组织参与到调解中去。至于调解费用则可以考虑使用区域合作基金中的预算或者各级政府或者部门单独作出预算。

第四，调解效力。调解一般都是非约束性行为，目的在于构建当事各方沟通和对话的平台，因此，调解不需要作约束性规定，但可以作为双方后续行为的参考，调解结果并不是没有价值的，它能激发当事各方想象，寻求更为恰适的合作空间，从而更好地协调形塑彼此的行为。

2. 纵向的动态程序

第一，调解程序的提起与方案拟定。府际调解以自愿为原则，当事人任何一方都可以提起调解请求，如同意可开启后续环节、如不同意则调解程序无法启动。调解程序提起后如各方同意可拟定书面调解协议，各方就调解要求进行商定，比如调解主体的确定、调解基本程序、调解经费的分配、调解结果的使用、调解时间安排、调解中止等。

第二，调解主体内部调解程序。具体调解中的实施程序可以由当事各方共同讨论，也可以由调解主体自行确定调解规则，比如是采用直接调解还是间接调解、调解具体程序、调解时间节点和具体工作安排、调解会议的组织、调解结果表决规则、调解报告的撰写等。调解主体还可以就调解中的具体工作比如调查、询问、信息获取等各方面提出要求。

第三，调解报告提交。具体调解中，调解主体应该尽可能听取当事各方的关于争端事项的陈述，听取各自的权利主张和反对意见。争取寻求各方的最大化共识，调解最终要以报告的形式予以呈现，各方作为重要资料保存，可为后续更好地合作提供参考。

在府际合作过程中，直接涉及各方利益关联的、需要强制力执行的合作协议可以引入相关的调解条款，以明确纠纷产生之后的解决方案选项。当然，并不是所有的合作协议都需要明确设计调解有关条款。在府际纠纷解决实践中，如果能够对调解进行有效的尝试并获得一定的效果，则可以考虑制定府际纠纷调解示范法，通过非立法机构制定的示范性法律为纠纷解决提供规则、程序、组织上的依据。

3. 调解中的行为规则

原则性规定给予了纠纷当事各方选择某种方法解决的机会，程序性规则确保了纠纷解决的有序进行，但这并不能确保纠纷解决的效力和效率。在纠纷调解的进程中还需要一些行为规则，这些规则可以促使当事各方采取更加有效的行动策略，既不偏离纠纷解决的主题，又能规避复杂的政治变量，消除误解。这些规则主要包括以下几点。

一是陈述观点并提出真正的问题。当事各方应就纠纷的实质陈述自己的观点，并提出真正的问题而不是有选择性或倾向性的。这使得当事各方能够从独白和争论转变为一种对话，在这种对话中，各成员可以更好地理解每个人的观点，并保持对观点差异感到好奇的姿态。

二是分享所有相关信息。纠纷的产生有很大的原因在于信息不对称。分享信息能够使得当事各方在调解过程中梳理出一套综合的、通用的信息，以帮助解决问题和作出决策。

三是解释推理和意图。在表达观点的过程中必须有严密的逻辑，这使其他人能够理解表述者是如何得出结论的，并了解其推理及过程到底有何不同。

四是关注利益，而不是立场。通过从讨论解决方案转向确定解决问题必须满足的需求，可以减少非生产性冲突，并提高当事各方致力于解决方案的能力。

五是测试假设和推论。这样可以确保当事各方在作出决策时使用的是有效的信息，而不是情感的表达、私人的故事或者个人信仰。

六是讨论无法讨论的问题，共同设计下一步方案。纠纷解决的奥秘在于将当事各方解决问题的动力持续下去，应该在调解会议上抛出棘手的问题，这样才能确保各方解决阻碍其结果的重要的但未讨论的问题，确保每个人都致力于作为一个团队一起前进。

七是调解人应该根据罗伯特议事规则确定有利于当事各方表达的观点调解规则。比如发言机会均等、发言完整、避免随意打断他人发言、限制发言时间、调解人适时总结各方观点、协助各方制定协议和备选方案等。

调解是人们处理问题和处理冲突争端的一种非正式方式。由于调解通常是一个自愿的过程，它提供了机会，并授权人们设计自己的解决方案。使用第三方调解的好处是，可以鼓励纠纷各方达成相互接受的解决办法。另外，调解是自愿的，因此，规则的结构可以允许调解进程的灵活性。例如，在为解决争端做准备时，当事方知道他们没有被强迫进入这一进程。此外，冲突各方感到不适或不抱幻想的时候，他们都有权调整和/或终止程序。显然，使用第三方调解的一个主要价值是在建立这一进程和通过这一进程帮助纠纷各方而不迫使他们承担重大义务。第三方调解可以提供一个安全和舒适的环境，为争端解决过程带来结构平衡，尤其是在调解进程的初始阶段，结构平衡特别重要，有利于后续的行动进程。

第二节　府际仲裁机制

因仲裁组织的第三者身份以及组织独立性，仲裁已经成为解决社会诸多领域纠纷的利器，亦是替代性纠纷解决机制作为重要组成部分。相比于调解，仲裁更具约束力和严肃性，仲裁结果能够获得司法承认，因此，其效力对当事各方而言都具有确定力。在国内，仲裁已经被广泛地适用于民商事纠纷、劳动纠纷、农村土地承包经营纠纷、人事纠纷、体育纠纷等纠纷事项；在国际领域，贸易投资争端、领海陆地争端、法律适用争议、国际公约协定履行争议等都可以通过仲裁方式解决。早在 1794 年，美国和英国订立《友好通商航海条约》，就规定把一些争端提交仲裁解决。随着国际贸易的发展，国际商事纠纷日渐增多，如何解决纷繁芜杂的争端就变得极为重要。以仲裁方式解决国际商事争议的历史最早可追溯到 1889 年，英国人为了解决本国商人和欧洲国家商人在国际贸易中的纠纷，颁布实施了第一部仲裁法。在国家争端领域，1899 年各有关缔约国通过了《和平解决国际争端公约》，为国际法律的适用和争端解决奠定了基础。

仲裁在国内外各领域已经得到广泛应用，那么对国内府际纠纷能否通过仲裁解决？如果不可以，其阻滞因素是什么？如果可以，具体进展如何，未来应该如何构建完善的仲裁制度？下面首先从现行的仲裁制度谈起。

一　现行仲裁制度及特点

仲裁和调解一样，在中国古代也是纠纷解决的重要形式，但仲裁结果和调解一样并不具有较强的约束力，此时仲裁和现代意义上的仲裁相去甚远。我国现代意义上的仲裁，形成于 1912 年北洋政府司法、工商两部所颁行的《商事公断处章程》和同年 9 月颁行的《商事公断处办事细则》。新中国成立后，中国逐步建立高度集中的计划经济体制，即使有民事领域纠纷往往也是通过行政手段来解决，因此，并不需要建立现代意义上的仲裁机制。中国仲裁制度的根本性变革是 1994 年全国人大常委会第九次会议通过的《中华人民共和国仲裁法》（简称《仲裁法》），这部法律对于中国仲裁事业和仲裁制度的发展具有里程碑式的意义，同时这部法律也确立了中国仲裁制度与国际司法领域的对接，促进了中国仲裁融入世界仲裁规则大家庭，对处理国内外各种纠纷提供了重要依据。

从《仲裁法》文本来看，现行法律规定主要指民事领域，似乎难以支撑仲裁在政府间纠纷解决中发挥作用。现行《仲裁法》第 1 条规定：为保证公正、及时地仲裁经济纠纷，保护当事人的合法权益，保障社会主义市场经济健康发展，制定本法。第 2 条规定：平等主体的公民、法人和其他组织之间发生的合同纠纷和其他财产权益纠纷，可以仲裁。第 1 条把纠纷解决限定在经济纠纷领域。第 2 条通过全国人大常委会作出的《仲裁法》释义可知，其涉及的合同纠纷主要是民事经济合同，民事经济合同主要指经济合同、技术合同、租赁合同、海事合同、消费合同、铁路运输合同、中外合资企业经营合同等一系列有关民事主体之间的纠纷。而对于行政合同能否通过仲裁的方式解决，则面临很多争议。这主要与行政合同本身的特性有关，行政合同尽管遵循了双方的意思表示，但是行政合同订立主体双方地位并不平等，行政主体因行政权力的强制性和行政管理权限具有一定的优先地位，当行政合同履行会给公共利益造成损害或影响公共管理目标时，行政主体可以单方面变更或者解除合同，凸显了双方的不对等地位。对于行政合同双方当事人的地位问题，国外也存在两种类型，一种是法国的不对等性合同，行政主体用权力通过行政强制的方式比如单方面解除合同、金钱制裁、强制执行等解决合同纠纷，法国行政法院一般也赞同政府可以为了回应公众需求运用政府权力调整公共事业的运作方式。比如，1910 年塞纳省省长要求城市铁路特殊经营公司，向旅客提供高标准的安全保障，这一标准超出了特许状中的要求，行政法院依然裁定政府并不是越权行为。① 另一种以德国为代表，强调行政合同双方的地位平等，行政主体并不能随意地运用行政手段处理合同问题。这充分反映了行政合同的多元面向以及未来变迁的可能性。

行政主体和市场主体之间的行政合同因不对等性和行政优益权难以通过仲裁方式解决，而只能寻求行政途径或者行政诉讼，那么对于政府间订立的类似于合同的协议则应该如何处置呢？政府之间签订的协议是平等主体下共同的意思表示，从行政实践领域来看，政府间已经有协议规定运用仲裁方式化解地方政府之间纠纷的做法，如何看待这种现象？这里需要进一步从仲裁制度的发展演变过程来考虑，从《仲裁法》规定来看，中国仲裁采取的是常设机构仲裁方式，《仲裁法》第 16 条明确仲裁协议中必须规定选定的仲裁委员会，那么，仲裁未来能否改革以及其他的仲裁方式能否引入？从 1986 年中国加入《承认及执行外国仲裁裁决公约》来看，中国已经认同临时仲裁的效力。公约第 1 条第 2 款规定："仲裁裁决"一词不仅指专案选派之仲裁员所作裁决，亦指当事人提请仲裁之常设仲裁机构所作裁决。由此看来，中国已经尊重、认同并可以执行临时仲裁的裁决，但这显然与国内仲裁法有一点冲突。那临时仲裁应该向何处去？

二　临时仲裁的发展

从整体来看，中国改革进程以及法律政策修订强调先行先试模式，主要通过在某些领域进行试点的方式来寻求制度变革，从深圳特区设立、地方权力下放、国家监察体制改革、各类新区运行等都可以看到先行先试模式的运用。先行先试模式具体指全国人大或者国务院授权允许地方政府通过先行立法或者变通规定的方式实施治理，实践中即使出现错误也可以免

---

① 〔法〕狄骥：《公法的变迁》，郑戈译，商务印书馆，2013，第 119 页。

除责任，采取"具体授权+暂停法规+复制推广"的运行模式。① 在仲裁领域也同样出现了重大的制度性变革，2016 年 12 月 30 日，最高人民法院以法发〔2016〕34 号印发《关于为自由贸易试验区建设提供司法保障的意见》，其中第四部分提到要重视自贸试验区的特点，探索审判程序的改革与创新，在自贸试验区内注册的企业相互之间约定在内地特定地点、按照特定仲裁规则、由特定人员对有关争议进行仲裁的，可以认定该仲裁协议有效。人民法院认为该仲裁协议无效的，应报请上一级法院进行审查。上级法院同意下级法院意见的，应将其审查意见层报最高人民法院，待最高人民法院答复后作出裁定。该规定从司法层面确认了特定仲裁规则的适用性和合法性，该意见也被视为临时仲裁制度的重大突破，为推进仲裁体制改革提供了重要基础。

相比常设机构仲裁，临时仲裁有其自身的优势。从中国仲裁实践来看，机构仲裁存在较为刚性的程序，对当事人意思自治尊重不够，行政色彩较浓厚，仲裁机构权限不足。比如《仲裁法》第 46 条规定：在证据可能灭失或者以后难以取得的情况下，当事人可以申请证据保全。当事人申请证据保全的，仲裁委员会应当将当事人的申请提交证据所在地的基层人民法院。与国外仲裁机构相比，中国仲裁机构在涉及证据保全或者财产保全方面只能向人民法院申请，这无疑降低了仲裁机构的效率。而临时仲裁则可以更好地发挥仲裁相较于诉讼的优势，那就是高效便捷。临时仲裁赋予仲裁机构更大的权限，当事人也可以通过合意选择自己认同的仲裁机构、仲裁程序和规则，甚至也可以选择仲裁法律依据。灵活、富有弹性、成本低廉、高效务实，这是仲裁精神之所在。

为了推动临时仲裁的发展，满足民商主体更便捷地解决纠纷的需要，2017 年 9 月，由仲裁机构、高等院校、律师协会、仲裁员协会以及互联网技术企业等共同组成的民间组织中国互联网仲裁联盟制定了《中国互联网仲裁盟临时仲裁与机构仲裁对接规则》，内容由总则、仲裁程序开始及送达、仲裁员及仲裁庭组成、仲裁程序、临时仲裁与机构仲裁对接、附则 6 章共 30 条组成，以期通过各界交流沟通，共商共建，促进仲裁创新发展。

---

① 倪斐、奚庆：《国家级新区先行先试权及其法治化改进》，《哈尔滨工业大学学报》（社会科学版）2018 年第 6 期。

三 仲裁机制在府际纠纷解决中的引入

地方政府是有着国家整体公共利益和自身特殊利益诉求的组织，作为一个独立的组织实体，和经济社会领域中所有的个体和组织一样，都不可避免地要和其他主体或者其他地方政府产生纠纷，这种纠纷是具有普遍性和同质性的，因此地方政府同样需要创新纠纷解决机制，不能仅期待上级政府的介入化解争端。现行仲裁法律并不能对行政合同进行仲裁，而对府际协议纠纷解决也没有提及，但这是否意味着通过仲裁解决政府间纠纷的大门就被关闭了呢？答案是否定的。

从公共行政模式的变迁来看，现代社会的管理已由传统的统治管理模式向公共治理模式转变，这必然会形塑公法利益的基础，淘汰那种将"公共"关系与公共利益机械等同起来的似是而非的利益观念，应将私益纳入公法利益基础之中，兼顾公私益并将其加以整合，不能狭隘地将公法和公益简单地等同起来。[①] 合作主义的锋芒所向，就是要在思想上和组织上取消国家与社会的界限，打破传统僵化的二元划分模式。因此，采取功能主义的进路或许能为解决现实问题提供有益的视角。这种理念在没有公法私法体系划分的法系体现得尤为明显，比如美国，仲裁的纠纷解决方式之所以能够在政府间纠纷领域应用，主要是因为美国法律体系没有公法和私法的划分，政府间的合作协议与普通的民事契约性质相同，尽管订立主体不同，但无非都与设立、变更、终止权利义务关系有关。因此，这是仲裁得以被广泛应用的主因。

从行政实践来看，一些地方政府已经开始运用仲裁的方式来化解府际纠纷。2014年12月，安徽省人民政府和浙江省人民政府签署《关于新安江流域上下游横向生态补偿的协议》，协议第二部分规定：新安江流域上下游横向生态补偿试点以安徽和浙江两省跨界的街口国控断面为考核监测断面。监测期间如遇不可抗力因素等导致水质异常波动时，由安徽、浙江两省会商研究水质监测具体事宜。当两省对监测数据存在争议时，由中国环境监测总站组织仲裁监测，并以仲裁监测结果为准。监测工作具体安排依据《跨界（省界、市界）水体水质联合监测实施方案》执行。2019年7月，

---

① 罗豪才：《软法与公共治理》，北京大学出版社，2006，第38页。

江西省人民政府与湖南省人民政府签署《渌水流域横向生态保护补偿协议》，协议第四部分涉及争议解决方式：当两省对补偿断面监测数据和评价结果存在争议且协商无果时，可提请中国环境监测总站仲裁，并以仲裁结果为准。上述两个协议所涉及的仲裁明显具有临时仲裁的特点，当事人签署协议明确规定了仲裁组织，即由中国环境监测总站组织仲裁，由于涉及补偿资金的分配，仲裁结果具有约束力。上述仲裁在行政协议中的体现无疑为解决府际纠纷提供了重要示范。

另外，一些行政主管部门的职责设定中也规定用仲裁的方式处理地方政府跨域性纠纷，比如水利部网站发布的机构职责中明确规定了可以运用"仲裁"的方式解决跨域性的水事纠纷。而国务院或者上级政府协调政府间纠纷所使用的"处理""决定""裁决"等方式，如果不具体考虑上级政府对下级政府的行政领导权，其行为也体现出了"一定的"居间仲裁特征。对于具体纠纷案件中上级政府或者国务院到底如何处理、决定或者裁决，法律本身没有明确的说明。这是否意味着政府有一定的自由裁量权，比如在纠纷中的一些技术性细节领域可以委托一些独立第三方专业机构进行技术性裁定，而最后的实质性纠纷处理则由政府进行判断，通过这种混合性的方法来创新纠纷处理机制呢？从行为法机制调整当前中国区域协调发展的现实来看，在组织法功能不足的情况下，行为法机制一直是回应经济社会发展现实、处理各类纠纷和矛盾的关键。

四　仲裁解决府际纠纷的发展路径

对于仲裁作为一种替代性纠纷解决机制能否适用于政府间纠纷问题，其最大的阻力或许来自"政治"及"政治因素"，所谓"政治"表现为对既定制度存在路径依赖心理并难以接受改革后的制度，所谓"政治因素"则指政府之间的纠纷具有"政治属性"难以适用于仲裁，民事领域的仲裁是法律技术问题，仲裁庭的任务是将仲裁程序的适用范围仅限于法律问题，其管辖范围也仅在于法律原则的适用，而政府间纠纷可能会涉及部分或者整体公民的利益问题，难以用法律进行判断，比如废物设施选址问题涉及公民的生态环境偏好，地方政府间行政区划的调整涉及公民整体利益格局调整。但上述问题并不具有足够的理由否定仲裁制度的创新和改革。在国际层面，国家间仲裁在解决军事和政治冲突方面具有悠久的历史，随着全球一体化进程的加快，经贸往来导致民商事纠纷增多，使得仲裁越来越"司法化"，成为一个单一的、法律化的、形式主义的"司法过程"。仲裁在传统本质上是多元化纠纷解决机制中的有效方式，因此，仲裁可以在不适合司法解决的、复杂化的、法律和政治纠纷交织的领域作为一种独特的混合机制来解决争端，比如法律层面，仲裁员可根据当事各方提出的论点进行审议，根据所应使用的法律作出裁决并阐明理由，这里避免对法律进行过多解释，适用于"形式主义"做法。在政治层面，可以允许当事各方提出政治敏感问题，并根据政治、历史、经济或习惯考虑提出法律外的论点，在这一层面上，仲裁员扮演着某种"外交官"的角色，他们超越法律，考虑法律之外的因素和当地的现实情况，以便达成妥协，避免"赢家通吃"的结果。① 这是仲裁领域存在的一种二维混合机制，有利于解决复杂的争端。在国内层面，地方政府间在水污染纠纷领域引入的仲裁条款正是适用了法律技术主义的规则，是当前仲裁制度的创新性发展。

有鉴于此，中国仲裁机制在府际纠纷中的引入应该采取何种路径呢？这里需要从以下两个方面考虑：短期来看，对于府际纠纷，尤其是涉及专业性、技术性和时效性较强的领域的纠纷，可以考虑用类似于上述流域治理协议中约定的争端解决方式来进一步规范；长远来看，需要推动中国仲裁制度的变革，尤其是确立临时仲裁制度的地位，以及府际仲裁的法律依据。

第一，短期来看，府际纠纷解决的仲裁方式可以继续在政府间某些领域继续适用并推广。从流域治理中的纠纷来看，仲裁是非常有效的解决机制，仲裁的高效便捷对于处理时效性、技术性、专业性极强的纠纷事项大有裨益，很多府际纠纷如果不能及时化解则可能导致更为复杂的局面，比如大气污染、水体污染都是时效性极强的领域，如果不能及时解决，很多事实和证据都容易消失，进而贻误纠纷处理的时机。因此，府际纠纷解决机制需要继续在探索和反省中前行，只有通过不断的尝试才能寻找到合理的制度安排，从而实现制度创新。但需要明确的是，仲裁方式并不能适用

---

① Tamar Meshel, *Awakening the "Sleeping Beauty of the Peace Palace" —The Two Dimensional Role of Arbitration the Pacific Settlement of Interstate Territorial Disputes Invovling Armed Conflict*, ProQuest Dissertations Publishing, 2013, pp. 3-4.

于所有的府际合作领域，因为某些协议主要是导向性的，协议并没有实质性的内容需要确定履行，对于当事人而言，不履行协议并不会产生实质的影响力或者危害性。如果协议一方不履行对另一方而言会造成重大影响，尤其是造成资金损失或者民意抗议，那么此类协议则可以考虑引入仲裁方式解决争端，比如两区域政府间已经达成交通规划和建设协议，一方政府已经开始建设，但另一方政府因资金、民意、拆迁等各种因素不能履行，这对于合作方而言会产生巨大的沉没成本。类似这种的纠纷则可以纳入仲裁的适用范围。仲裁是一种非常好的软治理手段，这种弹性的治理方式能够充分尊重各地方政府的意愿和意向，有利于推进府际合作和纠纷解决。但从当前实践领域中已经实施的仲裁机制来看，仲裁制度本身建设还需要加强。不管是机构仲裁还是临时仲裁，仲裁都需要健全的规则，仲裁规则统一性或者可接受性是保证仲裁效果的关键。比如江西省人民政府与湖南省人民政府签署的《渌水流域横向生态保护补偿协议》，尽管规定了仲裁方式，强调要以仲裁结果为准，体现了仲裁的约束力，但是对于仲裁员的选择、仲裁庭构成、仲裁程序和规则等事项并没有具体的说明，这些都是在约定仲裁协议时必须考虑的。

第二，从长远来讲，仲裁制度的发展需要法律修订与完善。法制本身要求统一性原则，统一性在于规则必须有统一的渊源，不能出现规则打架或者自相矛盾的情形。自贸区特定仲裁程序的存在以及府际纠纷仲裁实践已经突破了现行的仲裁法规范，那么，中国仲裁制度的发展方向就是要进一步完善仲裁制度，认同并接受临时仲裁的法律地位。之所以要将临时仲裁引入法律中，主要是因为以下四方面。一是能够分担机构仲裁以及诉讼的压力。随着国际国内各类纠纷事项的增多，中国机构仲裁案件数量以及诉讼案件数量也在增多，临时仲裁制度创新可以有效承接，化解其中纠纷。二是提高机构仲裁质量、水平和能力。中国机构仲裁的过度程式化、诉讼化、行政化以及独立性问题使得竞争性力量越来越重要，临时仲裁可以发挥鲶鱼效应，促进仲裁行业的发展。三是与国际规则接轨。国家间各种交往需要遵循共同规则、技术标准和管理规范，中国已经既然加入了《承认及执行外国仲裁裁决公约》，承认临时仲裁的有效性，那么，应该逐步推进中国仲裁制度改革。另外，因为中国加入了各类国际公约，很多公约都涉及仲裁解决争端的条款，甚至有的公约涉及强制性仲裁条款，比如《联合国海洋法公约》第

287 条规定，加入公约需要选择诉讼或者仲裁的方式解决争端，国内仲裁的应用有利于我国在国际层面的纠纷解决中更好地维护自身权益。四是仲裁制度改革不仅有利于仲裁制度的发展，还有利于提高社会自主治理能力，推进仲裁改革是落实放管服改革的重大举措，有利于高效地化解社会各类纠纷。

第三节　司法解决机制

法治是现代社会的基础。从法理上讲，司法是最权威、最正统、最具形式合理性的纠纷解决途径。相比于其他形式的救济手段，司法救济是最后一道防线，处于终局性的地位。任何人或者组织的权利或利益都应得到保障，受到侵害时理应得到救济。很显然，政府组织之间同样会发生各种纠纷，政府组织作为独立的主体其利益也会被侵犯。对于政府间纠纷解决方式，长期以来采取的都是传统协商机制或者非正式纠纷处理机制。现在问题的关键在于这种类型的纠纷能否纳入终局性的司法领域。从现行的法律制度安排来看，似乎是"大门紧闭、二门没有"。府际纠纷到底能不能进入司法裁决的视野？这个壁垒能否破除？如果不能，为什么？如果有扩展空间，应该如何创新？

一　司法裁决府际纠纷国际概览

从国际上一些发达国家的制度设计来看，宪法或者法律对于府际关系都有相对明确的规定，比如中央与地方关系，往往会有明确的权力范围，地方政府之间的关系同样也会在相关条款中载明，有的国家甚至会对地方政府间签署的协议进行细致具体的规定。上述的制度设计既存在于联邦制国家，也存在于单一制国家，既有大陆法系国家，又有英美法系国家。前面已经阐述了美国府际纠纷的司法解决机制，下面简单谈一下西班牙、德国和日本的情形。

1. 西班牙

西班牙是属于大陆法系的单一制国家，其对于地方政府间关系的法律规定详细具体，给地方政府间协作提供了重要法律依据。对于地方政府间关系的有关规定主要体现在《西班牙公共行政机关及共同的行政程序法》

中，现行法律（1999 年修订）第 6 条详细规定了政府间协作协议文本的格式化条款。（1）全国政府和自治区政府的机构之间可以在各自的职能范围内签署协作协议。（2）协议文本应按照以下内容格式化：签署协议的机构及各方的法律能力；各行政机关所行使的职能；资金来源；为履行协议所需进行的工作；是否有必要成立一个工作机构；有效期限，如缔约各方同意，所确立的有效期限不妨碍协议的延长；前项所述原因之外的终止以及因终止而结束有关行为的方式。（3）如成立负责监督和控制的联合机构，它应处理由协作协议引起的有关解释和履行方面的问题。而对于协作协议的效力也明确提出了司法解决方案。法律第 8 条规定，签署部门会议协议和协作协议在任何情况下均不得视为所参加的行政机关放弃自身职能。（4）部门会议协议和协作协议自签署后即对参与的行政机关产生约束力，除非协议中另有规定，无论是签署部门会议协议还是协作协议都应通知参议院。两类协议都必须分别在《国家官方公报》和有关的《自治区官方公报》上公布。（5）在不违反第 6 条第 3 款规定的情形下，解释和履行协议的过程中可能产生的争议问题应由行政纠纷法庭过问并管辖，否则，可由宪法法院管辖。

从该法律第 8 条第 3 款可以看出，对于府际合作产生的纠纷，可以通过司法途径予以解决，普通法院中相对独立专门的行政纠纷法庭和宪法法院都可以管辖。西班牙之所以有如此详细的规定，是因为其独特的司法制度，西班牙宪法法院享有违宪审查权，立法机构的任何法律都要接受宪法法院审查，对于政府的法规和文件，任何公民和法人都可以提出违宪审查或者诉讼，充分体现了司法优先原则。

2. 德国

德国是属于大陆法系的联邦制国家。对于府际关系及其纠纷处理，德国宪法、行政程序法、联邦行政法院法都有所规定。《联邦宪法》第 28 条规定了各州地方的自治权。（1）各邦之宪法秩序应符合本基本法所定之共和、民主及社会法治国原则。各邦、县市及乡镇人民应各有其经由普通、直接、自由、平等及秘密选举而产生之代表机关。于县市与乡镇之选举，具有欧洲共同体成员国国籍之人，依欧洲共同体法之规定，亦享有选举权与被选举权。各乡镇得以乡镇人民大会代替代表机关。（2）各乡镇在法定限度内自行负责处理地方团体一切事务之权利，应予保障。各乡镇联合区在其法定职权内依法应享有自治权。自治权之保障应包含财政自主之基础；各乡镇就具有经济效力的税源有税率权（Hebesatzrecht）即属于财政自主之基础。（3）联邦有义务使各邦之宪法秩序符合基本权及第 1 项、第 2 项之规定。第 32 条甚至还赋予各州缔结条约的权力，具体包括一是对外关系之维持为联邦之事务；二是涉及某邦特殊情况之条约，应于缔结前尽早咨商该邦；三是各邦在其立法权限内，经联邦政府之核可，得与外国缔结条约。第 70 条规定，宪法未赋予联邦立法之事项，各邦有立法之权。第 91 条之二规定，联邦及各邦经由协议得共同推动教育计划及超地区经济研究计划，其费用之分摊于协议中定之。对于各州之间的纠纷，《联邦宪法》第 93 条第 1 款第 4 项规定：联邦宪法法院审判关于联邦与各邦间、邦与邦间或一邦内其他公法上之争议，而无其他法律途径可循之案件。

在具体法律中，《联邦德国行政程序法》也涉及各州之间关系条款，其中第 4 条规定了政府间职务协助事项。应其他行政机关请求，任何行政机关应提供辅助性帮助（职务协助），下列情况不存在职务协助：（1）在存在命令服从关系的机关之间提供的帮助；（2）提供帮助的内容构成被请求机关分内工作。该条款强调了职务协助主要在不存在隶属关系的横向政府间进行。在府际纠纷处理方面，《联邦行政法院法》第 50 条（联邦行政法院事务管辖权）第 1 款规定，联邦行政法院作为第一审级法院及终审法院可以审理联邦政府与州政府之间、州政府之间的非宪法性质的公法争议，充分体现了德国的司法解决府际纠纷方式。

德国州政府之间与地方政府之间都非常注重通过法律或签署协议共同解决问题。地方合作的具体形式由法律明确规定。例如，北莱茵—威斯特法伦州《地方合作法》第 1 条第 1 款和第 2 款规定，地方合作形式包括建立工作团队、建立公事业法人或签订公法上的契约。地方政府之间还可以订立私法协议，将某种事务转移给另一方承担，但不创设组织实体。①

3. 日本

日本属于以大陆法系为主兼有英美法系特征的单一制国家。尽管是单一制国家，但日本政府与国民极为强调地方自治权，并且日本在地方自治过程中注重政府间广域行政，通过协作治理公共事务、提供公共产品。除

---

① 高薇：《德国的区域治理：组织及其法制保障》，《环球法律评论》2014 年第 2 期。

了府际协作，日本地方公共团体之间还注重构建具有法人资格的新的组织来处理跨区域的事务，或者通过委托公共事务的方式进行合作。另外，日本地方公共团体之间还成立了非法人资格的灵活性强的协议会来补充刚性协作之不足。具体从宪法和法律来看，日本《宪法》第 94 条规定了地方公共团体的权能，即地方公共团体有管理财产、处理事务以及执行行政的权能，得在法律范围内制定条例。同时，日本制定了《地方自治法》，其中对于地方公共团体间的协作制定了详细条款。该法第 252 条第 7 款至第 13 款规定，地方公共团体之间可通过协议共同设立委员会并安排专职委员。第 252 条第 14 款规定，地方公共团体可以与另一地方公共团体签订协议，将一部分事务委托给另一公共团体处理。第 284 条第 2 款规定，地方政府之间可以通过协议，共同设立一个被称为部分事务组合的组织来专门处理地方公共团体部分事务。第 252 条第 2 款规定，地方公共团体之间可以通过协议设立协议会来处理地方跨区事务、联络和协调、制定跨区域的计划。以上宪法和法律可以充分看出地方公共团体的自治属性和协作体制。

对于地方公共团体之间因协作产生的纠纷该如何处置，日本《宪法》和《行政案件诉讼法》进行了规定，《宪法》第 81 条规定了最高法院的审查法令权，最高法院为有权决定一切法律、命令、规则以及处分是否符合宪法的终审法院，体现了日本司法中的违宪审查制度。《行政案件诉讼法》第 6 条规定，本法所称"机关诉讼"，是指关于国家和公共团体的机关之间相互存在权限与否及有关权限行使的纷争的诉讼，明确了地方公共团体之间的纠纷可以通过诉讼的方式来处理。

上述发达国家对于府际纠纷皆引入了司法解决机制，尽管在具体的适用和实施环节各有特点，但其存在的较为一致的制度设计值得思索。

二　中国府际纠纷解决机制的司法路径

现行宪法和法律中没有任何字眼提及司法介入府际纠纷，这意味着该领域的制度创新必将面临艰难险阻。从行政实践来看，区域合作蓬勃发展，几乎每个地方政府都牵涉其中，面对如此规模的行政行为，行政法规范不可能置若罔闻、置身事外。马克思指出："法的关系正像国家的形式一样，既不能从它们本身来理解，也不能从所谓人类精神的一般发展来理解，相反，它们根源于物质的生活关系。"① 法律价值尽管体现于稳定性，但稳定性和确定本身却并不足以为我们提供一个行之有效的、富有生命力的法律制度。② 法律规则和法律原则是由词语组成的，而词语总是像香蕉皮一样光滑。词语不是水晶，在岁月中保持其外形和内容不变，它是某种鲜活思想的外壳。③

纠纷解决方式的司法扩展并不是要否定传统的纠纷解决方式，从现有法律规定、政治行政体制以及其产生的路径依赖来看，短时间内，传统纠纷解决方式依然是当前最主要的手段。但随着区域一体化进程的加快，政府间纠纷数量的增加等因素，有必要寻求新的纠纷解决方式以应对新形势下出现的新问题，而中国行政法的变迁也充分体现了法与行政现实的链接。

1. 从行政法变革来看未来的变革

一个致力于治理方式变革的政府，其行政的内容不可能是稳定的，因此行政法的范围总是处于变化之中，这种变化很难停止，而转型期行政法的生命或许就在于它的变化。④ 下面具体从《行政诉讼法》的确立与修订来探讨行政法之演变。

1989 年 4 月 4 日，七届全国人大二次会议通过了《中华人民共和国行政诉讼法》（简称《行政诉讼法》），正式确立了"民告官"制度，标志着中国行政法治进入了新的时期。2014 年 11 月，十二届全国人大常委会第十一次会议通过关于修改《行政诉讼法》的决定，这是自《行政诉讼法》实施以来的第一次修订，此次修订有四项内容值得关注：一是将《行政诉讼法》中涉及的所有"具体行政行为"中的"具体"去掉，将"具体行政行为"改为"行政行为"；二是人民法院受案范围扩大，公民、法人或者其他组织认为行政机关不依法履行、未按照约定履行，或者违法变更、解除政府特许经营协议、土地房屋征收补偿协议等协议的，也可以提起诉讼；三是人民法院审理行政案件，部分事项可以调解；四是公民、法人或者其

---

① 《马克思恩格斯文集》第 2 卷，人民出版社，2009，第 591 页。
② 〔美〕E. 博登海默：《法理学：法律哲学与法律方法》，邓正来译，中国政法大学出版社，2004，340 页。
③ 参见〔美〕本杰明·N. 卡多佐：《法律的成长》，李红勃、李璐怡译，北京大学出版社，2014，前言第 7 页。
④ 章剑生：《现代行政法专题》，清华大学出版社，2014，第 62 页。

他组织认为行政行为所依据的国务院部门和地方人民政府及其部门制定的规范性文件不合法，在对行政行为提起诉讼时，可以一并请求对该规范性文件进行审查。此次《行政诉讼法》的修订回应了公共治理变革时代所面临的新问题。行政协议已经成为地方政府处理公共事务的重要机制，因协议履行而引发的纠纷越来越多，因此，扩大受案范围既是为客观形势所迫又是理所当然。行政协议纳入受案范围之后，必然涉及行政行为的调整，从法律文件内容上看，以前的全部具体行政行为都改成了行政行为，全文不再有"具体行政行为"的表述，这体现了行政行为内涵更为丰富化。在实践中，很多行为是具体行政行为还是抽象行政行为有时候并不容易区分，由于《行政诉讼法》规定对行政机关制定的法规规章以及具有普遍约束力的命令不能提起诉讼，有的地方政府会制定类似抽象行政行为的文件实施管理而回避被诉。行政协议纳入受案范围以及法院可以对规范性文件进行审查，拓宽了行政诉讼的空间，进一步完善了诉讼制度。

但是，此次修订之后依然存在需要进一步突破的空间。比如行政法院的设立问题、行政公益诉讼问题、行政协议仲裁问题、行政机关作为协议一方能否提起诉讼问题等，都是未来行政法领域值得研判的事项。相比于上述需要突破的空间，府际纠纷的司法解决似乎相对更为遥远，这主要与我们对政府的惯性思维认知有关，政府作为类科层制组织存在上下级等级链条，对于纠纷通过上级协调即可，根本无须司法介入，这种认识实际上既是对纠纷本义的错误解读，也是对其他国家司法实践的视而不见，还是对当前区域一体化背景下府际纠纷现实的熟视无睹。不否认地方政府间纠纷作为一种纠纷类型，其因自身行使国家行政权力而具有显然的特殊性，但这种特殊性并不意味着此种纠纷就可以成为例外而不适用于司法调节。尤其是随着政府间合作的推进，政府间合作协议的内容已不仅仅局限于地方政府间内部事务，而是可能会涉及行政相对人并对行政相对人的权利义务产生重大影响，因此，司法介入显然是责无旁贷的，这也符合行政法治的需要。

2. 府际协议合法性论争

府际纠纷的司法解决机制首要解决的是大量的政府间行政协议的法律性质问题。大量纠纷主要是因为行政协议的履行而产生的，如果行政协议本身没有约束力，那么政府间存在纠纷的可能性就大大减小，因此，行政协议需要法制化。那么，应该如何看待当前广泛的行政协议？当前的行政协议有无合法性？地方政府是否有权缔结行政协议？如果有，缔结的是何种协议？应该从哪里找寻依据？如果没有，那又该如何解释？

叶必丰教授曾从两个方面阐述了行政协议的合法性及合法化。一方面是强调通过法律解释来完善法治，认同利益法学创始人赫克所言，立法者"不可能注意到生活的方方面面，并彻底地、无遗漏地予以调整"。① 通过法律解释，能找到区域行政协议、区域协作立法的法律依据，《宪法》第 3 条所涉及的民主和地方积极性，第 15 条规定的社会主义市场经济所需要的市场统一和平等竞争，第 33 条公民平等所暗含的区域平等，第 89 条强调的国务院职权划分，第 107 条所规定的地方政府权限，以及《立法法》和《地方各级人民代表大会和地方各级人民政府组织法》的相关规定都可以作为区域行政协议的依据。另一方面是通过法律文件来予以剖析，叶必丰曾梳理了 4448 项法律文件来具体统计区域合作或者协商条款，并分析了有关区域合作的法律依据。他认为，判断我国各项改革是否有法可依，不应限于《立法法》上的法，还应包括具有法律效力的决议和决定。不仅应当从法条来判断还应当从法律决议来判断。他以国民经济和社会发展规划为例爬梳了区域合作的依据，现行《宪法》第 62 条第 10 款规定全国人民代表大会有权审查和批准国民经济和社会发展计划和计划执行情况的报告。第 67 条第 5 款规定全国人民代表大会常务委员会有权在全国人民代表大会闭会期间，审查和批准国民经济和社会发展计划、国家预算在执行过程中所必须作的部分调整方案。《全国人民代表大会议事规则》第 36 条规定国民经济和社会发展计划、中央预算经全国人民代表大会批准后，在执行过程中必须作部分调整的，国务院应当将调整方案提请全国人民代表大会常务委员会审查和批准。《国民经济和社会发展第十二个五年规划纲要》第十六篇首先强调该规划纲要经过全国人民代表大会审议批准，具有法律效力。规划纲要一般都会涉及区域规划内容，比如《国民经济和社会发展第十一个五年规划纲要》第四十八章规定要强化区域规划工作，编制部分主体功能区的区域规划，而区域规划显然是地方政府间区域合作的结果。以国民经济和社会发展规划（计划）为主的全国人大有关区域合作的法律文件，并不是法律，但具有法律效力。有法可依的"法"理应包括当前已经编制和发

---

① 参见张文显《二十世纪西方法哲学思潮研究》，法律出版社，1996，第 130 页。

布的各区域规划。①

对于地方政府间缔结的行政协议法制化问题，黄学贤从法无授权不可为的公法原则出发，认为行政权力的行使在于有法律依据，而现行《宪法》和法律并没有对行政协议作出详细规定，因此行政协议法制化严重不足。地方组织法只是规定了地方政府在本行政区域内的职责权限，并不涉及跨区域问题，尽管有的地方行政规章有所涉及，但因其效力太低无法起到规范作用。另外，行政主体之间签订的以裁撤制度藩篱、协调行政目标、缓解权力冲突为目的的协议可被称为"区域行政协议"。《行政诉讼法》尽管把行政协议纳入司法审查范围，对于行政协议也可以按照 2015 年《最高人民法院关于适用〈中华人民共和国行政诉讼法〉若干问题的解释》第 11 条②的规定进行扩大性解释。但区域行政协议如同政机关上下级之间签订的协议、行政机关和公务员之间的协议一样。《行政诉讼法》不将行政体系内部的行政争议纳入司法审查范围，因此内部行政协议③不能被纳入受案范围。④ 这都显示了当前行政协议的法治困境。

石佑启、朱最新也强调了施瓦茨"在法治社会行政机关是法律的产儿"的观点。根据职权法定原则，没有法律授权的行政行为属于行政越权行为，不仅无效，而且还可能涉嫌违法。他们以《推进珠江口东岸地区紧密合作框架协议》为例，认为深圳、惠州、东莞三市的约定应该属于广东省政府

---

① 叶必丰：《区域合作的现有法律依据研究》，《现代法学》2016 年第 2 期。

② 《最高人民法院关于适用〈中华人民共和国行政诉讼法〉若干问题的解释》第 11 条规定："行政机关为实现公共利益或者行政管理目标，在法定职责范围内，与公民、法人或者其他组织协商订立的具有行政法上权利义务内容的协议，属于行政诉讼法第十二条第一款第十一项规定的行政协议。公民、法人或者其他组织就下列行政协议提起行政诉讼的，人民法院应当依法受理：（一）政府特许经营协议；（二）土地、房屋等征收征用补偿协议；（三）其他行政协议。"

③ 对于内部行政协议不能被纳入受案范围的分析，郑毅提供了一种思考的进路可供分析，他在分析中央政府与地方政府之间的诉讼解决机制时，认为地方政府并不是中央政府的附庸，尽管《宪法》规定了国务院领导权，但地方政府是地方权力机关的执行机关，而非上级政府的执行机关，上级政府对下级政府的领导权是为了保证政令畅通，且地方政府的组织规定权由全国人大颁布的法律确定而与中央政府无关。由此认为，地方政府具有独立的人格。郑毅：《浅议中央与地方关系法制化的法律保留原则和纠纷解决机制》，载里赞主编《望江法学》（2010 年卷），法律出版社，2011，第 89~112 页。

④ 黄学贤：《行政协议司法审查的理论研究与实践发展》，《上海政法学院学报》（法治论丛）2018 年第 5 期。

职权范围，所以存在合法性、合宪性问题。① 并认为通过《行政区域边界争议处理条例》类推适用解决行政协议有一定合理性，但能否适用解决其他领域的问题并不能明确。从宪法、地方组织法、立法法规定方面来看，我国是成文法国家，行政法理并不是我国行政法的渊源，因此，对其进行法理方面的解读并不能确定行政协议的合法化问题。吕志奎也认为我国宪法和地方组织法中关于政府间协议的具体规定和条例几乎是空白，法律只明确了各级政府对其辖区内事务的管理及上级机关在跨辖区事务中的角色，而没有涉及跨区域、地方政府间合作的问题。这也是协议内容空洞、责任条款缺失、效力不明确的原因。② 由此看出，对于行政协议本身的认识，学者从不同视角和理路得出了不同观点，结论的差异性凸显了行政协议的复杂性，但毋庸置疑的是，学者都认为应该进一步提高对行政协议的认识，尤其是行政协议的法治化，这是未来区域经济一体化发展、提高府际纠纷处理效率的关键。

3. 府际纠纷引入司法机制

对于司法解决府际纠纷，有的学者并不赞同。鉴于区域内政府协议是在地方政府间信任和同意的基础上达成的，其实施主要应通过签订方内部的压力机制和信用机制来实现，国家强制力的介入应该受到一定的限制。这里需要特别说明的是，对因政府协议而发生的纠纷，不能采用司法程序的方式解决。如果需要司法解决争端，说明政府协议需要修改。③ 而有的学者认为，应该明确省际协议对缔约各方的法律约束力，同时应当从宪法层面探讨省际协议与全国人大的批准的关系，既要赋予地方政府自主解决协议争端的权力，又要赋予中央政府司法机构（如最高人民法院）调解地方之间协议争端的独立的司法权以及必要时强制执行协议的权力。我国最高人民法院应当在通过司法途径解释省际协议方面发挥促进者、推动者和监

---

① 石佑启、朱最新：《珠三角一体化的政策法律问题研究》，人民出版社，2012，第110~111页。

② 《行政区域边界争议处理条例》第11条规定："省、自治区、直辖市之间的边界争议，由有关省、自治区、直辖市人民政府协商解决；经协商未达成协议的，双方应当将各自的解决方案并附边界线地形图，报国务院处理。国务院受理的省、自治区、直辖市之间的边界争议，由民政部会同国务院有关部门调解；经调解未达成协议的，由民政部会同国务院有关部门提出解决方案，报国务院决定。"

③ 王春业：《我国经济区域法制一体化研究》，人民出版社，2010，第287~288页。

督者的作用。①

我们认为，胜利不属于那些坚持僵化的逻辑的人，也不属于那些让所有规则和所有先例平起平坐的人，胜利将属于那些指导如何将两种趋势融合在一起，以适应一个尚待完善的目的的人们。② 协商、调解、仲裁并不是解决府际纠纷的最终答案，试想，如果传统的协调方式能够解决所有的政府间问题，那么调解、仲裁都是多余的；如果上级政府能够解决下级政府以及下级政府之间的问题，那么合作都是多余的；如果行政区行政能够解决问题，那么甚至连区域一体化都是多余的。退一步讲，曾几何时，公民对政府提起诉讼还是匪夷所思之事。社会发展变化如此之迅速意味着绝不能抱持、拘泥于僵化的传统思路和传统形式，地方政府之间的司法调节绝不是异想天开，司法力量应该介入府际纠纷解决机制之中。

实践领域，跨域合作、跨域治理已翻天覆地，呈现不可阻挡之势，行政协议也如雨后春笋般蓬勃涌现。如果行政协议一直游离于正式法律体系之外，对因协议而产生的纠纷一直模糊对待，那最终的结果就是行政协议很快夭折、烟消云散。若政府间缔结的协议缺乏一种外在的规范、监督甚至强制机制，随着规模效益的递减、个性需求的不断凸显，效力的疲软最终只会诱使缔约方在极低的违约成本面前"潇洒"地背弃先前的承诺以实现自身利益最大化。③ 所以，对于如此丰富的行政行为不能再模糊处理，不管未来的改革到底采取何种形式，但行政协议必然要去软法化，实现法制化。行政协议一旦实现法制化，不管其内容如何设计、效力等级如何定位，绝不会只是空洞的语言、原则性的话语，必然要涉及权利义务、争端解决条款。行政协议的法制化必然会涉及司法调节，否则法律本身就失去了存在的意义。府际纠纷的司法解决并不意味着政府间陷入无休止的诉讼之中，尽管日本也规定可以通过诉讼手段解决府际纠纷，但府际纠纷很少能够进入司法层面。法制化的要义在于对政府行为进行限制，地方政府间大量的

---

① 吕志奎：《区域协作性公共管理机制：美国州际协议与中国省际协议研究》，《学术研究》2009 年第 5 期。

② 〔美〕本杰明·Z. 卡多佐：《法律的成长》，李红勃、李璐怡译，北京大学出版社，2014，第 149~150 页。

③ 熊文钊、郑毅：《试述区域性行政协议的理论定位及其软法性特征》，《广西大学学报》（哲学社会科学版）2011 年第 4 期。

缔结行政协议的行政行为已经脱离了法治政府的轨道，没有得到任何的说明和解释。耶林认为，有必要使国家受到法律约束，只有通过这种方法，才能清楚适用规则过程中的危险；也只有这样，任意妄为才能被平等、安全和法律的正当性所取代。① 而法律的有效性乃是以关于法官精神生活的假设为基础的，这种法律有效性问题的进路所具有的主要的实际意义在于这样一个事实，即它为人们做出有关一条法律规则将在未来的法律判决中被法庭所适用的预测奠定了基础。②

因此，地方政府之间的行为必须固定化、规范化、系统化，对其缔结的行政协议必须法制化、制度化，这是法治国家、法治政府构建的应有之义。

4. 法制化的具体路径

对于解决行政协议法制化的问题，有的学者提出了一种替代性的、可行的、规避行政协议定位模糊的办法，即在单一的行政区域内因合作产生的行政协议可以通过由人大或者政府制定地方性法规或者地方行政规章的方式来协调府际关系，比如，广东省人民代表大会常务委员会制定的《广东省珠江三角洲水质保护条例》、广东省人民政府制定的《广东省珠江三角洲大气污染防治办法》。③ 但很显然这种方式的适用范围有限，它不能解决更大的跨区域公共管理事务。

行政协议法制化有其内在要求和必然性，但如何法制化则有不同的方案和路径，行政协议法制化到底有多少路径？每一种路径应该选择何种办法才能到达目的地？这就需要对每种进路的可行性、具体方式、制度设计、风险和问题进行深入的分析。但不管何种途径，行政协议法制化本身都是重大的改革，而改革不仅涉及相关法律法规的制定与修订、法律层级体系的调整等技术性问题，还与地方政府的直接利益休戚相关，这无疑都会增加法制化的难度。

其一，行政协议的法治模式。

未来行政协议法制化应该采取何种模式？有的学者认为，解决行政协议法律依据问题最理想的方法是制定地方各级人民代表大会和地方各级人

① 〔法〕狄骥：《法律与国家》，冷静译，中国法制出版社，2010，第152页。
② 〔美〕E. 博登海默：《法理学：法律哲学与法律方法》，邓正来译，中国政法大学出版社，2004，第349页。
③ 石佑启、朱最新：《珠三角一体化的政策法律问题研究》，人民出版社，2012，第140页。

民政府组织法；有的学者则强调应当先制定单行的行政协议法，然后再纳入行政程序法；有的学者认为可以由国务院先行制定行政协议条例，然后再上升为法律，从内容和程序上分别制定行政协议法和行政程序法；有的学者则认为应该巧借中央与地方关系法治化的东风，对区域性行政协议进行总括性的规定，明确区域性行政协议实践的法律制度边界，并作出适当的法律授权，由国务院依照该授权颁布相应的行政法规予以细化和促进实施。在经过一段时期的实践之后，再根据实施评估反馈和客观情况的最新发展择机制定、出台单行的"行政协议法"。①

上述观点各有其理，但笔者认为，行政协议法制模式，宜粗不宜细。法律并不是越多越好，也并非越细致越好。法律源于其结构的刚性而具有守成取向，一部法律规定得越细致则越不容易修正，越不修正就越容易过分地僵化，那么在某些情况下就可能成为改革的羁绊，一些有益的拓展和尝试也可能会遭到扼杀。② 因此，行政协议法制化适合勾勒从何而来，所处何处，又将去往何方即可。

从日本《宪法》来看，尽管日本《宪法》第八章规定了地方自治事项，规定了自治的基本准则、机构产生、权能和投票事宜，但并没有明确的条款涉及地方政府之间关系，《宪法》第六章也没有涉及有关府际纠纷如何解决的条款。对于府际关系问题，日本国会通过制定地方自治法的方式作出了具体规定。考虑到和我国《宪法》的对接，借鉴《宪法》中规定的在中央统一领导下，发挥地方积极性、主动性原则，制定"中央与地方关系法"，这既符合承接逻辑，又是对规范资源的充分合理利用。"中央与地方关系法"不仅可以解决一系列中央与地方关系中长期以来存在的弊病，还可以就有关横向政府间关系进行概括式规定。具体来看，中央与地方关系法制化的时机已然成熟。

第一，中央和地方关系法的制定有内在需求。中国国家结构呈现一体多元的特征，地方政府本身具有多样性，包括一般意义上的地方政府、民族区域自治地方政府、特别行政区地方政府，即使一般意义上的地方政府

---

① 熊文钊、郑毅：《试述区域性行政协议的理论定位及其软法性特征》，《广西大学学报》（哲学社会科学版）2011 年第 4 期。

② 〔美〕E. 博登海默：《法理学：法律哲学与法律方法》，邓正来译，中国政法大学出版社，2004，第 419~420 页。

也有经济特区，沿海开放城市等不同的形式，都充分体现了中国地方体制的多元化。宪法对地方政府的职责事权作了规定，地方组织法、民族区域自治法、香港基本法、澳门基本法也作了更为具体的界定，但受限于宪法宣言式的规定，中央与地方之间的关系一直难以理清，当然这也为新法制定留足了空间。另外，我国有关央地关系的分散立法模式也使得制度之间的内在关联被人为阻断，统一的法治框架变得十分散乱。因此，有必要制定"中央与地方关系法"，对中央与地方的关系作更为清晰的界定，包括对如火如荼的区域合作予以规范化和制度化，这既有利于中央统辖权，保障中央的权威，避免因职权不清晰导致地方不受约束，也有利于地方政府创新性地开展工作，提高地方积极性。

第二，中央和地方关系法的制定有现实需要。新中国成立之初，毛泽东在论述十大关系时就对中央与地方关系作出了解释，强调在中央统一领导下，扩大地方权力，让地方办更多事情，发挥中央和地方两个积极性。但中央与地方的事权财权划分问题一直不够明确，处于持续的波动之中，没有找到恰适性的边界。合理界定两者各自的权限范围、有效化解双方的纠纷是现代国家处理好中央与地方关系的重中之重。

第三，中央与地方关系法制定的政策考量。中央与地方的事权财权和支出责任自新中国成立以来就处于波动之中，从财政管理体制来看，分税制改革之前，央地财政关系主要有统收统支和财政包干制两种形式，而财政包干制又根据不同地区情况划分为六种形式，分别是收入递增包干、总额分成、总额分成加增长分成、卜解额递增包干、定额上解、定额补助等。这些不同的形式体现了央地财政关系的复杂性，其央地财政划分往往分省份一对一谈判来达成，工作纷繁芜杂。1994 年以分税制为基础的财政管理体制，对中央与地方事权和财权进行重新划分，是中央与地方之间一次重大的变革，使得中央与地方的关系步入了制度化的轨道。2016 年 4 月，国务院印发《全面推开营改增试点后调整中央与地方增值税收入划分过渡方案》，提高地方按税收缴纳地分享增值税的比例。2016 年 8 月，国务院印发《关于推进中央与地方财政事权和支出责任划分改革的指导意见》，提出合理划分中央与地方财政事权和支出责任，建立现代财政制度，推进国家治理体系和治理能力现代化。同时根据实践经验总结成果梳理需要上升为法律法规的内容，适时制定并修订相关法律、行政法规，完善"政府间财政关系法"。2018 以来，国务院办公厅按照公共事务领域分别印发了《医疗卫生领域中央与地方财政事权和支出责任划分改革方案》（2018 年 7 月）、《科技领域中央与地方财政事权和支出责任划分改革方案》（2019 年 5 月）、《教育领域中央与地方财政事权和支出责任划分改革方案的通知》（2019 年 5 月）、《交通运输领域中央与地方财政事权和支出责任划分改革方案》（2019 年 6 月）、《实施更大规模减税降费后调整中央与地方收入划分改革推进方案》（2019 年 9 月）等文件。纵观新中国成立以来中央与地方关系的政策变迁，受限于管理体制的非制度化、非规范化，中央与地方之间关系变动不居，缺乏更为科学、更为稳定地处理中央与地方关系的方案。为此，国务院提出从法制的角度构建两者之间关系应是未来的出路所在，比如制定"政府间财政关系法"，但比"政府间财政关系法"更为重要的应该是"中央与地方关系法"，这是从更为宏观、更具有战略性的角度构建中央与地方关系的关键，也是应对当前出现的一系列新的治理情势的客观要求所在。

总体来看，靠政策性手段调整中央与地方关系具有一定的灵活性，但这种调整往往容易过于频繁从而导致中央与地方失衡，所谓"一统就死、一放就乱"的现象就是其典型表征。制定"中央与地方关系法"不仅可以对当前地方政府间横向关系进行明确的界定，也可以对中央与地方关系存在的痼疾进行有效的解决，可以说这是一个稳妥、全面而立体的方案。

其二，中央与地方关系法中关于行政协议的制度设计。

对于中央与地方关系法制化，1923 年时任总统曹锟力主国会通过一部《中华民国宪法》，其中对中央与地方关系从宪法层面上运用不少条款予以规范。第 22 条规定了中华民国之国权，属于国家事项，依本宪法之规定行使之；属于地方事项，依本宪法及各省自治法之规定行使之。第 23 条和 24 条规定了涉及国家事项，第 25 条涉及地方事项，并在第 26 条对各省争议提出由最高法院裁决之。尽管这部宪法比较短暂，但其中有关内容有一定价值，对于当今也有一定的参考意义。

自改革开放以来，经过几十年的政治、行政、财政、经济、社会等各领域分权实施及治理经验，中央与地方之间已经形成了具有普遍性、共同性、稳定性的关系，这种关系为"中央与地方关系法"的制定奠定了坚实的基础。综合考虑各种因素，"中央与地方关系法"的内容不宜过细，以避免对现行法律体系的冲击。法律必须巧妙地将过去与现在勾连起来，同时又不忽视未来的迫切需求。预留弹性的空间有利于提高法律适应性和适用性。就行政协议规定而言，可以设专章对横向府际关系作出规定，充分体现横向府际关系是政府间关系的重要组成部分，为当前区域发展、区域合作等现象提供法律上的明确支撑。在具体内容方面，可以对政府间缔结的行政协议作出格式化要求，比如对签约主体、程序、效力、纠纷解决等事项作出规定。在具体实施过程中，必须对有关事项作进一步分析。

第一，关于缔结协议的主体。从区域一体化发展进程来看，当前缔结行政协议的主体，从层级上看，主要是省级单位之间、地级市单位之间、省级单位与其他省的市级单位之间；从机构上看，参与的主体有立法机关、行政机关、行政机关的职能部门、司法机关，还有一些地方上的党的组织也参与其中。因此，行政协议的法制化意味着必须对缔结协议的主体进行规范，考虑现行宪法和有关法律规定，设区的市的人大和政府以及省级人大和政府有制定地方性法规和地方行政规章的权力，因此，行政协议的制定主体可以考虑赋予设区的市这一层级及其以上的人大和政府。

第二，关于行政协议缔结的程序。现代法治文明的主要表现是重视程序价值，程序是约束权力恣意妄为的关键。倘若没有程序制度的庇护，或许正义、民主、权利、平等、自由等美好的文明理念都可能泯灭于人性的阴霾之中。[1] 地方政府缔结行政协议同样需要合理合法的程序设计。考虑到行政协议本身的特殊性，行政协议的缔结程序一般由以下几个步骤构成。一是协商，地方政府缔结协议充分体现了地方政府间因各种原因存在密切的关联，这种关联足以激励双方或者多方当事人开启协商程序。二是协议草案制定。协商建立联系，后面需要各方当事人联合起草或者各方同意交由其中的一方当事人独立起草，也可以委托独立的第三方进行起草。如果双方或者各方共同起草，那么可以成立一个由各方人员（比如有关法制部门）参加的委员会，由委员会起草；如果由一方起草，则可以直接由有关职能部门或者法制部门起草。独立的第三方组织可以是有关学会、协会，也可以临时按照协议有关议题组织相关领域包括法律领域、经济领域和具体技术领域的专家起草。三是征求意见。从当前行政协议内容来看，似乎制定行政协议不需要社会公众的参与，但实际上很多协议可能会涉及民众

---

① 刘武俊：《立法程序的法理分析》，《渝州大学学报》（社会科学版）2002 年第 1 期。

的利益，即使不直接与民众利益有关联，也应该征求其意见，这主要是由政府本身的性质决定的，政府制定任何政策都应该遵循公开透明原则。四是讨论通过。经过征求后的草案经过修改之后，可以交由各方当事人讨论，表决通过要根据协议涉及主体是人大还是政府分别采取不同的方式。五是批准或者备案。根据涉及的议题不同，法律可以考虑规定增加一个上级人大常委会或者全国人大常委会批准或者通过国务院批准的环节以确保中央的权威，还可以采取向上级备案的方式以进行某种形式的审查。

第三，关于效力等级事项。法律秩序，尤其是国家作为它的人格化的法律秩序，因而就不是一个相互对等的、如同在一个平面上并立的诸规范体系，而是一个不同级的诸规范的等级体系。① 只有这样才能形成法律统一体。地方政府间签署的行政协议，必然要面临与地方性法规和地方行政规章之间的关系的问题。因此，明确效力等级是行政协议能否真正有效发挥作用的关键。对于其与上位法的关系而言，比如其与宪法、法律和行政法规之间的关系不存在任何疑问，但其与地方性法规和地方行政规章的关系则需要明确。这可以通过国际条约与国内法存在的首要地位之争进行类比性考虑。国际条约在国内的适用，无论在理论上还是实践中都是复杂的存在，存在一元论、二元论、协调论等不同的情形，绝不能简单地去进行主次的定位。就我国而言，由于宪法中对此未作说明，因此实践中既存在国际条约直接适用的领域，也存在将国际条约转化为国内法间接适用的做法。② 相比于国际条约与国内法之间的复杂适用，横向地方政府间行政协议的适用，应该进行明确。这里具体考虑三种情况：一是地方行政机关之间缔结的行政协议效力应高于本级行政机关制定的行政规章，但要低于本级地方权力机关制定的地方性法规；二是地方权力机关之间缔结的行政协议效力要高于本级地方权力制定的地方性法规，也高于本级地方行政机关之间缔结的行政协议以及地方行政机关制定的行政规章；三是上级行政机关之间缔结的行政协议效力应该高于下级行政机关之间缔结的行政协议以及下级行政机关自己制定的行政规章，但与下级权力机关制定的地方性法规相比，如果执行中遇到适用难题则可以由上级人大常委会进行裁决。

---

① 〔奥〕凯尔森：《法与国家的一般理论》，沈宗灵译，商务印书馆，2013，第 193 页。
② 罗国强：《论国际条约的国内适用问题》，《兰州学刊》2010 年第 6 期。

　　第四，关于纠纷解决事项。府际合作有利于提高治理绩效，创造公共价值，但合作并不都是成功的结局而还有可能以眼泪收场。因此，合作中如果没有纠纷解决的方式就不会存在真正的合作，合作和纠纷犹如硬币的两面，如影随形。为了更好地促进合作，避免因合作产生的纠纷而导致合作失败，行政协议中应该规定纠纷解决方式。当然，因合作类型、合作领域、合作方式、合作影响力等事项存在差异，并不存在统一的纠纷解决机制。比如日本，尽管法律也规定了可以通过诉讼方式解决府际纠纷，但地方政府很少通过司法途径解决争端。中国地方政府间合作也可根据具体情况运用不同等方式如协商、调解、仲裁、诉讼等方式化解纠纷。

　　第五，关于行政协议本身的规范化问题。综观世界各国的政府间行政协议，都存在多种多样的类型，这凸显了合作本身所应具有的特性。美国学者奥图勒和克里斯坦森总结了不同的合作形式，如志愿者联盟及选择颁布相似的法律、行政协议、州际协定等。[①] 在这些类型中，常见的是州际协定和州际行政协议，前者是正式的、规范的和制度化的合作，后者则是非正式的、松散的非制度化的合作；前者产生的纠纷可以通过诉讼的方式来解决，而后者产生的纠纷可以通过协商、调解仲裁的方式来解决。这里可以引用瑞士国际法学家埃默里奇·德·瓦特尔关于条约和协议的观点来进行思考。瓦特尔将条约和其他国际协议区别如下：条约，乃主权者为国家福利而缔结的一种永久性的或期限相当长的协定。那些只是暂时利益的事务为其客体的协定被称为协议、协约和安排。它们靠一个单一行为而不是靠诸多连续履行完成。[②] 这样看来，协定一般都具有持久性、正式化的特点，协议则可以具有临时性、非制度化或者倡议性的特点。这些不同进路都是处理公共事务的有益形式。对于我国行政协议的划分，也可以采用这种类型，正式的行政协议叫"府际协定"，非正式的行政协议叫"府际协议"，可以在法律中予以表示。

---

① Laurence J. O'Toole, Robert K. Christensen, *American Intergovernmental Relations：Foundations, Perspectives, and Issues*, Washington：CQ Press, 2012, p.133.

② Emer de Vattel, *The law of Nations：Or, Principles of Nature, Applied to the Conduct and Affairs of Nations and Sovereigns, with Three Essays on the Origin and Nature of Natural Law and on Luxury*, Indianpolis：Liberty Fund, 2008.

结　语

在区域一体化过程中，地方政府间受制于多重因素影响和多个目标诉求并不是铁板一块，政府间问题和议题会被越来越频繁地列入政府议事日程，而在地方政府间频繁的互动中自然会需要并产生新的结构和新的规范以适应变化的环境。传统行政模式的变迁意味着地方政府面临着新的角色约束和运行机制，但是新的制度和规则并非一时就能建成，各个地方政府的行为在面临新的约束和合法性逻辑时往往龃龉不合，囚徒困境和集体行动的困境也将不可避免地频繁上演。在府际纠纷处理过程中，地方政府往往存在"鸵鸟心态"或者上级领导干预两种情结，这显然已经不能适应当下紧迫的治理情势，与其囿于传统和惯例而故步自封，不如探索新机制以求得海阔天空。

在任何社会，不仅个人面临不确定性和灾难发生的可能性，组织同样如此。制度的出现就是通过确定组织行为和管束特定关系的规则来消除行为的不确定性以增加组织效用。政府间交往离不开正式的或者非正式的制度约束，这些制度约束使得地方政府间交往可以被预测从而降低了彼此交易成本。但制度并不是稳定不变的，尽管稳定性或许是复杂的人类互动的一个必要条件，很显然，它并非效率的充分条件。[①] 制度的有效性需要在特定的制度环境中才能真正发挥其作用。随着社会环境的变化和制度条件的改变，组织行为者的互动关系、互动内容、冲突因子及其剧烈性程度已不可同日而语。因此，制度变迁在社会发展中是不可避免的过程，也只有通过持续的制度创新并将其嵌入新的结构和新的规范中才能获得组织间关系连续性和稳定性的力量。

区域一体化发展已经到了新的阶段，跨域行政、协同治理已经成为地方治理创新的议题，政府间关系也已经逐步产生新的体制和运行机制并在区域一体化进程中发挥着越来越重要的作用。但是，综观地方政府合作治理的观念、治理组织架构、治理工具选择、治理方法运用等方面发现，政

---

① 〔美〕道格拉斯·C. 诺思：《制度、制度变迁与经济绩效》，杭行译，格致出版社、上海三联书店、上海人民出版社，2008，第115页。

府间关系一直处于强调协调机制的运用阶段，合作平台一直囿于联席会议、首长合作论坛、组织协调会等形式难以构建实质性的对话和谈判平台。从京津冀区域规划中历经十多年的波折、反复甚至后退的过程可以看出，传统的合作机制必须向深层次、精细化、制度化的方向迈进，松散的、非正式的、灵活的、弹性的合作形式并非不可使用，但必须在非正式制度约束中建构正式的规则来确保合作的总基调。现代化社会，非正式制度只有嵌入正式制度之上才可能发挥威力。在区域一体化发展过程中，正式规则的价值来自强制性和约束力，而合作中的纠纷解决条款无疑是根本性体现。不管是运用传统的协商协调方式解决，还是寻找替代性纠纷解决机制，抑或是刚性的司法纠纷解决机制，下一步都要对习以为常、司空见惯的政府间合作行为进行深入解读，否则我们无法对这种新的社会结构和行动结构进行理解。

区域一体化在合作共赢的同时也存在不可避免的危机，如果没有处置危机的手段和机制，就会侵蚀府际合作信任，区域合作的社会资本就不能建立。现行法律法规以及政策已经注意到了政府间可能存在的纠纷，并设计了一定的解决方案。但传统的方案并不能满足和解决与日俱增的纠纷。在传统的纠纷解决方式中，已经有法律规定上级政府可以主持协调下级政府间纠纷，上级政府在这里所发挥的作用就是调解。尽管政府调解因其上级政府的地位和权威而具有特殊性，但调解的本意并不是运用权力，如果直接运用权力裁决即可，无须再规定协调的方式，所以引入非政府调解府际纠纷并无障碍，其障碍主要在于对社会的抵触和不信任，但事实已经证明社会和市场的力量对于推动经济社会发展来说不可或缺。对于仲裁而言，地方政府间已经开始在行政实践中应用，这也凸显了此纠纷解决机制存在的必要性和必然性。当然，对于调解和仲裁在制度安排中具体应该发挥形式上还是实质上的作用，或许要在改革过程中以及在实践中进一步总结和分析。司法纠纷解决机制是终极性的制度创新，引入司法机制的目的并不在于司法能够切实解决多少纠纷案件，而在于对法治的尊重。大量的行政行为已经突破了现行法律框架，缔结了不胜枚举的行政协议，并切实发挥了实质性作用。如果我们对此一直置若罔闻，不把其纳入法律的视域中，所谓的依法行政、法治政府就难以实现。司法机制引入的最大阻力来自人们所畏惧的或者所臆想的政府公信力的减损。这很显然是对权力过度斟酌而忽视了法治进程。制度变迁和制度创新要以今日之制度观照昨日之变化，要以明日之构想参照今日之演化。

本课题系统梳理了政府间纠纷传统机制，并对新的机制的可行性进行了剖析。纠纷解决并不存在固定的答案，最重要的是通过比较了解这些机制，弄清楚什么样的条件，用哪种机制更能有效地解决问题，为什么有的机制可以适用而有的机制不行，它的边界在哪里？政府间纠纷之所以复杂主要是因为政府行为本身的价值追求是多元的，效率、合法性、有效性、适当性等都是其所兼顾的目标，这也决定了要想找到真正的问题并不容易，而为真正的问题找到正确的答案同样不简单。限于个人知识结构欠缺和能力有限，本领域的研究依然是粗范式的，具体研究还存在不足之处，比如在实证资料的搜集方面，府际合作往往涉及双方的根本利益甚至涉及某些商业问题，导致无论是通过访谈、问卷还是信息公开申请都存在一定的难题，从而难以真正把握地方政府的行为动机；在研究内容方面，对于新的纠纷解决机制引入的必要性分析还不够深入，对于可行性的逻辑推演以及制度创新和配套性制度契合方面的思考还不够深入，对于地方政府间非正式行为探讨还不够。在调研中笔者还发现有些地方会采取一种非正式的合作方式，比如在垃圾处理合作方面，B县的垃圾通过A县的垃圾处理厂来处置，但双方并没有签署合作协议，而对于纠纷解决更多是通过私人化的方式处理，反映了政府间合作本身所具有的弹性，这种口头的或者私人化的合作方式在美国地方政府间也大量存在。总体来说，该领域还有大量的值得深入研究的课题。

附录 A 中国地方政府间合作协议

附录 A1 长江三角洲地区企业环境行为信息公开工作实施办法（暂行）

第一条 为推动长江三角洲地区企业环境行为信息公开工作，提高企业环境意识，规范企业环境行为，保障公众环境权益，实现区域企业环境信息共享，提升区域环境管理水平，根据《环境信息公开办法（试行）》（国家环保总局令第 35 号）、《关于加快推进企业环境行为评价工作的意见（环发〔2005〕125 号）》、《长江三角洲地区环境保护合作协议（2009—2010 年）》等规定，结合长江三角洲地区实际，制定本办法。

第二条 本办法所称长江三角洲地区，是指上海市、江苏省和浙江省行政区域。

第三条 上海、江苏、浙江三省（市）环保部门成立工作小组，依照本办法规定具体负责各自辖区内企业环境行为评价工作，建立和完善企业环境行为评价工作的管理协调机制，定期交流情况，按时汇总信息，报送评价结果。

第四条 长江三角洲地区执行统一的《长江三角洲地区企业环境行为信息评价标准（暂行）》，推进区域企业环境监管一体化。

第五条 上海、江苏、浙江三省（市）环保部门参照国家评价范围确定企业环境行为评价对象，鼓励其他企业自愿参加，逐步增加参评企业数量。国控、省控企业作为长江三角洲地区企业环境行为评价重点。

第六条 企业环境行为信息评级周期定为一年，长江三角洲地区环保部门在每年"六·五"世界环境日前，将本地区企业环境行为信息评级结果，通过政府网站、报刊、广播等形式向社会公开。

第七条　长江三角洲地区各省辖市、县（市、区）环保部门按照属地管理的原则，负责组织辖区内企业环境行为评价工作，并将评价结果按时汇总上报省（市）厅（局）企业环境行为信息公开工作小组。

企业环境行为信息评价工作一般采取以下程序：确定区域参评企业名单→收集汇总企业基本情况→分析企业环境行为信息→初评企业环境行为等级→告知企业初评结果→复核反馈意见→审议确定评价结果。

第八条　环保部门应将企业环境行为信息评价结果及时通报金融、工商、证监等管理部门，并纳入社会信用体系。

对评价为"绿色"等级的企业，依照国家有关规定优先安排环保专项资金项目，享受上市环保核查程序减免、评优创先推荐及其他鼓励政策。

对连续两次以上评价为"黑色"的企业，依法责令其停产整治，仍然达不到环保要求的，应报请同级人民政府实施关闭。

第九条　本办法自公布之日起施行。

附录 A2　安徽省人民政府　浙江省人民政府关于新安江流域上下游横向生态补偿的协议

为深入贯彻落实中共中央、国务院关于《生态文明体制改革总体方案》和国务院办公厅关于《健全生态保护补偿机制的意见》的决策部署，根据财政部、环境保护部下发的《关于明确新安江流域上下游横向生态补偿试点接续支持政策并下达 2015 年试点补助资金的通知》精神，安徽、浙江两省人民政府本着互惠互利、共同合作的原则，达成以下协议。

一　总则

保护新安江流域生态环境是安徽、浙江两省的共同责任，两省愿意在建立流域生态补偿机制的基础上，加强合作，增进交流，和谐发展、协力治污，共同维护新安江流域生态环境安全。两省将积极采取工程、经济、科技等措施，加强新安江流域水环境保护工作，确保千岛湖水环境质量稳定并力争有所改善。

二　水质监测

新安江流域上下游横向生态补偿试点以安徽和浙江两省跨界的街口国控断面作为考核监测断面。监测期间如遇不可抗力因素等导致水质异常波动时，由安徽、浙江两省会商研究水质监测具体事宜。当两省对监测数据存在争议时，由中国环境监测总站组织仲裁监测，并以仲裁监测结果为准。

监测工作具体安排依据《跨界（省界、市界）水体水质联合监测实施方案》执行。

三　资金安排和拨付

中央财政和安徽省、浙江省共同设立新安江流域上下游横向生态补偿资金，2015—2017 年浙江、安徽省每年各出资 2 亿元。

根据当年 3 月底前公布的上一年两省水质联合监测数据，测算补偿指数（P）。若 $0.95 < P \leqslant 1$，浙江省拨付 1 亿元补偿资金给安徽省；若 $P \leqslant 0.95$，浙江省再拨付 1 亿元补偿资金给安徽省；补偿资金于当年 4 月底前拨入安徽省指定账户。若 $P > 1$ 或新安江流域安徽省界内出现重大水污染事故（以环境保护部界定为准），安徽省拨付 1 亿元补偿资金给浙江省，并于当年 4 月底前拨入浙江省指定账户。在 $P \leqslant 1$ 的情况下，安徽省 2 亿元资金纳入总体补偿资金，用于本省新安江流域生态保护、建设和补偿工作。不论上述何种情况，中央财政补偿资金全部拨付给安徽省。

四　资金使用

补偿资金专项用于新安江流域产业结构调整和产业布局优化、流域综合治理、水污染防治、生态环境保护等，不得截留、挤占和挪用。两省新增的各 1 亿元补偿资金主要用于安徽省内两省交界的污水和垃圾特别是农村污水和垃圾治理，由黄山市拟定专项实施方案经评审后组织实施，评审时两省派员参加。同时，黄山市政府应将实施情况于次年 3 月底前报两省人民政府。

两省分别加强对补偿资金使用情况的监管，确保补偿资金合法、合规、合理使用，充分发挥补偿资金使用效益。补偿资金使用方向和具体项目报财政部、环境保护部备案。

五 绩效管理与合作提升

安徽、浙江两省人民政府严格落实各项具体措施、工作职责和分工任务，建立联席会议制度，及时开展试点情况总结，进一步落实联防联控、联合执法、合力治污机制，保护水质和共同发展，并于每年一季度前将上年试点工作进展情况，包括补偿机制运行、水质、具体项目建设、补偿资金使用等综合绩效评估情况，报财政部、环境保护部。

财政部、环境保护部进一步加强对试点工作的指导和监管，督促安徽、浙江两省加大对新安江流域水污染治理的工作力度，保障新安江流域水环境安全。

六 附则

（一）本协议自 2015 年 1 月 1 日起生效，2015 年补偿资金根据 2014 年度街口断面补偿指数测算。

（二）协议有效期至 2017 年 12 月 31 日。

（三）《新安江流域上下游横向生态补偿试点实施方案》作为协议附件，协议中未尽事宜，以备忘录方式商定。

（四）协议书一式四份，安徽省人民政府、浙江省人民政府各持一份，报财政部、环境保护部各一份备案。

附录 A3　江西省人民政府　湖南省人民政府
渌水流域横向生态保护补偿协议

为坚决贯彻习近平生态文明思想和长江经济带"共抓大保护、不搞大开发"方针，全面落实中共中央、国务院印发的《生态文明体制改革总体方案》和《国务院办公厅关于健全生态保护补偿机制的意见》（国办发〔2016〕31 号），按照中央全面深化财税改革部署和财政部等四部委《关于加快建立流域上下游横向生态保护补偿机制的指导意见》（财建〔2016〕928 号）精神，加强流域水环境联防共治，促进渌水流域水环境持续改善向好，江西省人民政府、湖南省人民政府本着互惠互利、共同合作的原则，就建立渌水流域横向生态保护补偿机制达成以下协议。

一　总体目标

保护渌水流域生态环境是江西、湖南两省的共同责任，两省愿意在建立流域横向生态保护补偿机制的基础上，加强合作，增进交流，协力治污，绿色发展，共同维护渌水流域生态环境安全。两省将积极采取工程、经济、科技等措施，加强渌水流域水环境保护工作，确保渌水流域水环境质量稳定并力争有所改善，为长江流域生态环境保护作出贡献。

二　实施流域横向生态保护补偿

（一）补偿依据。两省以位于江西省萍乡市与湖南省株洲市交界处的国家考核金鱼石断面的水质为依据，实施渌水流域横向生态保护补偿。

（二）水质监测及评价。渌水流域金鱼石断面已纳入国家考核，断面水质评价直接采用国家公布的水质监测数据和评价结果。

（三）补偿核算方法及标准。根据国家公布的金鱼石断面水质评价结果，按月核算渌水流域横向生态保护补偿资金，补偿标准为每月 100 万元。若金鱼石断面当月的水质类别达到或优于国家考核目标（Ⅲ类），湖南省拨付补偿资金 100 万元给江西省；若金鱼石断面当月水质类别劣于国家考核目标（Ⅲ类），或当月出现因上游原因引发的水质超标污染事件，江西省拨付补偿资金 100 万元给湖南省。

（四）资金管理。渌水流域横向生态保护补偿资金实行"月核算、年清缴"，补偿省应于每年 4 月前，将上年度补偿资金专项划拨至受偿省指定账户。受偿省应将补偿资金专项用于渌水流域水污染综合治理、生态环境保护、产业结构调整等相关工作，不得截留、挤占和挪用。两省应加强对补偿资金使用情况的监管，确保补偿资金合法、合规、合理使用，切实提高补偿资金使用效益。

三　合作提升

江西、湖南两省人民政府建立完善协调沟通、信息共享、监测预警、应急响应、执法协作、合力治污等联防共治机制，共同加强渌水流域铊污染防控，保护渌水流域水环境，实现共同发展。两省应及时将上年度补偿机制运行、水环境质量和补偿资金使用等情况报财政部、生态环境部。

四 争议解决方式

当两省对补偿断面监测数据和评价结果存在争议且协商无果时，可提请中国环境监测总站仲裁，并以仲裁结果为准。

五 附则

（一）本协议自签订之日起生效，协议有效期三年。期满后，双方根据实际情况再行商议后续补偿协议。

（二）协议书一式四份，江西省人民政府、湖南省人民政府各持一份，报财政部、生态环境部各一份备案。

附录 A4 跨界（省界、市界）水体水质联合监测实施方案

一 监测目的

为加强跨省界和市界水体水质监测工作，进一步提高水质监测数据质量，保证跨界水体水质监测数据的科学性和准确性，更好地为环境管理提供支撑，制定本方案。

二 监测依据

（一）《水污染防治行动计划》（国发〔2015〕17 号）；

（二）《生态环境监测网络建设方案》（国办发〔2015〕56 号）；

（三）《"十三五"国家地表水环境质量监测网设置方案》（环监测〔2016〕30 号）；

（四）《地表水环境质量标准》（GB 3838—2002）；

（五）《地表水和污水监测技术规范》（HJ/T 91—2002）；

（六）《环境水质监测质量保证手册》（第二版）；

（七）国家环境监测网质量体系文件（总站质管字〔2015〕229 号）。

三 监测断面

监测范围为"十三五"国控地表水环境质量监测网中的跨省界和市界水质监测断面，涉及长江、黄河、珠江、松花江、淮河、海河、辽河和太湖流域及西南诸河、内陆诸河和浙闽片河流。

国控网中跨省界断面有 299 个，其中，241 个断面为评价、考核和排名断面，58 个为趋势科研断面。

国控网中跨市界断面有 408 个，其中，319 个为评价、考核和排名断面，89 个为趋势科研断面。

四 监测指标

监测指标为《地表水环境质量标准》（GB 3838—2002）表 1 中的 24 项指标，包括水温、pH、溶解氧、高锰酸盐指数、生化需氧量、氨氮、石油类、挥发酚、汞、铅、总氮、总磷、化学需氧量、铜、锌、氟化物、硒、砷、镉、铬（六价）、氰化物、阴离子表面活性剂、硫化物和粪大肠菌群。增测流量和电导率。

如存在超出上述评价指标外的特征污染物，经相关方协商同意并上报环境保护部监测司和中国环境监测总站后，可增加特征污染物为监测项目。

五 监测方式

跨省界、市界断面实行上、下游或左、右岸双方联合监测的方式，由上、下游或左、右岸双方交替组织，双方轮流作为轮值单位，当月的轮值单位需提供采样船只、采样器具等基础条件。若采样点无需采样船则采用双方商定的采样方式。上、下游或左、右岸双方同时采样、分样，统一分析方法或采用相互确认的分析方法。

监测工作开始前，由上、下游或左、右岸双方环保部门共同现场踏勘后确定监测断面具体位置，明确监测断面的经纬度，在显著位置设置监测断面标志。并将经纬度信息上报中国环境监测总站。如遇洪水期等特殊状况需要调整采样位置时，则须双方共同确认，同时报中国环境监测总站备案。

六 监测时间和频次

每月监测一次。采样时间为每月 1~10 日；逢法定节假日可后延，最迟不超过每月 15 日；具体采样时间由轮值单位通知另一方。

七 采样与分析方法

（一）采样

上、下游或左、右岸监测任务承担单位，按照双方约定时间，在共同确认的跨界断面按照规范采集水样。样品采集后，若样品中含有沉降性固体（如泥沙等），在现场沉降 30 分钟后进行分样，有悬浮藻类时可采用 60 目筛网过滤，样品清澈则直接分样（具体由双方采样人员结合采样实际情况商定）。现场加水样保存剂保存。样品分为 3 份，上、下游或左、右岸监测任务承担单位各 1 份，1 份备份保存（备份样品加密封条，经双方确认后由当月轮值单位保存）。采样人员填写联合监测水质采样记录表（见附表 1、2），一式两份，签字后由两方分别保存。

（二）分析方法

具体的分析方法由上、下游或左、右岸双方协商确定。原则上要求各监测指标采用国家标准方法和环境保护行业方法，采用相同的前处理及分析方法，或采用双方认定、经过计量认证的分析方法。采用的试剂、分析仪器等必须满足监测工作要求，且双方采用的分析仪器需满足分析方法对仪器检测限和实验精度的要求。

八 质量保证与质量控制

（一）监测任务承担单位要求

监测任务承担单位须按双方商定的监测方法开展监测工作，严格执行《地表水和污水监测技术规范》（HJ/T 91—2002）、《环境水质监测质量保证手册》（第二版）、国家环境监测网质量体系文件以及其他相关规范要求，对水质监测全过程进行质量保证与质量控制。

1. 现场要求

承担单位须按照规定的要求开展采样，样品采集严格按照相关技术规范的要求进行。每批水样应采集不少于 10% 样品数的现场平行样，少于 10

个样品的至少采集一份平行样；每批水样应选择部分项目加采现场空白样。

2. 实验室要求

承担单位应通过计量认证，仪器设备需通过计量检定。实验室质量体系需特别注意：

制定标准样品管理程序，包含标准样品购买、接收、存储、发放和使用等内容。标准样品应在有效期内使用，对于新换的标准样品的使用要有符合性检验程序。

在样品流转过程中，样品管理员需对每批样品进行分样、编码，每批（每月）样品随机抽取 10% 指标进行盲样带标。

样品分析必须在样品的保存期内完成。

3. 人员要求

现场采样、实验室分析以及质控人员等均须按照原国家环保总局发布的《环境监测管理办法》（国家环保总局第 39 号）的要求持证上岗。

4. 监测全过程均须按相关规范、标准执行。

5. 监测数据实行三级审核制度，监测任务承担单位对监测结果负责，相关省（区、市）环境监测中心（站）负责对监测结果进行审核。

（二）中国环境监测总站要求

1. 质量体系核查

中国环境监测总站以定期与不定期的方式组织有关专家，对监测活动包括现场采样、体系运行、方法、技术规范等的执行落实情况等进行核查。

2. 盲样比对

中国环境监测总站向监测任务承担单位发放盲样，盲样与实际水样须同时进行分析。盲样结果报中国环境监测总站。中国环境监测总站负责对盲样进行解码，对本次监测质量进行总体评估。盲样的分析结果将作为本次监测过程数据质量评价的主要依据。

九　监测结果的审核和异议仲裁

上、下游或左、右岸双方每月的监测结果在执行三级审核后进行数据交换和比对。当双方监测结果相对误差在 15% 以内时，采用上、下游或左、右岸双方监测数据的平均值进行评价，若一方无监测数据则采用另一方的监测数据。

当双方监测结果相对偏差大于 15% 或监测结果为Ⅰ、Ⅱ类水质且相对偏差大于 20%，且一方或双方提出异议时，进行仲裁监测。当月监测数据以仲裁监测结果为准。

（一）省界断面一方或双方对监测结果有异议时，由双方的省级环境监测中心（站）进行样品的留样复测，若样品超过保存期则重新采样分析。仍存在争议，以书面形式提出，经中国环境监测总站认可后，由中国环境监测总站启动仲裁监测。

（二）市界断面一方或双方对监测结果有异议时，双方进行样品的留样复测，若样品超过保存期则重新采样分析。仍存在争议，以书面形式提出，经所在省级监测中心（站）认可后，由所在省级环境监测中心（站）启动仲裁监测。

十　监测数据交换与报送

每月采样结束后，双方应尽快完成样品分析，并在 10 天内完成数据交换和比对。交换的联合监测数据须加盖公章寄送对方。

若双方对监测结果没有异议，承担监测任务的环境监测站（现状监测站）20 日前向相关省级环境监测中心（站）报送水质监测数据。各省级环境监测中心（站）审核后，在每月 25 日前通过中国环境监测总站环境监测数据平台上报中国环境监测总站。同时报送加盖公章的纸质数据，报送格式见附表 3。文件名称按照"20××年××月××流域××—××省界断面水质监测数据表"报送。

报送监测数据时，若监测值低于检测限，在检测限后加"L"，检测限须满足国家地表水Ⅰ类标准值的 1/4；未监测的断面（点位）或监测指标填写"−1"，同时需说明原因，以 word 文档格式与监测数据同时上报。如监测断面水质异常，由双方组织核查确认后向中国环境监测总站报送核查结果，说明原因。

若双方对监测结果有异议且无法协商解决时，省界断面及时向中国环境监测总站提出书面申请，由中国环境监测总站组织开展仲裁监测，监测结果采用仲裁监测数据；市界断面及时向相关省级环境监测中心（站）提出书面申请，由省级环境监测中心（站）组织开展仲裁监测，监测结果采用仲裁监测数据。

十一 承担单位

省界断面由上、下游或左、右岸省（区、市）环境监测中心（站）负责组织开展水质监测，可具体承担监测任务或委托相关城市环境监测站承担。市界断面由上、下游或左、右岸地级及以上城市环境监测站负责组织开展水质监测，如果地级及以上城市监测能力不足可由相关省级环境监测中心（站）承担。如果区县级环境监测站能力较强也可承担监测任务。上、下游或左、右岸双方轮流担任轮值单位，轮值单位负责现场相关监测工作。

附表 1 跨界水体监测断面位置核实及水文情况记录表

所在流域	河流名称	断面名称	省界/市界名称	采样日期	流向	河宽（米）	平均深度（米）	垂线坐标		
								左岸	中泓	右岸

上游（左岸）测站名称：_____　　下游（右岸）测站名称：_____
上游（左岸）采样负责人：_____　　下游（右岸）采样负责人：_____
联系电话：_____　　　　　　　　联系电话：_____

附表 2 跨界水体监测断面联合监测水质采样记录表

断面名称：_____　流域名称：_____　河流名称：_____　省界/市界名称：_____

采样日期	样品名称或编号	采样开始结束时间	样品物理性状描述	是否沉降30分钟	气象条件	采样设备名称型号	保存剂使用情况
		开始：					
		结束：					
		开始：		天气： 气温：　℃ 风向：			
		结束：					
		开始：					
		结束：					

说明：要求水面下 0.5 米处采样。

上游（左岸）测站名称：_____　　下游（右岸）测站名称：_____
上游（左岸）采样负责人：_____　　下游（右岸）采样负责人：_____
联系电话：_____　　　　　　　　联系电话：_____

附表 3　20xx 年 xx 月 xx 流域 xx—xx 省界/市界断面水质监测数据表

单位：mg/L

序号	流域名称	省界/市界名称	测站名称	河流名称	断面名称	采样时间	水温（℃）	流量（m³/s）	pH	电导率	溶解氧	……	阴离子表面活性剂	硫化物	粪大肠菌群（个/L）	备注（是否断流）
1																
2																
3																
…																

说明：1. 测站名称填写采用数据的测站名称；若采用的是双方的平均值则填写两方的测站名称；

2. 指标顺序为水温、流量、pH、电导率、溶解氧、高锰酸盐指数、五日生化需氧量、氨氮、石油类、挥发酚、汞、铅、化学需氧量、总氮、总磷、铜、氟化物、硒、砷、镉、六价铬、氰化物、阴离子表面活性剂、硫化物、粪大肠菌群。

数据报送单位：

数据报送人：

联系电话：

附表 4　国控跨界省界水体水质监测断面表（松花江流域部分）

序号	流域名称	断面名称	断面属性	断面功能	所在河流	所在河流流级别	汇入河流（湖库、海洋）	所属省份	所在地区	联合监测站名称
145	松花江流域	新发	省界（蒙-黑）	评价、考核、排名	阿伦河	二级	嫩江	内蒙古	呼伦贝尔市	内蒙区站-黑龙江省站
146	松花江流域	筆尔河口	省界（蒙-黑）	评价、考核、排名	筆尔河	二级	嫩江	内蒙古	兴安盟	内蒙区站-黑龙江省站
147	松花江流域	李屯	省界（蒙-黑）	评价、考核、排名	甘河	二级	嫩江	内蒙古	呼伦贝尔市	内蒙区站-黑龙江省站
148	松花江流域	讷尔克气	省界（黑-蒙）	评价、考核、排名	甘河	二级	嫩江	内蒙古	呼伦贝尔市	黑龙江省站-内蒙区站

续表

序号	流域名称	断面名称	断面属性	断面功能	所在河流	所在河流级别	汇入河流（湖库、海洋）	所属省份	所在地区	联合监测站名称
149	松花江流域	加格达奇上	省界（蒙-黑）	评价、考核、排名	甘河	二级	嫩江	黑龙江	大兴安岭地区	内蒙区站-黑龙江省站
150	松花江流域	高力板	省界（蒙-吉）	评价、考核、排名	霍林河	二级	嫩江	内蒙古	兴安盟	内蒙区站-吉林省站
151	松花江流域	宝泉	省界（蒙-吉）	评价、考核、排名	蛟流河	三级	洮儿河	内蒙古	兴安盟	内蒙区站-吉林省站
152	松花江流域	苗家	省界（吉、黑）	评价、考核、排名	拉林河	一级	松花江	黑龙江	哈尔滨市	吉林省站-黑龙江省站
153	松花江流域	兴盛乡	省界（黑-吉）	评价、考核、排名	拉林河	一级	松花江	黑龙江	哈尔滨市	黑龙江省站-吉林省站
154	松花江流域	大山	省界（吉-黑）	评价、考核、排名	牡丹江	一级	松花江	吉林	延边州	吉林省站-黑龙江省站
155	松花江流域	白沙滩	省界（黑、吉）	评价、考核、排名	嫩江	一级	松花江	吉林	白城市	黑龙江省站-吉林省站
156	松花江流域	博霍头	省界（蒙、黑）	评价、考核、排名	嫩江	一级	松花江	黑龙江	黑河市	内蒙区站-黑龙江省站
157	松花江流域	繁荣村	省界（蒙、黑）	评价、考核、排名	嫩江	一级	松花江	黑龙江	黑河市	内蒙区站-黑龙江省站
158	松花江流域	拉哈	省界（蒙、黑）	评价、考核、排名	嫩江	一级	松花江	黑龙江	齐齐哈尔市	内蒙区站-黑龙江省站
159	松花江流域	嫩江口内	省界（吉、黑）	评价、考核、排名	嫩江	一级	松花江	黑龙江	大庆市	吉林省站-黑龙江省站
160	松花江流域	富源村	省界（蒙、黑）	评价、考核、排名	嫩江	一级	松花江	黑龙江	齐齐哈尔市	内蒙区站-黑龙江省站
161	松花江流域	查哈阳乡	省界（蒙-黑）	评价、考核、排名	诺敏河	二级	嫩江	黑龙江	齐齐哈尔市	内蒙区站-黑龙江省站
162	松花江流域	松林	省界（吉-黑）	评价、考核、排名	松花江	干流	松花江	吉林	松原市	吉林省站-黑龙江省站
163	松花江流域	肇源	省界（吉、黑）	评价、考核、排名	松花江	干流	黑龙江	黑龙江	大庆市	吉林省站-黑龙江省站
164	松花江流域	断力很	省界（蒙-吉）	评价、考核、排名	洮儿河	二级	嫩江	内蒙古	兴安盟	内蒙区站-吉林省站

序号	流域名称	断面名称	断面属性	断面功能	所在河流	所在河流流级别	汇入河流（湖库、海洋）	所属省份	所在地区	联合监测站名称
165	松花江流域	肖家船口	省界（吉－黑）	评价、考核、排名	细鳞河	二级	拉林河	吉林	吉林市	吉林省站－黑龙江省站
166	松花江流域	成吉思汗	省界（蒙－黑）	评价、考核、排名	雅鲁河	二级	嫩江	内蒙古	呼伦贝尔市	内蒙区站－黑龙江省站
167	松花江流域	音河水库	省界（蒙－黑）	评价、考核、排名	音河	二级	嫩江	黑龙江	齐齐哈尔市	内蒙区站－黑龙江省站
168	松花江流域	拉林河口下	省界（吉、黑）	趋势科研	松花江	干流	黑龙江	黑龙江	大庆市	吉林省站－黑龙江省站
169	松花江流域	讷谟尔河口上	省界（蒙、黑）	趋势科研	嫩江	一级	松花江	内蒙古	呼伦贝尔市	内蒙区站－黑龙江省站
170	松花江流域	济沁河	省界（蒙－黑）	趋势科研	济沁河	三级	雅鲁河	内蒙古	呼伦贝尔市	内蒙区站－黑龙江省站

附表 5　国控跨市界水体水质监测断面表（松花江流域部分）

序号	流域名称	断面名称	断面属性	断面功能	所在河流	所属省份	所在地区	联合监测站名称
225	松花江流域	西双河大桥	市界（黑河市－伊春市）	评价、考核、排名	迟别拉河	黑龙江	黑河市	黑河市站－伊春市站
226	松花江流域	碱场桥	市界（牡丹江市－鸡西市）	评价、考核、排名	穆棱河	黑龙江	鸡西市	牡丹江市站－鸡西市站
227	松花江流域	白旗	市界（吉林市－长春市）	评价、考核、排名	松花江	吉林	吉林市	吉林市站－长春市站
228	松花江流域	镇江口	市界（长春市－松原市）	评价、考核、排名	松花江	吉林	长春市	长春市站－松原市站
229	松花江流域	宁江	市界（长春市－松原市）	评价、考核、排名	松花江	吉林	松原市	长春市站－松原市站
230	松花江流域	朱顺屯	市界（绥化市－哈尔滨市）	评价、考核、排名	松花江	黑龙江	哈尔滨市	绥化市站－哈尔滨市站
231	松花江流域	佳木斯上	市界（哈尔滨市－佳木斯市）	评价、考核、排名	松花江	黑龙江	佳木斯市	哈尔滨市站－佳木斯市站

续表

序号	流域名称	断面名称	断面属性	断面功能	所在河流	所属省份	所在地区	联合监测站名称
232	松花江流域	兴隆	市界（通化市－吉林市）	评价、考核、排名	辉发河	吉林	通化市	通化市站－吉林市站
233	松花江流域	烟筒山	市界（吉林市－长春市）	评价、考核、排名	饮马河	吉林	吉林市	吉林市站－长春市站
234	松花江流域	官厅桥	市界（吉林市－长春市）	评价、考核、排名	岔路河	吉林	吉林市	吉林市站－长春市站
235	松花江流域	江桥	市界（齐齐哈尔市－大庆市）	评价、考核、排名	嫩江	黑龙江	齐齐哈尔市	齐齐哈尔市站－大庆市站
236	松花江流域	老山头	市界（黑河市－齐齐哈尔市）	评价、考核、排名	讷谟尔河	黑龙江	黑河市	黑河市站－齐齐哈尔市站
237	松花江流域	宝泉镇上（黑）	市界（黑河市－齐齐哈尔市）	评价、考核、排名	乌裕尔河	黑龙江	黑河市	黑河市站－齐齐哈尔市站
238	松花江流域	双河渠首	市界（伊春市－绥化市）	评价、考核、排名	呼兰河	黑龙江	伊春市	伊春市站－绥化市站
239	松花江流域	榆林镇鞍山屯	市界（绥化市－哈尔滨市）	评价、考核、排名	呼兰河	黑龙江	绥化市	绥化市站－哈尔滨市站
240	松花江流域	抢肯	市界（七台河市－哈尔滨市）	评价、考核、排名	倭肯河	黑龙江	七台河市	七台河市站－哈尔滨市站
241	松花江流域	兴农排灌站	市界（双鸭山市－佳木斯市）	评价、考核、排名	安邦河	黑龙江	双鸭山市	双鸭山市站－佳木斯市站
242	松花江流域	绥滨入	市界（鹤岗市－同江市）	趋势科研	松花江	黑龙江	鹤岗市	鹤岗市站－同江市站
243	松花江流域	哈尔戈	市界（白城市－松原市）	趋势科研	嫩江	吉林	白城市	白城市站－松原市站
244	松花江流域	花脸沟	市界（牡丹江市－哈尔滨市）	趋势科研	牡丹江	黑龙江	牡丹江市	牡丹江市站－哈尔滨市站
245	松花江流域	晨明	市界（伊春市－佳木斯市）	趋势科研	汤旺河	黑龙江	伊春市	伊春市站－佳木斯市站
246	松花江流域	三股流	市界（鹤岗市－佳木斯市）	趋势科研	鹤立河	黑龙江	鹤岗市	鹤岗市站－佳木斯市站

附录 A5　北京市人民政府　河北省人民政府关于
加强经济与社会发展合作备忘录

2006 年 10 月 11 日，北京市与河北省在北京召开经济与社会发展合作座谈会，共商发展合作大计。中共中央政治局委员、北京市委书记刘淇同志，北京市委副书记、市长王岐山同志，河北省委书记白克明同志，河北省委常委、常务副省长郭庚茂同志出席座谈会。双方就进一步加强两省市经济与社会发展合作进行了深入研究与探讨，一致认为，积极推进两省市多方面合作，对贯彻落实科学发展观和国家"十一五"规划纲要，促进京津冀都市圈和整个环渤海地区的发展具有重要意义。双方商定，"十一五"时期要在经济、文化和社会建设领域进一步加强沟通和协作，并就以下具体问题达成一致意见。

一　关于交通基础设施建设合作

（一）按照国家统一规划，双方共同推进京沪高速铁路、京石客运专线建设。

（二）双方共同推进京石高速公路第二通道项目的前期论证工作，力争早日开工建设。

（三）为完善京冀间快速交通网络，北京加快京承高速公路、国道 110 改造、京平高速公路建设。京承高速公路三期（密云至京承界段）2006 年开工建设，力争 2008 年建成通车。配合河北省做好密涿及支线高速公路规划建设安排的衔接协调工作。

（四）北京将加快国道 108、国道 109 和国道 111 的提级改造。搞好十大路（房山十渡镇至涞水县界）、徐尹路（通州尹各庄至三河市界）、采廊路（大兴邵各庄采林路至廊坊市界）、密兴路（密云巨各庄至兴隆县界）、北山路（平谷和顺义交界处至平谷、兴隆、蓟县交界处）和通香路（京津公路至香河县界）等一般公路建设，力争"十一五"期间建成通车。河北做好相应公路建设的实施和协调，促进跨区域公路对接。

二　关于水资源和生态环境保护合作

（一）共同实施"稻改旱"工程、双方分两期合作实施密云、官厅水库上游承德、张家口地区 18.3 万亩水稻改种玉米等低耗水作物（以下简称"稻改旱"）工程，以涵养水源，改善水质，增强区域可持续发展能力。第一期，2008 年前，河北省在密云水库上游实施"稻改旱"10.3 万亩，北京市按照每年每亩 450 元的标准给予"稻改旱"农民"收益损失"补偿。2006 年先期在张家口市赤城县黑河流域实施"稻改旱"1.74 万亩。第二期，2008 年后，根据第一期实施的效果，适时启动官厅水库上游 8 万亩"稻改旱"工程。双方主管部门将进一步核实两库上游水稻种植面积，制定具体实施方案。

（二）共同实施水资源环境治理。从 2005 年至 2009 年五年内，北京市安排水资源环境治理合作资金 1 亿元，支持密云、官厅两库上游承张地区治理水环境污染、发展节水产业。河北省将有效地使用水资源环境治理合作资金，确保项目的进度和成效。

2006 年，北京市安排首批水资源环境治理项目资金 2000 万元，支持承德市滦平县潮河流域农村生活垃圾填埋场、潮河流域万亩节水灌溉、丰宁县九龙集团环境治理技改和张家口市赤城县白河流域万亩节水灌溉、赤城县黑河源头治理、阳原县桑干河流域万亩节水防渗和宣化区羊坊污水处理等 7 个项目实施。河北省通过项目实施，实现节水 1950 万方，增加出境水量 1300 万方。

（三）共同配合项目法人实施应急供水工程。为确保北京用水安全，北京市和河北省共同呼吁国家在应急工程建设方面给予河北更大支持。两省市协调行动，配合项目法人加快南水北调京石段应急供水工程建设，确保 2008 年 4 月具备通水条件。河北省将进一步优化岗南、黄壁庄、王快、西大洋 4 座水库调度方案，在确保度汛安全的前提下，尽可能多蓄水、蓄好水，满足 2008 年北京应急供水 4 亿立方米的条件。有关调水和补偿方案将在国家有关部门的领导和协调下，由双方主管部门共同商定。

（四）北京市继续支持密云、官厅水库上游承张地区人工增雨基础设施建设，与河北省联合实施人工增雨作业。

（五）继续共同实施京津风沙源治理工程、"三北"防护林建设工程、太行山绿化工程。双方联合向国家申请扩大河北省生态公益林补偿范围，加大对国有林场的支持力度。双方共同规划密云、官厅两库上游生态水源保护林建设项目，在争取国家支持的同时，"十一五"时期，北京提供部分建设资金，重点支持河北丰宁、滦平、赤城、怀来四县营造生态水源保护林，并根据实施效果，支持河北省逐步扩展保护林范围。双方加强京冀接壤地区的森林保护合作，建立森林保护联防联动合作机制，北京支持河北省现有林防火基础设施建设。双方共同加强沙尘天气的监测、预警及防御能力建设。

三　关于能源开发合作

（一）电力开发合作。双方积极推进北京能源投资（集团）有限公司投资建设的河北抚宁电厂前期工作，为项目核准和开工建设创造条件。

（二）天然气开发合作。双方会同中国石油天然气集团公司共同推进唐山曹妃甸 LNG 项目一期工程（600 万吨/年）建设，提高京津冀地区天然气供应水平。

（三）新能源和可再生能源开发利用合作。双方合作并争取国家在河北省境内布点建设生物质燃料乙醇项目，供应北京车用乙醇汽油消费市场；北京市积极支持河北省企业参与北京 2008 年奥运会相关工程应用新能源和可再生能源的竞标。

四　关于产业调整合作

（一）两省市共同做好首钢搬迁调整工作，共同推进首钢京唐钢铁有限公司钢铁厂项目建设，争取 2010 年建成。

（二）北京市在产业结构调整时，优先鼓励北京市企业向河北转移。双方共同探索产业转移合作、企业异地发展的共赢机制。

五　关于产业园区合作

共同推进京津塘高新技术产业带发展，构建京津冀都市圈区域协作无障碍发展示范区。双方加强引导北京采育、永乐组团与河北廊坊的全面合作，共同加大对该区域的交通等基础设施投入，实现区域合作框架下城市功能的合理布局，使之成为首都疏解产业、人口、城市大型服务设施的重要功能区和高技能人才培训基地。

六　关于农业合作

（一）加强农业产业化合作。北京市鼓励农业产业化龙头企业与河北省开展农业产业化合作，河北省支持北京市企业在河北建立更多的农畜产品生产基地和生态农业示范园。共同推进区域农产品市场体系建设，建立京冀间长期稳定的农副产品供销合作机制，建设京冀共享的农产品产销信息和农业科技信息网络体系。

（二）加强农副产品市场准入"互检互认"合作。以无公害农副产品产销合作为重点，加强质量检测和质量追溯交流。共同完善市场监测体系，双方检测结果联网互认，实现数据库共享。推进农副产品联合检验检疫。

七　关于旅游合作

（一）建立区域旅游合作机制。共同制定区域旅游业发展规划，规范旅游企业服务标准，统一景区及道路交通标识，实施旅游环境综合治理。双方建立突发事件及时沟通处理机制和游客投诉案件委托处理机制。

（二）共同开发区域旅游市场。双方鼓励企业组合跨区域精品旅游线路，开展区域联合促销，实现区域旅游信息共享。鼓励企业在旅游景区、旅游交通、饭店、旅行社、教育培训、规划设计、信息咨询等领域以合资、合作、并购的形式组建跨区域经营的现代旅游企业。

八　关于劳务市场合作

双方共同建立以市场为导向的劳务协作机制。加强劳动力供求信息交流，完善劳务培训协作机制，提高劳务输出与输入效率和有序化程度。

九　关于卫生事业合作

共同建立疾病预防控制和突发公共卫生事件应急处理协作机制。在重大传染病疫情通报、联防联控、专家资源共享、应急培训和实战演练、卫生应急资源支援等方面加强合作。

为保障上述合作事项实施，推进京冀合作取得实质性进展，双方将在国家统筹协调下，建立相应合作协调机制，进一步加强高层对话、部门协调、信息沟通，搞好有关规划衔接和项目协调两省市有关部门依据上述内容，共同做好相应落实工作。

本备忘录一式两份，自签署之日起实施。

北京市人民政府　　　　　　　　　　河北省人民政府

二〇〇六年十月十一日　　　　　　　二〇〇六年十月十一日

附录 A6 河北省人民政府 北京市人民政府 密云水库上游潮白河流域水源 涵养区横向生态保护补偿协议

为认真贯彻落实习近平生态文明思想，牢固树立和践行绿水青山就是金山银山的理念，切实保护密云水库上游潮白河流域水源涵养区生态环境，保障首都水源安全，促进京冀生态环境保护协同发展，北京市人民政府、河北省人民政府就密云水库上游潮白河流域水源涵养区横向生态保护补偿达成以下协议。

一 总则

密云水库上游潮白河流域水源涵养区是京冀水源涵养功能区的重要组成部分，建立跨流域生态补偿机制是大力实施京津冀协同发展战略的重要内容，是深化生态文明体制改革的具体实践，是加强区域生态环境保护实现绿色发展的重要举措。保护密云水库上游潮白河流域水源涵养区生态环境符合北京市和河北省的共同利益，北京市、河北省坚持政治站位，按照"成本共担、效益共享、合作共治"的原则，建立协作机制，共同推进，协调一致，促进流域水资源与水生态环境整体改善。河北省主动担当作为，自觉当好首都政治护城河和生态安全屏障，着力打好碧水保卫战，加强水污染防治和水生态修复，切实发挥水源涵养功能区和生态环境支撑区的作用；北京市积极落实补偿政策，建立稳定投入机制，创新和拓宽补偿方式，加强产业、技术和人才援助，支持贫困地区发展，推进京冀协同发展。

二 范围和期限

范围包括密云水库上游潮白河流域河北省承德市和张家口市相关县（区）。实施年限为 2018 年至 2020 年，期限三年。

三 水质水量监测

在潮河、白河干流及主要支流设置 5 个水质监测断面，其中古北口、后城和墙子路监测断面为跨省界考核监测断面，新城子镇和耗眼梁监测断面为参考断面，共同开展监测。

在白河下堡、潮河古北口、黑河三道营设置 3 个水文监测断面，共同监测跨境水量。

四　考核目标

潮河古北口、清水河墙子路考核监测断面高锰酸盐指数、氨氮、总磷年均值达到《地表水环境质量标准》（GB 3838—2002）中Ⅱ类水质标准；白河后城考核监测断面高锰酸盐指数、氨氮、总磷年均值达到Ⅲ类水质标准。在潮白河流域实施总氮排放控制，作为奖励指标，古北口、后城、墙子路断面总氮年均值分别以 2017 年监测数据作为参考目标值，分别是 10.72mgL、10.47mgL、3.48mgL。

国家水量分配方案确定前，当年入境水量不足 2 亿立方米时，补助资金基数为 5000 万元，当入境水量超过 2 亿立方米不到 3 亿立方米时，每超 1000 万立方米增加 1000 万元；超过 3 亿立方米不到 4 亿立方米时，每超 1000 万立方米增加 750 万元；当水量超过 4 亿立方米不到 6 亿立方米时，每超过 1000 万立方米增加 500 万元。

五　资金组成

资金由北京市财政资金、河北省财政资金和申请中央财政资金组成。其中，北京市财政资金分为补偿资金、奖励资金和补助资金，原则上每年 3 亿元（根据考核结果据实支付），河北省财政资金每年 1 亿元，中央政策补助资金在协议签订后按政策申请。

六　资金使用和监管

资金主要用于密云水库上游潮白河流域水源涵养区相关县（区）的水环境治理、水生态修复、水资源保护等方面。

北京市人民政府、河北省人民政府负责对资金的拨付、使用、项目实施进行监管。承德市和张家口市应编制流域水污染防治和水资源保护与利用总体实施方案及年度计划，由两市人民政府批准实施。

七 绩效评估

北京市人民政府和河北省人民政府共同开展绩效评估工作，内容包括上年工作进展、补偿机制运行、水质改善、入境水量及资金使用等情况。

八 附则

（一）本协议自签订之日起生效。到期后，两省市视情况协商确定新的协议。

（二）协议中具体事宜，按照《北京市、河北省关于密云水库上游潮白河流域水源涵养区横向生态保护补偿实施方案》执行。

（三）协议书一式四份，北京市人民政府、河北省人民政府、财政部、生态环境部各持一份。

北京市人民政府　　　　　　　　　　　　河北省人民政府

2018 年 11 月 6 日　　　　　　　　　　2018 年 11 月 6 日

附录 A7　广东深汕特别合作区管理服务规定

第一章　总则

第一条　为了规范深汕特别合作区（以下简称合作区）管理机构行使职能，保障合作区建设和管理，促进合作区科学发展，根据《广东省实施珠江三角洲地区改革发展规划纲要保障条例》和有关法律、法规，结合合作区实际，制定本规定。

第二条　本规定适用于合作区的建设与管理。

合作区规划范围包括汕尾市海丰县鹅埠、小漠、鲘门、赤石（含园墩林场）四镇行政区域。

第三条　合作区应当遵循政府主导和市场运作、优势互补和集约发展、权责一致和互利共赢的原则，创新发展、先行先试，逐步建设成为区域协调发展示范区、粤东振兴发展先行区、深圳产业拓展支撑区、承接珠三角产业转移协作区和现代产业新城。

第四条　省人民政府建立健全省推进合作区建设协调机制，负责指导和协调合作区建设发展中的重大体制机制问题和跨部门、跨地区的重大事项。

第五条　深圳市人民政府和汕尾市人民政府建立两市联席会议决策机制，负责指导、协调和解决合作区建设和管理中的重大问题。

第六条　合作区经省人民政府批准，设立合作区管理机构，行使地级市一级经济管理权限。

合作区管理机构的管辖范围和管理权限可以根据合作区开发建设情况适时进行调整，由深圳市人民政府和汕尾市人民政府协商，报省人民政府确定。

合作区管理机构可以根据省人民政府的工作要求设立工作机构，履行相应的行政管理职责，并按程序报批。

第七条　合作区管理机构或者其下设机构对其管辖范围内的管理事务可以直接报省人民政府或者其部门审批。

合作区管理机构或者其下设机构报省人民政府或者其部门审批的同时，应当报深圳市人民政府和汕尾市人民政府或者其部门备案。

第二章　管理职责

第八条　法律、法规、规章规定由县级以上人民政府及其部门行使，但未具体明确分级管理权限的经济管理职权，由合作区管理机构及其下设机构行使，但需由上级行政机关统一协调管理的事项除外。

原须经汕尾市人民政府及其部门审核后报省人民政府及其部门审批的行政许可事项，经调整由合作区管理机构及其下设机构审核的，合作区管理机构或者其下设机构可以直接报省人民政府或者其部门审批，同时报汕尾市人民政府或者其部门备案。

第九条　合作区发展总体规划、城市总体规划、土地利用总体规划由合作区管理机构组织编制，经深圳市人民政府和汕尾市人民政府审查同意，报省人民政府批准后实施。

合作区的各项专项规划和控制性详细规划，由合作区管理机构组织编制，按程序报经批准后实施。

合作区的有关规划应当与汕尾市、海丰县的相关规划相衔接。

第十条　合作区管理机构依据汕尾市人民政府委托，负责合作区内的土地管理，开展建设用地预审、农用地转用、供地报批以及土地划拨、出让、转让和交易、产权登记等工作。

第十一条　合作区财政体制由省直管，预决算编列按照省制定的资金缴拨办法执行。

合作区税收实行依法征收，就地缴库（华润海丰电厂项目单列）。

第十二条　合作区作为独立的统计区域，设立独立的统计数据库；合作区承担统计工作的机构独立组织、监督检查统计法规和统计制度的实施，依法查处统计违法行为。

合作区统计事权由省人民政府统计机构委托汕尾市人民政府统计机构管理，深圳市人民政府统计机构协助。合作区承担统计工作的机构向汕尾市人民政府统计机构报送统计资料，同时抄送深圳市人民政府统计机构。

合作区的统计数据依照《关于深汕（尾）特别合作区基本框架方案的批复》的有关规定执行。

第十三条　深圳市人民政府和汕尾市人民政府应当制定扶持合作区发展的相关政策，支持合作区的发展。

合作区管理机构根据经济社会发展情况，研究提出需要省人民政府及其部门或者深圳市人民政府及其部门、汕尾市人民政府及其部门支持的事项，相关人民政府及其部门应当在各自权限范围内予以支持。

第十四条　省人民政府调整由合作区管理机构行使的行政许可事项等行政管理职权，由合作区管理机构提出目录，经省机构编制部门会同有关部门提出审核意见，报省人民政府批准后向社会公布。

第十五条　经依法调整由合作区管理机构及其下设机构行使的行政许可事项等行政管理职权，省人民政府及其部门应当依法办理具体管理职权的移交手续，履行指导、协调职责。

第十六条　根据合作区发展需要，汕尾市人民政府或者其部门应当及时将经济管理事务方面的行政许可事项等行政管理职权调整由合作区管理机构或者其下设机构行使，由深圳、汕尾两市研究确定调整目录。

第十七条　合作区管理机构可以根据合作区发展需要，制定规范性文件，在合作区管辖区域内实施。

第十八条　合作区管理机构作出重大行政决策应当依法实行公众参与、

专家论证、风险评估、合法性审查和集体讨论决定等程序。不符合本条规定和其他法定程序的，不得作出重大行政决策。

第三章　开发建设和产业发展

第十九条　合作区管理机构对管辖范围内的开发建设应当统筹部署、分步实施、全面推进，实现经济、社会和环境的可持续发展。

第二十条　鼓励企业和机构参与合作区投资开发建设，形成多元投资机制和竞争经营机制，推进合作区开发运作的社会化和市场化。

第二十一条　合作区的土地利用应当符合经批准的主体功能区规划、土地利用总体规划、城乡规划和产业发展的需要，海域使用应当符合海域功能区划。项目用地规模和供给时序应当根据项目投资强度、产出效益和建设时限确定。

合作区应当制定土地单位面积投资强度、产出率、容积率等不同行业项目用地控制标准，引导各行业集约节约用地。

合作区管理机构应当加强土地储备工作，明确土地整理储备的工作主体，负责对合作区范围内允许建设的土地进行收购、整理和储备。

第二十二条　鼓励境内外的机构和个人在合作区设立具有独立法人资格的企业或者机构，从事工业、产业平台、基础设施等建设以及商业、旅游、地产、金融等现代服务业活动。

第二十三条　合作区管理机构应当向社会公布合作区主体功能区规划、土地利用总体规划、海洋功能区划、城市总体规划、产业发展规划、环境保护规划、产业导向目录和相关准入标准。

进入合作区的企业、机构或者项目应当符合相关规划、区划、目录和标准。

第二十四条　鼓励农民依法利用自有房屋，开展家庭旅馆经营，促进农业观光、休闲渔业、民俗风情等旅游产业发展。

第二十五条　省人民政府有关部门、深圳市人民政府、汕尾市人民政府应当采取下列措施扶持合作区的产业发展：

（一）支持合作区符合规定条件的区域享受省产业转移政策；

（二）省发展改革、经济和信息化、科技、财政、人力资源社会保障、国土资源、商务等部门在本部门财政专项资金范围内，对合作区产业发展予以支持，并根据实际制订具体扶持计划和措施；

（三）合作区享受深圳市人民政府扶持省级产业转移园的优惠政策；

（四）合作区范围内的海丰县鹅埠、小漠、鲘门、赤石（含园墩林场）四镇，继续享受省财政对欠发达地区镇等相关补助和扶持政策，省人民政府及其部门、汕尾市人民政府及其部门按照国家政策规定的各项政策性补助和扶持政策继续执行；

（五）其他扶持合作区产业发展的措施。

第二十六条　对符合条件的企业、重大项目高层管理人员以及对合作区产业发展作出突出贡献的单位和个人，合作区管理机构可以给予一定的奖励。

具体奖励办法由合作区管理机构另行制定。

第二十七条　合作区内企业的固定资产（房屋、建筑物除外），因技术进步、产品更新换代较快或者常年处于强震动、高腐蚀状态的，可以依照《中华人民共和国企业所得税法》及其实施条例等相关规定，采取缩短折旧年限或者采取加速折旧方法。

企业外购的软件，凡符合固定资产或者无形资产确认条件的，可以按照固定资产或者无形资产进行核算，其折旧或者摊销年限可以适当缩短，最短可为 2 年。

第二十八条　合作区内企业出口退税指标计划单列，对列入中国高新技术产品出口目录的产品应当简化出口退税手续，优先审核、审批办理退税。

第二十九条　合作区内企业可以参照省级产业转移园内的企业按照规定享受行政事业性收费优惠政策。

第三十条　在合作区登记注册的企业享受与深圳市、汕尾市企业的同等待遇。

合作区对重点引进的重大项目可以采取特殊政策予以扶持，具体实施办法由合作区管理机构另行制定。

第四章　发展环境

第三十一条　合作区管理机构应当采用下列方式统筹合作区的开发建设：

（一）鼓励和支持境内外投资者采取多种建设模式，参与市政路网、污水处理、垃圾处理等城市基础设施建设；

（二）鼓励引入大型企业集团参与开发和建设，加快推动合作区整体开发建设；

（三）支持电力、通信、邮政、水务、燃气、医疗卫生、教育、交通物流等机构设立分支机构，提供高标准的公共产品及服务。

第三十二条　省公安机关、深圳市公安机关和汕尾市公安机关应当支持合作区的治安环境建设。

第三十三条　支持合作区优化企业登记注册方式，为企业提供完善、便捷、高效的企业登记注册服务。合作区内企业登记注册工作依照国家和省的有关规定执行。

第三十四条　创新金融监管模式，鼓励金融机构在合作区建立分支机构，加大对合作区的信贷、资本及保险支持力度。

鼓励企业和单位到合作区设立融资担保机构，为合作区建设和企业发展提供融资担保服务。

鼓励股权投资基金企业在合作区设立机构，加大对合作区投融资支持力度。

支持合作区设立相关投融资平台，拓宽合作区建设资金来源。

支持符合条件的企业通过改制上市和发行企业债券、中期票据、短期融资券等方式直接融资。

第三十五条　合作区应当开拓多种方式和渠道，在住房、职业教育等方面制定优惠政策，吸引各类人才。

支持深圳市、汕尾市各类职业院校在合作区单独或者与企业联合办学。支持深圳市、汕尾市人才交流、职业介绍等中介机构在合作区设立分支机构。

鼓励合作区企业员工参加职业技能培训，并按照有关规定给予相应补贴。

第三十六条　合作区开发应当坚持保护优先、预防为主、防治结合、源头治理与末端治理相结合的原则，科学划定环境功能分区。

支持合作区开展循环经济基地建设和绿色升级示范工业园区建设，探索排污权有偿使用和交易试点、污染责任保险试点；鼓励采用新技术、新工艺和科学管理，支持节能环保产业发展。

第三十七条　合作区管理机构应当加强企业信用制度建设，建立市场主体信息公示制度，对市场主体基本登记注册信息、备案信息、许可审批和监管信息、银行信用信息进行公示，构建市场主体信用评级系统。

第三十八条　合作区管理机构应当建立和完善行使行政管理职权的程序制度，明确管理事项、办理依据、申请条件、办理程序与时限、收费标准、办理结果、监督及救济途径，并在办公场所及其门户网站上公示。

第三十九条　合作区管理机构应当建立和完善行政监察制度，建立健全行政审批电子监察系统。

合作区管理机构应当按照便民、高效的原则，简化程序，推行行政人员首问责任制和限时办结承诺等制度，提高办事效率，缩短办理期限。

第四十条　合作区管理机构应当创新行政管理模式和社会管理模式，提升管理和服务质量。

支持合作区对社会事务采取购买服务等方式，鼓励社会力量提供公共服务。

第四十一条　公民、法人或者其他组织对合作区管理机构及其下设机构作出的行政行为不服的，可以依照《中华人民共和国行政复议法》的规定申请行政复议或者依照《中华人民共和国行政诉讼法》向人民法院提起行政诉讼。

第四十二条　支持深圳的仲裁机构在合作区设立联络点，为合作区内的公民、法人和其他组织提供民商事仲裁服务。

第五章　法律责任

第四十三条　省人民政府有关部门、深圳市人民政府及其有关部门、汕尾市人民政府及其有关部门未按照本规定调整相关经济管理权限的，由省人民政府责令改正；拒不改正的，予以通报批评；情节严重的，对直接负责的主管人员和其他直接责任人员依法追究责任。

第四十四条　合作区管理机构未按照本规定依法行使经济管理权限的，由省人民政府责令改正；拒不改正的，予以通报批评；情节严重的，对直接负责的主管人员和其他直接责任人员依法追究责任。

合作区管理机构的工作人员未按照本规定依法行使经济管理权限，或者滥用职权、玩忽职守、徇私舞弊的，由合作区管理机构责令改正；拒不改正的，予以通报批评；情节严重的，对直接负责的主管人员和其他直接责任人员依法追究责任。

第六章　附则

第四十五条　本规定自 2015 年 10 月 1 日起施行。

附录 A8　济南市"飞地"经济财税利益分享实施办法

第一条　为进一步完善财政利益分配机制，理顺"飞地"项目县（市）区间利益分配关系，促进资源要素合理流动，实现县区间优势互补、良性互动、共赢发展，支持和保障"四个中心"建设，根据《山东省人民政府办公厅关于建立"飞地"项目主体税收分享制度的通知》（鲁政办字〔2015〕257 号）精神以及我市现行财政体制有关规定，制定本办法。

第二条　本办法所称"飞地"经济是指在推进产业结构调整和招商引资过程中，打破行政区划限制，把甲地资金和项目（企业）放到互无行政隶属关系的乙地，利用规划、建设、管理和税收分配等机制，实现共赢的经济模式。

第三条　实施财税利益分享的"飞地"项目主要包括：

（一）跨县（市）区迁移企业。指税务登记在我市各级税务机关，因实际生产经营地发生跨县（市）区迁移而引起税务登记变更并主管税务机关发生变化的企业。

（二）跨县（市）区新上产业项目。指由第一接触洽谈的县（市）区政府，根据项目产业特点，介绍转入符合产业布局条件县（市）区的制造业和生产性服务业项目。

（三）跨县（市）区合作园区。指转入地政府在本地划出一定面积土地作为合作共建园区，与转出地政府共同投资或由转出地政府单独投资开发建设的园区。

第四条　纳入"飞地"项目财税利益分享的税收范围包括增值税（含改征增值税）、营业税（2016 年 5 月 1 日起改征增值税）、企业所得税三项主体税种县（市）区分成部分（以下简称"三税"）。

第五条　实行财税利益分享项目应具备以下条件：

（一）符合国家、省、市产业政策及节能减排要求，与转入地经济发展规划、产业布局相吻合。

（二）项目承担主体须是在转入地注册并纳税的独立法人企业，且依法经营、管理规范，具有健全的会计核算和管理体系。

（三）跨县（市）区迁移企业，迁移前3个完整会计年度在迁出区缴纳的"三税"，形成的县（市）区级财力年均达到200万元以上（含200万元，不足3个年度的按实际纳税时间计算）；新上产业项目，制造业投资额一般不低于2亿元、生产性服务业投资额一般不低于1亿元；合作园区项目，总投资额一般不低于5亿元。

第六条　跨县（市）区迁移企业的财税利益分享。

（一）市级财政部门按照维护既得利益的原则，核定转入县（市）区（以下简称转入地）对转出县（市）区（以下简称转出地）的财力补偿基数。财力补偿基数等于企业迁移前3个完整会计年度缴纳的"三税"县（市）区分享财力之和；在迁出地纳税不足3个年度的，按照分享前实际缴纳的税收核定。财力补偿基数按以下程序确认：

1. 由转出地财政部门填制《财税利益调整申请表》，加盖财政部门公章和同级税务部门公章，送市级财税部门审核并分别办理财税利益调整事项。

2. 市级财税部门收到《财税利益调整申请表》后，按照本办法核定转入地对转出地财力补偿基数，填制《财税利益调整基数确认表》，并分别下发文件明确。

（二）以核定的财力补偿基数为上限，在分享期限内，转出地分享财力达到财力补偿基数后，不再参与分享；若3年内仍未达到财力补偿基数，分享期限最长再延长2年，此后转出地不再分享。

（三）按照"保基数、分增量"的办法，迁移企业3年内缴纳的县（市）区级分享税收，高于年均财力基数的部分，由转入地与转出地按5：5比例分享；等于或低于年均财力基数的，按照实际入库的县区级分享税收收入数，由迁入地划转到迁出地。

（四）迁移企业在7月1日之前完成工商和税务登记变更并投入运营的当年起参与分享，7月1日后的下年度起参与分享。

第七条　跨县（市）区新上产业项目的财税利益分享。

（一）市招商引资部门确认跨县（市）区新上产业项目。由项目引荐方（第一接触洽谈方）所在县（市）区招商引资管理部门填制《济南市招商引资"飞地"项目确认表》（一式七份），经项目投资方和转入地（落户地）招商引资管理部门确认签字（加盖公章），报市投资促进局审核确认后，送转出地、转入地和市财政部门。

（二）经确认的项目，自项目投产后 3 年内缴纳的"三税"，由转出地（招商引资引进地）与转入地（落户地）按 4：6 比例分享。此后转出地（招商引资引进地）不再分享。

第八条　跨县（市）区合作园区财税利益分享采取"一园一策"方式，由转入地与转出地双方根据园区基础设施投入、园区项目性质、优惠政策等因素，协商确定分享比例。双方达成的协议内容，应以书面形式报市财政局备案。已建成的园区，采取托管方式委托其他县（市）区运营的，也可参照执行。

第九条　分享财力的结算。

（一）在每年 12 月 25 日前，由转入地国税、地税部门负责统计并提供"飞地"项目缴纳"三税"（全口径）情况，转入地财政、国税、地税部门加盖公章。

（二）市财政部门负责对提供的"飞地"项目缴纳的相关税费情况进行确认，根据现行财政体制及本办法计算核定转入、转出地财力分享金额，通过当年市与县（市）区结算，办理当年县（市）区间的财力结算事宜。

第十条　对迁移企业财税利益分享当年，企业在迁出地、迁入地都缴纳税收的，在办理财力结算时，应将在迁出地入库形成的县（市）区级财力扣除；若等于或大于应分享财力时，迁入地不再上解补偿财力。

第十一条　依法规范迁移行为。对企业依法依规的迁移行为，各县（市）区必须依法给予支持，并在法定期限内办理相关手续。迁入地不得为吸引企业迁入，实施违反国家法律法规的财税优惠政策，制定与企业税收、非税收入直接挂钩的税收（非税）返还、财政扶持等政策，损害全市整体利益。

第十二条　对企业实际经营地发生跨县（市）区迁移后，重新办理工商注册、税务登记（包括企业名称变更）的，经核实后，按本办法规定办理财税利益调整事宜。

第十三条 在现行财政体制框架内实行"飞地"项目税收分享制度，各级财政收入划分体制不作调整。相关企业应按照财政体制规定就地纳税，税务部门依法实施税收征管。

第十四条 总部企业在异地新设非法人分支机构的，依照现行税收征管规定和预算管理办法办理相关税收分配事宜，以维护总部所在地与分支机构所在地合理利益，不执行"飞地"项目主体税收分享制度。

第十五条 "飞地"项目实现的"三税"收入应按照属地原则统计核算，全部计入项目注册地（转入地）财政收入。对影响转出地地方财力部分，通过体制结算解决。对因实施"飞地"项目导致双方收入及财力核算口径发生变化，影响上级税收考核的，由相关县（市）区提出，市财政局可按相同口径计算调整。

第十六条 本办法执行前发生的企业迁移等"飞地"项目，涉及的财税利益补偿，仍按照《济南市人民政府关于调整完善财政管理机制的意见（试行）》（济政发〔2012〕27号）等相关规定办理。

第十七条 本办法执行中如因中央、省、市重大财税政策和财政体制调整等客观原因，对"飞地"项目财税利益分享造成影响的，按照新财税政策做出相应调整。

第十八条 本办法所称生产性服务业包括为生产活动提供的研发设计与其他技术服务、货物运输仓储和邮政快递服务、信息服务、金融服务、节能与环保服务、生产性租赁服务、商务服务、人力资源管理与培训服务、批发经纪代理服务、生产性支持服务。具体分类按照国家统计局2015年发布的生产性服务业分类（2015）认定执行。

第十九条 本办法自2016年1月1日起执行。

附录 B 美国州及地方政府协定[*]

附录 B1 军属儿童教育机会州际协定

《军属儿童教育机会州际协定》的规定如下：

第一条 目的

本协定目的是通过采取以下各项措施，消除因父母频繁调动和部署而给军属儿童带来的教育成功障碍：

（A）为军属儿童的及时入学提供便利，并确保他们不会因以前学区难以移交教育记录或入学/年龄要求不同而处于不利地位。

（B）方便学生安置过程，使军人家庭的儿童不因出勤要求、时间安排、顺序、分级、课程内容或评估等方面的差异而处于不利地位。

（C）方便军属儿童获得入学、教育项目和参加课外学术、体育和社会活动的条件和资格。

（D）为军属儿童的按时毕业提供便利。

（E）规定颁布和执行协定所规定的行政规则。

（F）根据协定，统一收集和分享成员州、学校和军人家庭之间的信息。

（G）促进协定与影响军属儿童的其他协定之间的协调。

（H）促进灵活性并加强教育系统、家长和学生之间的合作，以使学生获得教育成功。

第二条 定义

正如本协定中所使用的那样，除非根据语境需要一个不同的解释：

---

* 本部分美国州际和州内协定由作者翻译，英文资料来源于美国国会及州议会网站。

（A）"现役"是指美国现役军警中的全时职务，包括根据《美国法典》第 10 编第 1209 节和第 1211 节执行现役命令的国民警卫队和预备役人员。

（B）"军属儿童"是指在现役成员家庭中从幼儿园到十二年级就读的学龄儿童或儿童。

（C）"协定专员"是指根据本协定第 8 条任命的每个签约州的投票代表。

（D）"部署"是指服役人员奉军事命令离开其原驻地前一个月，到返回原驻地后六个月。

（E）"教育记录"是指与学生直接有关并由学校或地方教育机构保存的正式记录、档案和数据，包括但不限于包含学生累积文件夹中保存的所有材料的记录，如一般识别数据、出勤和完成学业记录、成绩记录和评价考试结果、健康数据、纪律状况、考试规程和个性化教育方案。

（F）"课外活动"是指由学校或当地教育机构或经当地教育机构批准的组织赞助的自愿活动。课外活动包括但不限于准备和参与公共表演、竞赛、体育比赛、演示、展示和俱乐部活动。

（G）"州际军属儿童教育机会委员会"是指根据本协定第九条设立的委员会，通常称为州际委员会。

（H）"地方教育机构"是指由州依法设立的对幼儿园直至十二年级进行管理和指导的公共教育机构。

（I）"成员州"是指签署这一协定的州。

（J）"军事设施"是指位于几个州中的任何一个州、哥伦比亚特区、波多黎各联邦、美属维尔京群岛、关岛、美属萨摩亚、北马里亚纳群岛和任何其他美国领土内的任何船舶或国防部管辖下的其他活动的基地、营地、哨所、车站、院落、中心、家园设施，包括任何租赁设施。该术语不包括主要用于土木工程、河流和港口项目或防洪工程的任何设施。

（K）"非成员州"是指尚未签署这一协定的州。

（L）"接收州"是指一个军属儿童被送到、带到的州。

（M）"规则"是指州际委员会根据本协定第 12 条颁布的具有普遍适用性的书面声明，执行、解释或描述本协定的政策或规定，或州际委员会的组织、程序或实践要求，包括对现有规则的修正、废除或暂停，具有成员国成文法的强制力和效力。

（N）"派遣州"是指一个军属儿童被派遣、带走的州。

（O）"州"是指美国的一个州、哥伦比亚特区、波多黎各联邦、美属维尔京群岛、关岛、美属萨摩亚、北马里亚纳群岛和任何其他美国领土。

（P）"学生"是指一个军人家庭的孩子，当地教育机构为其提供公共资金，并从幼儿园直至十二年级正式注册的学生。

（Q）"过渡"是指（1）从学校转到学校的正式和客观存在的过程；（2）学生从派遣州的一所学校转移到接收州的另一所学校的时间。

（R）"军事服务"是指美国陆军、海军、空军、海军陆战队或海岸警卫队，以及国家海洋和大气管理局的委员会兵团和美国公共卫生服务。

（S）"退伍军人"是指在军队部队服役后免除服役并被获准回家的军人。

第三条 适用性

（A）除 B 节另有规定外，本协定适用于下列人员的子女：

（1）本协定所界定的军警部队现役成员，包括根据《美国法典》第 10 编第 1209 节和第 1211 节执行现役命令的国民警卫队和军备队成员；

（2）军警部队的成员或退伍军人，在医疗后一年内受重伤并在医疗后出院或退休；

（3）军警部队成员，他们在服役中死亡或者受伤持续一年后死亡。

（B）本州际协定的规定只适用于本协定所界定的地方教育机构。

（C）本协定的规定不适用于下列各方的子女：

（1）国民警卫队和军事后备队的非活动成员；

（2）现已退休的军警人员，但 A 节规定的除外；

（3）军警退伍军人，但 A 节规定的情况除外；

（4）其他美国部门。国防人员和其他联邦机构的文职和合同雇员不被定义为军警部门的现役成员。

第四条 教育记录与注册

（A）非官方或"手持"教育记录——如果官方教育记录不能为转校的家长发放，发送州的记录保管人应尽可能编写并向家长提供一套载有州际委员会确定的统一资料的非正式教育记录。在接收州的学校收到非官方教育记录后，学校应尽快根据非官方记录中提供的信息招收和适当安置学生，以等待官方记录的验证。

（B）正式教育记录/副本——在学生入学和有条件安置的同时，接收州的学校应向派遣州的学校索取学生的正式教育记录。在收到这一请求后，派遣州的学校将在十天内或根据州际委员会颁布的规则确定的合理时间内，处理并向接收州的学校提供正式的教育记录。

（C）免疫——协约州自入学之日起三十天内或根据州际委员会颁布的规则确定的时间，让学生获得接收州要求的免疫。对于一系列免疫接种，必须在三十天内或根据州际委员会颁布的规则确定的时间内获得初步疫苗接种。

（D）幼儿园和一年级入学年龄——不论年龄大小，应允许学生继续在接收州当地教育机构的与其年级水平相称的年级（包括幼儿园）入学。在派遣州的当地教育机构符合先决条件等级的学生，不论年龄大小，均有资格在接收州的下一个高等级入学。在接收州的学年开始后转学的学生，应从派遣州的认可学校以其认可的水平进入接收州的学校。

第五条 安置和出席

（A）课程安排——如果学生在学年之前或期间转学，接收州学校最初应根据学生在派遣州学校的入学情况和（或）在派遣州学校进行的教育评估，为学生安排教育课程，如果课程是可以提供的，并且有可用的空间，则由学区决定课程安排。课程安排包括但不限于荣誉、国际高中毕业考试、跳级、职业、技术和职业生涯规划课程。从前的学校应继续学生的学业计划，并促进学业和职业挑战课程的安置，这在考虑安置时应该是最重要的。这并不妨碍接收州的学校进行后续评估，以确保学生在课程中得到适当的安置和继续注册。

（B）教育方案安置——接收州学校最初应根据在派遣州学校进行的当前教育评估或在派遣州参加/安置类似的方案为学生安排教育方案，但条件是该方案存在于学校，并有可用的空间，这由学区决定。这些课程包括但不限于：（1）有利于发挥天赋的课程；（2）英语（作为第二语言）。这并不妨碍接收州的学校进行后续评估，以确保适当安置学生。

（C）特殊教育服务——（1）符合《残疾人教育法》的联邦要求（《美国法典》第20编第1400节及后续各条规定），接收州最初应根据残疾学生目前的个性化教育方案向其提供类似服务；（2）根据《康复法》第504条的要求（《美国法典》第29编第794节），以及《美国残疾人法》第2编规定（《美国法典》第42编第12131~12165节），接收州应根据现有的第504条或第2编的计划，提供合适的住处并予以改善，以满足新来的残疾学生的需要，为学生提供平等的受教育机会。这并不妨碍接收国的学校进行后续评估，以确保适当安置学生。

（D）安置灵活性——地方教育机构行政官员应有放弃必备的课程或方案的灵活性，或在地方教育机构管辖下安排其他先前决定的课程或方案。

（E）与部署活动有关的缺勤——如果学生的父母或法定监护人是协定规定的军警部队的现役成员，而且被要求从作战区休假或从部署后立即返回作战区或战斗支援岗位，则应允许当地教育机构主管酌情给予额外的借口缺勤，以便与其父母或法定监护人就此假期进行探访。

第六条　资格

（A）注册资格——（1）关于军人家庭子女的监护权并根据适用法律执行的特别委托书，应充分保证入学登记和所有其他需要父母参与和同意的行动；（2）禁止地方教育机构向安置在非监护父母管辖区内或居住在非监护父母管辖区内的其他人照料的过渡军人子女收取当地学费；（3）由非监护父母或其他代替父母监护的人照顾的、居住在监护父母管辖区以外的其他管辖区的过渡军人子女，可继续就读于监护父母居住的辖区的学校。

（B）参加课外活动的资格——州和地方教育机构应根据学区的决定，在其他条件许可和有场地的情况下，为过渡军队儿童参加课外活动提供机会，不论申请截止日期如何。

第七条　监护

为了方便军人家庭的子女按时毕业，各州和地方教育机构应采用以下程序：

（A）豁免要求——如果学生在另一个地方教育机构圆满完成类似课程，地方教育机构行政官员应尽最大努力放弃该生毕业所需的特定课程，或者提供合理的拒绝理由。

（B）毕业考试——各州应接受：（1）从派遣州毕业所需的毕业考试或课程结束考试；（2）国家规范的成绩测试；（3）替代测试，以取代接收州毕业的测试要求；（4）在加利福尼亚州，如果毕业证书由加利福尼亚公立学校颁发，学生必须根据第60850节通过的毕业考试才能毕业，只要这是加利福尼亚州的一项要求。如果接收州不能为在其高年级转学的学生提供上述替代办法，则应适用本条C款的规定。

（C）高年级转学——如果在开始或在高年级转学的军人学生符合派遣当地教育机构的毕业要求，且在考虑了所有备选办法之后仍没有资格从接收当地教育机构毕业，则派遣和接收当地教育机构应尽最大努力确保其从派遣当地教育机构获得文凭。如果有关州不是本协定的成员，成员州应尽最大努力，根据本条A款和B款为学生按时毕业提供便利。

第八条　州际协调

（A）（1）每个成员州应通过设立一个州务委员会或利用一个现有的机构或委员会，在其政府机构、地方教育机构和军事机构之间就州参与和遵守这一协定和州际委员会进行协调。虽然每个成员州可以确定其本州的州务委员会成员，但其成员至少必须包括：州教育主管、军事儿童高度集中的学区主管、军事机构代表、政府立法和行政部门各一名代表以及州务委员会认为适当的其他办事机构和利益攸关方团体。一个成员州如果没有一个被认为是军事儿童高度集中的学区，可以从另一个学区指定一名督学代表州务委员会的地方教育机构。

（2）在加利福尼亚州，州务委员会成员应包括下列人选：

（a）州公共教育总监或其指定人；

（b）由州公共教育督导员挑选的一名学区督学或其指定者，他们来自一个军事儿童高度集中的学区；

（c）军事机构的一名代表；

（d）由参议院规则委员会任命的参议院成员，或其指定人，代表一个军事儿童高度集中的立法区；

（e）由州众议院议长指定任命的议会议员，其代表的是一个军事儿童高度集中的立法区；

（f）州教育委员会主席或其指定人；

（g）州公共教育总监任命的任何其他人员。

（B）每个成员州务委员会应任命或指定一名军事家庭教育联络员，协助军事家庭和州促进本协定的执行。

（C）（1）负责执行协定和管理本州参与协定的专员应由州长任命，或由每个成员州另行决定；

（2）在加利福尼亚州，州公共教育总监应任命州际协定委员会成员。

（D）此处指定的州际协定委员会成员和军事家庭教育联络员为州务委员会当然成员，除非其中一人已是州务委员会正式投票成员。

第九条　军属儿童教育机会州际委员会

成员州特此设立"军属儿童教育机会州际委员会"。州际委员会的活动是公共政策的制定，以及酌情行使州际职能。州际委员会应：

（A）是成员州的法人团体和联合机构，拥有本协定所规定的所有责任、权力和义务，以及成员州各自立法机关随后根据本协定的规定同时采取行动所赋予的额外权力。

（B）由每个成员州具有投票权的一名代表组成，该代表应为该州的协定专员。

（1）出席州际委员会会议的每个成员州有权获得一票；

（2）除非州际委员会的章程要求更大的法定人数，否则成员州总数的多数应构成业务处理的法定人数；

（3）代表不得将投票权下放给另一成员州，如果协定专员不能出席州际委员会的会议，州长或州务委员会可将投票授权委托给本州的另一人参加指定的会议；

（4）章程可规定州际委员会通过电信或电子通信举行会议。

（C）由当然成员、利益相关的无表决权的成员组成。这些由章程所确定当然成员，包括但不限于军人家庭倡导者代表组织、地方教育机构官员、家长和教师团体、美国国防部、各州教育委员会、州际协议合格的教育人员和其他影响军人子女教育州际协定的成员。

（D）每年至少举行一次会议。主席可召开额外会议，应简单多数成员州的请求也可召开额外会议。

（E）设立一个执行委员会，其成员应包括州际委员会的官员和根据章程确定的州际委员会的其他成员。执行委员会成员任期一年。执行委员会成员每人有权进行一次表决。在州际委员会不开会期间，执行委员会应有权代表，但规则制定除外。执行委员会应监督协定的日常活动，包括执行和协定遵守、章程和规则，以及其认为必要的其他职责。美国国防部应作为执行委员会的当然成员，但无表决权。

（F）制定规章和规则，规定州际委员会向公众提供其资料和正式记录以供查阅或复制的条件和程序。州际委员会可以豁免披露信息或官方记录，以免对个人隐私权利或专有利益产生不利影响。

（G）州际委员会应向公众通报所有会议的公告，所有会议均应向公众开放，但规则或协定另有规定的除外。州际委员会及其执行委员会可以结束一次会议，或其中的一部分，这种会议中由委员会以三分之二的投票决定可能：

（1）只涉及州际委员会的内部人事管理和程序；

（2）披露联邦和州法规明确规定不得披露的事项；

（3）披露享有特权或者机密的商业秘密或者商业或金融方面的信息；

（4）涉及控告犯罪或者正式谴责一个人；

（5）披露将构成明显无端侵犯个人隐私的个人信息；

（6）披露为执法目的汇编的调查记录；

（7）具体涉及州际委员会参与的民事诉讼或其他法律诉讼。

（H）对于根据协定规定闭幕的会议或会议的一部分，州际委员会的法律顾问或指定人应证明会议可以闭幕，并应提及每一相关的豁免条款。州际委员会应保持会议记录，其中应充分和清楚地说明在一次会议上讨论的所有事项，并应全面和准确地概述所采取的行动及其理由，包括说明所表达的意见和唱票表决的记录。所有经过深思熟虑的文件及其行动都应在这些会议记录中加以确认。非公开会议的所有会议记录和文件应密封保存，但以州际委员会多数票为准。

（I）州际委员会应按照其规则收集关于根据本协定军人家庭子女过渡教育的标准化数据，该规则应具体规定所收集的数据、收集手段和数据交换及报告要求。这种数据收集、交换和报告的方法应尽可能符合现行技术，并与规章和规则中确定的记录的适当保管人协调其信息。

（J）州际委员会应建立一个程序，允许军事官员、教育官员和家长在据称违反协定或其规则时，或在国家或地方教育机构不处理受协定或其规则管辖的问题时，通知州际委员会。本节不得被解释为对州际委员会或任何成员州产生私人行动权。

第十条　州际委员会的权力和职责

州际委员会拥有以下权力：

（A）规定成员州之间的争端解决办法。

（B）颁布规则并采取一切必要行动，以实现本协定第 4 条、第 5 条、第 6 条和第 7 条具体规定的目标、宗旨和义务。这些规则应具有成文法的强制力和效力，并在本协定规定的范围和方式下对签约州具有约束力。

（C）应签约州的请求，就州际协定、其附则、规则和行动的含义或解释发表咨询意见。

（D）使用一切必要和适当的手段，包括但不限于使用司法程序，强制遵守协定规定、州际委员会颁布的规则和附则。

（E）在一个或多个成员州内设立和维持办事机构。

（F）购买和维持保险和债券。

（G）借用、接受、雇用或承包人事服务。

（H）设立和任命委员会，包括但不限于第 9 条第 E 款所要求的执行委员会，执行委员会有权代表州际委员会履行其在本条下的权力和职责。

（I）选举或任命官员、律师、雇员、代理人或顾问，并确定其报酬、界定其职责和确定其资格，并确定州际委员会在利益冲突、报酬率和人员资格方面的人事政策和方案。

（J）接收任何和所有的捐款和赠款、设备、用品、材料和服务，并接受、利用和处置它。

（K）租赁、购买、接受捐助或捐赠，或以其他方式拥有、持有、改进或使用任何财产，无论是不动产、个人财产还是混合财产。

（L）出售、转让、抵押、质押、租赁、交换、放弃或以其他方式处置任何不动产、个人财产或混合财产。

（M）确定预算和支出。

（N）通过关于州际委员会管理和运作的印章和细则。

（O）每年向成员州的立法机构、州长、司法机构和州议会报告上一年州际委员会的活动。这种报告还应包括州际委员会可能通过的任何建议。

（P）协调对参与这种活动的官员和家长进行的关于协定、其执行和运作的教育、培训和公众认识。

（Q）制定统一的数据报告、收集和交换标准。

（R）按照章程保存社团账簿和记录。

（S）履行为实现本协定目的可能必要或适当的职能。

（T）规定根据本协定在成员州、学校和军人家庭之间统一收集和分享信息。

第十一条　州际委员会的组织和运转

（A）州际委员会应在第一次州际委员会会议后12个月内，以出席并参加表决的成员的过半数通过细则，对其执行协定目的所需或适当的行为作出规定，包括但不限于：

（1）设立州际委员会的财政年度；

（2）设立一个执行委员会和其他必要的委员会；

（3）规定设立各委员会并管理州际委员会的任何一般或具体授权或职能；

（4）为召集和举行州际委员会会议提供合理的程序，并确保每次会议进行合理通告；

（5）确定州际委员会官员和工作人员的权益和职责；

（6）提供一个机制，以完成州际委员会的业务，并在支付和保留其所有债务和义务后，在协定终止时归还可能存在的盈余资金。

（7）为协定的初步实施提供"启动"规则。

（B）州际委员会每年应以成员过半数从其成员中选出一名主席、一名副主席和一名财务主管，每个人应具有章程中规定的权力和职责。主席主持州际委员会的所有会议，在主席缺席或残疾时由副主席主持。当选的官员应从州际委员会任职，但不得给予补偿或报酬；具体须视有无预算资金而定，偿还这些官员履行州际委员会职责所需的一般和必要费用和开支。

（C）执行委员会、干事和人事：

（1）执行委员会应具有章程中规定的权力和职责，包括但不限于：

（a）以符合州际委员会章程和宗旨的方式管理州际委员会的事务；

（b）监督州际委员会内部的组织结构和适当程序，以规定制定规则、业务程序以及行政和技术职能；

（c）规划、执行和协调与其他州、联邦和地方政府组织的沟通和活动，以推进州际委员会的目标。

（2）经州际委员会批准，执行委员会可根据州际委员会可能认为适当的条款和条件，任命或雇用一名有任期的执行主任。执行主任应担任州际委员会秘书，但不得为州际委员会成员。执行主任应雇用和监督州际委员会可能授权的其他人员。

（D）州际委员会执行主任及其雇员无论以个人身份还是以官方身份，就因实际或指称的行为、错误或疏忽而造成或引起的财产损害或人身伤害或其他民事责任而提出的索赔，或就其在州际委员会的雇用、职责或责任范围内有合理依据认为发生的索赔，应免除诉讼和赔偿责任；但该人如果故意和肆意的不当行为而造成的损害、损失、伤害或责任的起诉或责任不应受到保护。

（1）州际委员会的执行主任和雇员或州际委员会的代表，在其受雇范围内或其所在州发生的行为、错误或疏忽的职责行事，其责任不得超过该州宪法和法律对州官员、雇员和代理人规定的责任范围。州际委员会被认为是各州采取任何此类行动的工具。本款的任何规定均不得解释为保护其因故意和肆意的不当行为而受到损害、损失、伤害或责任。

（2）州际委员会在由州际委员会代表的成员州的总检察长或其他适当法律顾问批准后，应为执行主任及其雇员辩护，并在任何民事诉讼中为该州际委员会代表辩护，这些实际或据称行为、错误或不作为发生于州际委员会雇用、职责或责任范围内，或被告行为有合理依据发生于州际委员会雇用、职责或责任范围内，但条件是实际或指称的行为、错误或不作为不是其故意和肆意的不当行为造成的。

（3）在所涉州、成员州或州际委员会未涵盖的范围内，州际委员会的代表或雇员在和解或者判决的数额上，包括律师费和成本，应被视为免于法律责任，这些人因在州际委员会雇用、职责或责任范围内发生的实际或指称的行为、错误或不作为，或这些人有合理依据认为发生在州际委员会雇用、职责或责任范围内，但条件是实际或指称的行为、错误或不行为不是其故意和肆意的不当行为造成的。

第十二条　州际委员会的规则制定职能

（A）制定规则权力——州际委员会应颁布合理的规则，以切实有效地实现第4条、第5条、第6条和第7条具体规定的协定目的。尽管如此，如果州际委员会以超出本法第4条、第5条、第6条和第7条所述具体事项范围的方式行使其规则制定权，或超出根据本法授予的权力，则州际委员会的此种行动将无效，不具有任何强制力或效力。

（B）规则制定程序——规则制定应基本符合1981年《州行政程序示范法》（统一法15卷第1部分，2000年修订）的规则制定程序，这对于州际委员会的运作是适当的。

（C）规则颁布后三十天内，任何人均可提出请求要求对规则进行司法审查；但提出此类请求不得中止或以其他方式阻止规则生效，除非法院认定申请人有很大成功的可能性。法院应尊重州际委员会符合适用法律的行动，如果该规则代表合理行使州际委员会的权力，则不应认为该规则是非法的。

（D）如果多数签约州州立法机构拒绝通过一项法规或采纳类似的解决方案，则该规则在任何签约州不得有进一步的强制力和效力。

第十三条　监督、执行和争端解决

（A）监督

（1）各成员州州政府的行政、立法和司法部门应执行本协定，并应采取一切必要和适当的行动，以实现协定的目的和意图。本协定的规定和本协定所颁布的规则应具有成文法的效力。

（2）所有法院应在成员州与本协定主题事项有关的任何司法或行政程序中，对可能影响到州际委员会的权力、责任或行动给予司法关注。

（3）州际委员会有权在任何诉讼中接受程序服务，并有权干预诉讼程序。不向州际委员会提供程序服务，根据州际委员会及其协定和规则，判决或命令无效。

（B）违约、技术援助、暂停和终止——如果州际委员会确定某一成员州在履行本协定或细则或颁布规则规定的义务或责任时违约，州际委员会应：

（1）向违约州和其他成员州提供书面通知，说明违约的性质、处理违

约的手段以及州际委员会采取的任何行动。州际委员会将明确提出违约州
必须纠正其违约的条件。

（2）就违约问题提供补救培训和具体技术援助。

（3）如果违约州不能纠正违约，违约州应在成员州过半数赞成票的情
况下终止本协定，本协定赋予的所有权利、特权和福利应从终止生效之日
起终止。纠正违约并不能减轻违约期间发生的债务或负债的违约状态。

（4）只有在用尽确保遵守的所有其他手段之后，才应暂停或终止协定
的成员资格。州际委员会应向州长、违约州立法机构的多数派和少数派领
导人以及每个成员州发出暂停或终止的意向通知。

（5）被暂停或终止的州对在中止或终止生效之日起包括债务在内的所
有核定的付款、债券和债务负责，债务的履行期超过中止或终止生效之日。

（6）州际委员会不应承担与被认定违约或因协定中止或终止的任何州
有关的任何费用，除非州际委员会与违约州之间另行书面商定。

（7）违约州可对州际委员会的行动提出上诉，向美国哥伦比亚特区地
方法院或州际委员会设有主要办事处的联邦地区法院提出上诉。胜诉方应
获得此类诉讼的所有费用，包括合理的律师费。

（C）解决争端

（1）州际委员会应根据成员州的请求，设法解决成员州之间以及成员
州与非成员州之间可能出现的、受协定约束的争端。

（2）州际委员会应颁布一项规则，酌情规定调解和有约束力的争端解
决办法。

（D）执行

（1）州际委员会在合理行使酌处权时，应执行本协定的规定和规则。

（2）针对成员州的违约，州际委员会可以根据成员州多数票向哥伦比
亚特区美国地方法院提起诉讼，或由州际委员会酌情在州际委员会设有主
要办事处的联邦地区法院提起诉讼，以强制执行协定或其颁布的规则和细
则。寻求的救济可以包括强制救济和损害赔偿。如果司法强制执行是必要
的，胜诉方应获得此类诉讼的所有费用，包括合理的律师费。

（3）本协定的补救办法不应是州际委员会的专属补救办法。州际委员
会可利用州法律或专业条例规定的任何其他补救办法。

第十四条 州际委员会的财政

（A）州际委员会应支付或规定支付其设立、组织和正在进行的活动的合理费用。

（B）州际委员会可向每个成员州征收并收取年度摊款，以支付州际委员会及其工作人员的业务和活动费用，这些费用总额必须足以支付州际委员会每年核定的年度预算。年度摊款总额应根据由州际委员会确定的公式分配，该委员会应颁布一项对所有成员州具有约束力的规则。

（C）州际委员会不得在获得足够资金之前承担任何债务；州际委员会也不得担保任何成员州的信用，除非由成员州授权。

（D）州际委员会应准确记录所有收支。州际委员会的收支应遵守其章程规定的审计和会计程序。但是，州际委员会处理的所有资金收支均应由注册会计师或有执照的公共会计师每年审计，审计报告应列入州际委员会的年度报告，并成为报告的一部分。

第十五条 成员州、生效日期和修订

（A）任何州都有资格成为成员州。

（B）协定应在不少于十个州立法将协定颁布为法律后生效并具有约束力。生效日期不得早于 2007 年 12 月 1 日。此后，协定将成为法律，该协定将对任何其他成员州生效并具有约束力。在所有州通过协定之前，应邀请非成员州的州长或其指定人在无表决权的基础上参加州际委员会的活动。

（C）州际委员会可提议修订协定，供成员州颁布。除非修正案经成员州一致同意成为法律，否则修正案不得对州际委员会和成员州生效并具有约束力。

第十六条 退出和解散

（A）退出

（1）协定一旦生效，即应继续有效，并对每个成员州保持约束力；但成员州可退出协定，具体废除使协定成为法律的规约。

（2）退出本协定应通过颁布废除该协定的法令进行，但在该法令生效日期后一年，以及在退出州向其他成员管辖区州长发出书面退出通知之

前，不得生效。

（3）退出州应在退出州颁布废除这一协定的立法后立即以书面形式通知州际委员会主席。州际委员会在收到退出州书面通知后六十天以内应通知其他成员州。

（4）退出州负责在退出生效之日起支付的所有摊款、债务和负债，其履行期限超过退出生效之日。

（5）成员州退出后，应在退出州重新执行协定时或在州际委员会确定的较后日期恢复。

（B）解散

（1）本协定应在成员州退出或违约之日且协定成员州的成员数降低到一个时终止。

（2）本协定终止后，协定无效，不再具有强制力或效力，州际委员会的业务和事务应结束，盈余资金应按照章程分配。

第十七条　可分割性和解释

（A）本协定的规定应是可分割的，如果任何短语、条款、句子或规定被认为是不可执行的，则本协定的其余规定应是可执行的。

（B）本协定的规定应被宽泛地解释为实现其宗旨。

（C）本协定的任何内容不得解释为禁止各州加入的其他州际协定的适用性。

第十八条　协定和其他法律的约束力

（A）其他法律

（1）本条不妨碍执行成员州与本协定不相抵触的任何其他法律；

（2）所有与本协定相冲突的成员州法律都在冲突的范围内被取代；

（B）协定的约束力

（1）州际委员会的所有合法行动，包括州际委员会颁布的所有规则和细则，对成员州具有约束力；

（2）州际委员会与成员州之间的所有协定均根据其条款具有约束力；

（3）如果本协定的任何规定超出任何成员州立法机关的宪法限制，则此种规定在与该成员州有关宪法规定相冲突的情况下无效。

附录 B2　阿肯色州和俄克拉何马州
关于阿肯色河流域协定

阿肯色州和俄克拉何马州通过其正式授权的契约代表阿肯色州的 S. 基斯·杰克逊和俄克拉何马州的格兰德·R. 柯克帕特里克，在总统任命为美利坚合众国代表的特里格·特维切尔参与谈判后，根据美利坚合众国国会 1955 年 6 月 28 日批准的法案（公法 97，第 84 届国会第一次会议）对此类谈判的同意，双方就阿肯色河及其支流水资源管理达成下列协定。

第一条

本协定的主要目的是：

（A）促进阿肯色州和俄克拉何马州的州际礼让。

（B）规定阿肯色州和俄克拉何马州之间公平分配阿肯色河水域，并促进其有序发展。

（C）提供一个机构，负责管理本协定约定的水资源分配。

（D）鼓励在两个州各维持一项积极的减少污染方案，并设法进一步减少阿肯色河流域水域的自然和人为污染。

（E）促进阿肯色州和俄克拉何马州水行政机构在阿肯色河流域水资源的全面开发和管理方面的合作。

第二条

如本协定所用：

（A）"州"一词是指签署本协定的任何一个州，应解释为包括因官方责任或该州州长指定作为该州官方代表行事的任何个人、实体或机构。

（B）"阿肯色州—俄克拉何马州河流协定委员会"一词或"委员会"一词是指本协定为管理该协定而设立的机构。

（C）"阿肯色河流域"一词是指阿肯色河及其支流的所有流域，从俄克拉何马州马斯科吉附近的格兰德尼欧肖河与阿肯色河交汇处的一个点，到阿肯色州范比伦附近的利溪与阿肯色河交汇处的一个点，再加上阿肯色州斯帕维纳河的流域盆地，但不包括尤法拉大坝以上的加拿大河流域盆地的那一部分。

（D）"斯帕维纳河亚盆地"一词是指阿肯色州的斯帕维纳河流域。

（E）"伊利诺伊河亚盆地"一词是指阿肯色州伊利诺伊河流域。

（F）"利溪亚盆地"一词是指阿肯色州和俄克拉何马州利溪排水区域。

（G）"波托河亚盆地"是指阿肯色州波托河流域。

（H）"阿肯色河亚盆地"一词是指除上述四个子盆地外的阿肯色河流域的所有地区。

（I）"水的年度"是指当年 10 月 1 日至次年 9 月 30 日的 12 个月的期间。

（J）"年产量"一词是指从任何指定的子流域计算出的年总径流量，该径流量本应在溪流上的任何特定点上通过，并在自然条件下在任何指定区域内产生，在水的年度内不会有任何人为耗竭或增加。

（K）"污染"一词是指污染或以其他方式改变水的物理、化学、生物或辐射特性，或将任何液体、气体或固体物质排放到造成或可能造成滋扰的任何水域，或使或可能使其排放的水域对公众健康、安全或福利损害、不利或伤害的水域。

第三条

（A）阿肯色河流域特有的物质条件和其他条件构成本协定的基础，因此，本协定的州和经其同意的美国国会都不同意本协定为其他州际河流确立任何一般原则。

（B）根据本协定，本协定的任何签署州都不会放弃它们之间不发源于阿肯色河流域的任何流动水域的利益或权利。

第四条

阿肯色州和俄克拉何马州特此同意下面阿肯色河流域水资源的分配。

（A）阿肯色州有权开发和使用斯帕维纳河流域的水域，但限制年产量不得超过 50%。

（B）阿肯色州有权开发和使用伊利诺伊河流域的水域，但限制年产量不得超过 60%。

（C）阿肯色州有权开发和使用阿肯色州利溪流域内的所有水域，或同等水域。

（D）俄克拉何马州有权开发和使用俄克拉何马州利溪流域内的所有水域，或同等水域。

（E）阿肯色州有权开发和使用波托河流域的水域，但限制年产量不得超过 60%。

（F）俄克拉何马州有权开发和使用阿肯色河流域的水域，但以年产量不超过 60% 为限。

第五条

（A）在每年 12 月 31 日或之前，在本协定生效之日之后，委员会应确定阿肯色河流域上一水年的州界产量。

（B）任何超过本协定规定允许的年产量的损耗，在委员会的控制下，应交付给下游国家，所述交付应包括不少于盆地当前径流的 60%。

（C）确定每个子流域年产量的方法应由委员会制定和批准。

第六条

（A）每个州可在另一州建造、拥有和经营其需要的蓄水池，但条件是，本协定或阿肯色州或俄克拉何马州批准本协定的任何内容均不得解释为以任何方式在其本州边界以外授予州或本协定当事方显著范围之外的权利或权力。

（B）由于以前或以后由美国或其专门机构、或一个州及其政府分支机构或任何人建造的任何蓄水水库的运行而造成的阿肯色河流域任何子流域年产量的减少，应向水资源利用州起诉。

（C）各州应有权自由和不受限制地利用阿肯色河流域内任何溪流的自然渠道，将从任何蓄水水库释放的水通过另一州输送给预定的下游引水或使用，而不丧失对这些水的所有权；但条件是，应减少在移动点上提取的水量，这相当于传输损失。

第七条

阿肯色州和俄克拉何马州双方同意：

（A）各州原则是努力在各自边界内减少人为污染，以及两州继续积极支持污染消除方案。

（B）通过阿肯色州和俄克拉何马州适当的州机构合作调查和减少阿肯色河流域州际污染的来源。

（C）制定联合方案，查明和控制阿肯色河及其支流水域的污染源具有州际意义。

（D）原则是任何一州不得要求另一州以水质控制为目的替代充分的废物处理而提供水。

（E）利用所有联邦和州水污染法律的规定，并承认根据《联邦水污染控制法》可能制定的水质标准，以解决影响阿肯色河流域水域的任何污染问题。

第八条

（A）特此设立一个州际行政机构，命名为"阿肯色州—俄克拉何马州河流协定委员会"。成员选择如下，该委员会应由代表阿肯色州的三名专员和代表俄克拉何马州的三名专员组成；如果由总统或授权的联邦机构指定，则由一名代表美国的专员组成。兹请总统或获准作出这种任命的联邦机构指定一名专员和一名候补代表美国。如果指定了联邦专员，联邦专员应担任委员会主席和主持人，但在委员会的任何审议中无表决权。

（B）一名阿肯色州专员应担任阿肯色州水土保持委员会主任，今后负责管理该州水法的其他机构。另外两名专员应居住在阿肯色州的阿肯色河流域，由州长在参议院的建议和同意下任命，任期四年，头两名专员同时任命，任期分别为两年和四年。

（C）一名俄克拉何马州专员应担任俄克拉何马州水资源理事会主任，今后负责管理该州水法的其他机构。另外两名专员应居住在俄克拉何马州阿肯色河流域，由州长在参议院的建议和同意下任命，任期四年，前两名专员同时任命，任期分别为两年和四年。

（D）每个州的专员和代表美国的专员或其候补专员如果被指定，必须有过半数的人出席才能构成法定人数。在采取委员会的任何行动时，每个签约州应有一票代表该国专员的多数意见。

（E）一旦委员会的任何决定、命令或其他行动出现平票，任何一州的过半数专员经书面请求可将该问题向委员会主席提交仲裁。仲裁不应是强制性的，但一旦发生仲裁，应有三名仲裁员：

（1）一个由阿肯色州水土保持委员会正式通过的决议所指定，或今后负责阿肯色州水法管理的其他州机构指定；

（2）一个由俄克拉何马州水资源理事会正式通过的决议指定，或今后负责执行俄克拉何马州水法的其他机构指定；

（3）由上述两名选定的仲裁员选出的第三名，如果仲裁员在选定后六十天内未能选定第三名，则应由委员会主席选定他。

（F）每个委员的工资和个人支出由他所代表的州支付。委员会基于协定履行产生的所有支出由两州平均承担，并由阿肯色州—俄克拉何马州阿肯色河流域协定基金支付，按照下文第9条B款第5项的规定启动和维持。各州在此相互同意提供足够的适当款项，以支付其在执行本协定中所承担的费用中所占的份额，并将其支付给上述基金。应以委员会授权的方式从上述基金支付款项。这些资金不受各国审计和会计程序的约束；但是，委员会处理的所有资金的收支均应定期由一名合格的独立会计师审计，审计报告应列入下文第9条B款第6项规定的委员会年度报告，并成为其一部分。委员会不应承诺向任何一州提供信贷，也不应在获得足够资金之前承担任何债务。

第九条

（A）委员会有这些权力：

（1）雇用履行本协定所规定职能所必需的工程、法律、办事员和其他人员；

（2）与适当的州或联邦机构订立合同，收集、关联和列报事实数据，保存记录和编写报告；

（3）设立并维持一个处理其事务的办公室；

（4）批准并获得一枚印章供其正式使用；

（5）采纳管理其业务的规章制度，为执行本协定而采用的程序不受任何一州的《行政程序法》的约束，但须遵守本公约的规定和委员会的规则和条例；另外，委员会的所有规则和条例应向签署州的州秘书提出；

（6）与联邦、州专业机构及签署州政府分支机构合作，根据本协定的规定和联邦及州的政策，制定阿肯色河流域现有和未来水库蓄水和放水的原则，以确保这些水库的运作符合州和美国的最大利益；

（7）举行听证会，强迫证人出庭，以便取证和接受其他合适的和适当的证据，并发出他认为为适当执行本协定所需的适当命令，该命令可应委员会或任何其他有关当事方的请求，在该命令所涉议题事项存在的县的有管辖权法院执行，但须有权通过所在地上诉法院复审，为颁布和发布命令而举行的听证会，应在该听证会的议题所在县和州举行；

（8）将其任何调查结果、建议或报告的正式核证副本送交任一州官员或机构，或者美国政府，并将其存档，这些官员或机构可能对该主题事项有相关利益或管辖权，委员会作出的事实认定应作为证据予以受理，并应在任何法院或主管管辖机构面前构成这种事实的初步证据，委员会提出调查结果、建议或报告，不应作为一个先决条件，规定签署州在任何法院或任何法庭、机构或官员采取或维持任何行动或程序，以保护本协定规定的任何权利或执行其任何规定；

（9）从联邦或州政府任何部门或机构的负责人处获取他可能需要或认为对履行其职能有用的信息、建议、估计和统计数据，以及向其提出请求的部门或机构提供的或由其提供的信息、建议、估计和统计数据；

（10）印刷或以其他方式复制和分发其所有会议记录和报告；

（11）为本协定的目的，接受任何和所有私人捐款、礼物和联邦赠款。

（B）委员会将：

（1）建立、维护和运营河流、水库或其他测量站以妥善执行本协定；

（2）收集、分析和报告有关河流流量、水质、年流量的数据，以及为适当制定本协定所需的其他信息；

（3）继续研究开发确定流域总产量的方法；

（4）履行协定规定的所有其他职能，并在履行协定规定的职责时做一切必要、适当或方便的事务；

（5）设立和维持"阿肯色州—俄克拉何马州河流协定基金"，由委员会在本协定授权下收到的任何和所有资金组成，存入一家或多家有资格存入签署州公共资金的银行；

（6）编写并向每个签署州的州长和美国总统提交一份年度报告，说明委员会上一个财政年度的活动，并说明委员会在开展工作过程中收到和支出的所有资金；

（7）编制并向阿肯色州和俄克拉何马州各州州长提交一份年度预算，

以支付委员会下一个财政年度的预期开支；

（8）应向州长或任何一个州的机构或美国的任何授权代表请求提供其掌握的任何资料。

第十条

（A）本协定的各项规定保持充分效力，直至各州通过其专员采取一致行动加以改变或修正，或者经各州立法机关批准并经美国国会同意改变，如同本协定所要求的批准方式生效一样。

（B）本协定可在任何时候因两个签署州立法机关采取适当行动而终止。

（C）在修订或终止协定的情况下，协定规定的所有权利应继续不受损害。

第十一条

本协定不被视为：

（A）损害或影响美国的权力、权利或义务，或在阿肯色河流域、对其管辖范围内和对其水域提出要求的人；

（B）干预或损害任何一个签署州在其管辖、使用和控制该州境内水域的范围内的权利或权力，但不得违背本协定规定的义务。

第十二条

如果本协定的任何部分或适用由有管辖权的法院宣布无效，本协定的所有其他规定和适用应继续完全有效。

第十三条

（A）本协定在下列情况下具有约束力和强制性：本协定应得到每个州立法机关的批准并得到美国国会的同意；国会法案同意本协定，且国会同意提名并加入美国作为美国最高法院任何诉讼的一方时，如果美国是不可缺少的当事方，如果诉讼源于本协定或其适用，以及签署州是该协定的缔约州。

（B）阿肯色州和俄克拉何马州双方同意并准许根据 1962 年 10 月 15 日颁布的第 87-830 号公共法律的规定向美国地区法院提起诉讼，或随后进行修订。

（C）每个州立法机关批准通告应由该州州长向另一州州长和美国总统发出，并请总统在美国国会通知每个州州长同意。

作为证明，经授权的代表在本案中执行了三项对应事项，每项对应事项应为并构成一份原件，其中一项应交存美国总务署长官，一项应转交各州州长。

附录 B3　西南地区低放射物处置协定

第一条　协定政策及组成

成员州在此发现并宣布以下所有内容：

（A）美国国会批准通过的并于 1985 年（《美国法典》第 42 编第 2021 节，包括 2021b 至 2021j 节）修订的《低放射性废物政策法案》（公法第 96-573 号），鼓励使用州际协定，为低放射性废物区域管理设施的建立和运作作出规定。

（B）本协定的目的是为参与州之间的合作努力提供手段，以保护各州的公民和各州的环境。

（C）本协定成员州的政策是鼓励减少需要在协定区域内处置的低放射性废物的数量。

（D）本协定的政策是通过各州的合作，尽量减少处置这些废物所需的装卸和运输量，并提供服务于该协定区域的设施，可以保护其公民的健康和安全，并对低放射性废物进行最具有生态性和最经济的管理。

（E）每一个成员州，根据《美国法典》第 42 编第 2021 节是协定州，或者不属于核管理委员会协定州，应负责对其管辖范围内的放射性材料进行首要管理。

第二条　定义

除非上下文另有明确说明，否则本协定适用下列定义：

（A）"委员会"是指本协定第 3 条设立的西南部低放射性废物委员会。

（B）"协约区域"或"区域"是成员州边界内的全部地理区域。

（C）"处置"是指根据核管制委员会和环境保护局的要求，或拥有处置设施的成员州，对低水平放射性废物的永久隔离。

（D）"产生"与低放射性废物有关的利用，意味着低放射性废物产生。

（E）"生产者"是指因某些活动而导致产生低放射性废物的实体，这不包括低放射性废物管理人员。

（F）"主办县"是指提供区域处置设施的一个县或成员州的其他类似从属政治单位。

（G）"主办州"是指提供区域处置设施的州。加利福尼亚州是本协定的主办州，自加州区域处置设施开始运作之日起30年。

（H）"机构控制期"是指将设施许可证移交给处置场所的所有权人之后，按照适当的规则对关闭后的设施进行长期观察和维护的时间段。

（I）"低放射性废物"是指符合下列所有要求的受管制的放射性材料：

（1）废物不是高放射性废物、废核燃料或副产品〔根据1954年《原子能法》第11条e款第2项（《美国法典》第42编第2014节e分节第2款）所界定〕。

（2）废物不是铀矿或边角料。

（3）该废物不是联邦政府根据1985年《低放射性废物政策修正法》第3条b款（《美国法典》第42编第2021c节b分节）负责的任何废物。

（4）废物不是半衰期大于5年且浓度大于每克100纳米曲线的α发射体超铀核素，也不是浓度大于每克3500纳米曲线的锎-241，或浓度大于每克20000纳米曲线的锔-242。

（J）"管理"是指收集、合并、储存、包装或处理。

（K）"主要生产州"是指在协定区域内产生的低放射性废物总量达到10%并在区域处置设施处置的州。如果除加州以外的成员州产生的废物没有达到总数量的10%，则"主要生产州"是指在协定区域内产生并在区域处置设施中处置的废物数量仅次于加利福尼亚州的州。

（L）"经营者"是指经营区域处置设施的人。

（M）"成员州"是指根据本协定第7条成为该协定成员的任何州。

（N）"人"是指个人、公司、合伙企业或其他法律实体，无论是公共实体还是私人实体。

（O）"关闭后期"是指处置设施关闭完成后的一段时间，在此期间，被许可人应观察、监测和对处置设施进行必要的维护和修理，以确保处置设施保持稳定，不需要持续的积极维护。本期结束于机构控制期开始。

（P）"区域处置设施"是指根据本协定建立和运作的非联邦低放射性废物处置设施。

（Q）"场地封闭和稳定"是指处置设施经营者在处置设施运行寿命结束时开展的活动，以确保继续保护公众不受处置设施内任何残余放射性或其他潜在危险的影响。

（R）"运输者"是指运输低放射性废物的人。

（S）"铀矿和边角料"是指因开采和加工含铀矿石而产生的废物。

第三条　委员会

（A）特此设立西南低放射性废物委员会。

（1）委员会应由每个成员州经该州参议院确认由州长任命并且乐于服务于州长的一名有表决权的成员，以及主办县的一名有表决权的成员组成。各成员州的指定机构应书面通知委员会该州成员和任何候补成员的身份。候补成员可在委员缺席时行事。

（2）主办州还应任命该委员会额外有表决权的成员人数，主办州在该委员会的组成人数至少达到51%。主办州的额外成员应由主办州州长任命并由主办州参议院确认。如果主办州不止一个，只有根据本协定积极接受低放射性废物的区域处置设施所在州才能任命这些额外成员。

（3）如果在委员会任命时主办县尚未选定，主办州州长应任命一名临时地方政府成员，该成员应为地方政府的当选代表。在选定主办县后，临时地方政府成员应辞职，州长应根据第四款任命主办地成员。

（4）州长应从监事会编制的至少七名候选人名单中任命主办县的成员。

（5）在根据第4款推荐和任命主办县成员时，监事会和州长应首先考虑推荐和任命区域处置设施所在地区或正在开发的监事会成员。如果主办县监事会没有向州长提供至少七名候选人的名单，州长应任命主办县居民为主办县的成员。

（6）主办县成员须经所在州参议院确认，并乐意服务于主办州州长。

（B）委员会是一个独立于各成员州的法律实体，应对其行为承担责任。委员会成员对以其官方身份采取的行动不负个人责任。委员会的责任不应视为成员州的责任。

（C）委员会应依照主办州法律处理其事务，因委员会行动而产生的争端应受主办州法律管辖。该委员会应设在区域处置设施所在州的首府。

（D）委员会的记录应受主办州的公共记录法管辖，委员会的会议应按照主办州的会议公开法案公开。

（E）委员会成员是任命州的公职人员，应受任命州的利益冲突法和任何其他法律的管辖。委员会成员应根据任命州的法律得到补偿。

（F）每个委员会成员有权获得一票。委员会的多数构成法定人数。除非本协定另有规定，委员会必须获得委员会总票数的多数才能采取任何行动。

（G）委员会有以下所有职责和权力：

（1）委员会应根据本协定授予的权力，采取一切合理必要的措施，确保在区域内安全处置和管理低放射性废物。

（2）委员会应至少每年开会一次，并视业务需要另行开会。

（3）委员会应对成员州的生产者加征附加费。附加费应以低放射性废物的立方英尺和低放射性废物的放射性为基础，由处置设施的经营者收取。

主办州应在国会批准协定后，规定并由委员会征收附加费。附加费的数额应足以为下列所有目的设立和维持合理水平的基金：

（a）委员会和委员会工作人员的活动。

（b）由主办州酌情设立第三方责任基金，负责赔偿在区域处置设施运作、关闭、稳定、关闭后和机构控制期间对人员或财产造成的伤害。本项不限制经营者的责任或义务，经营者应遵守任何联邦或主办州关于第三方责任索赔的法规或条例。

（c）地方政府偿还基金，目的是偿还地方政府实体或区域处置设施所在实体的服务费用或增加的负担，包括但不限于一般基金费用、道路和桥梁的改善和维护、消防、执法、地方卫生官员的监测以及与区域处置设施主办州有关的应急准备和反应。

（4）委员会为第 3 项 b 分项和 c 分项的目的而征收的附加费和根据第 3 条 E 款第 3 项征收的附加费，应每月送交主办州，以便分配给适当的账户。

（5）委员会应当尽可能按照成员州的财政年度确定委员会的财政年度。

（6）委员会应准确记录所有收支。委员会的账簿应当由独立的注册会计师进行年度审计，审计报告应当作为委员会年度报告的一部分。

（7）委员会应编制并在年度报告中列入预算，列明下一财政年度的预期收支情况。

（8）委员会可接受包括联邦或州政府在内的任何赠款、设备、用品、材料或服务。根据本款接受的任何捐赠、赠款的性质、数额和条件以及捐助者或授予者的身份应在委员会的年度报告中详细说明。

然而，按照《美国法典》第 42 编第 2021e 节 d 分节第 2 款 E 分款所规定的用途，主办州将接收能源部长根据《美国法典》第 42 编第 2021e 节 d 分节第 2 款 A 分款受托管理的特别代管账户支付的任何款项。

（9）委员会应就委员会的活动向各州州长和立法会议主持人提交信息，包括每年 1 月 15 日或之前提交的年度报告。委员会应在年度报告中列入对低放射性废物处置方法的审查和建议，这些方法是低放射性废物浅地掩埋的替代技术。

（10）委员会应收集并向成员州和公众提供有关低放射性废物管理需求、技术和问题方面的信息。

（11）委员会应根据成员州提供的资料，保存区域内所有生产者的当前库存清单。

（12）委员会应保存区域处置设施的所有当前清单，包括关于规模、容量、位置、能够管理的特定低放射性废物以及每个区域处置设施的预计使用寿命的信息。

（13）委员会可设立咨询委员会，就低放射性废物的处置和管理向委员会提供咨询意见。

（14）委员会可依据项目资源订立履行职责和权力的合同。委员会订立的任何合同都不得约束成员州。

（15）委员会应在主办州的合作和批准下编制应急计划，以便在任何区域处置设施应予关闭的情况下处置和管理低放射性废物。

（16）委员会经成员多数票授权可起诉和被起诉，可设法干预与本协定有关的行政或司法程序。

（17）委员会应由适当的工作人员管理，包括一名执行主任。尽管有其他法律规定，委员会可以雇用或保留或两者兼而有之的法律顾问。

（18）委员会可在不违反适用的联邦和州法律的情况下，向主办州当局建议适用于低放射性废物运输的陆路和铁路运输路线。

（19）只有在满足下列两项要求的情况下，委员会才能就向该区域输入低放射性废物达成协议：

（a）委员会以委员会成员三分之二票批准输入协定。

（b）委员会和主办州评估受影响的区域处置设施处理输入的低放射性废物的能力以及主办州管理当局界定的任何有关的环境或经济因素。

（20）经请求，委员会可允许个别生产者、一群生产者或主办州将低放射性废物输出到区域外的低放射性废物处理设施。委员会只能以委员会成员三分之二的票数批准请求。出口低放射性废物的许可在期限内和低放射性废物的数量内有效，并受委员会可确定的任何其他期限或条件的限制。

（21）如果输出的唯一目的是对材料进行再循环利用，委员会只能通过委员会成员三分之二票批准在该区域以外输出，另外要符合低放射性废物标准。

（22）委员会应至迟在初始或随后的区域处置设施关闭前 10 年编制下一个区域处置设施的建立计划。

第四条　权利、责任和成员州的义务

（A）区域处置设施应足以处置区域内产生的低放射性废物。

（B）区域内产生的低放射性废物应在区域处置设施处置，每个成员州应无歧视地使用任何区域处置设施。

（C）（1）本协定一旦生效，加利福尼亚州作为主办州应遵从本条第 E 款的要求，从区域处置设施开始接受低放射性废物以供处置之日起至少服务 30 年。延长义务和期限应由加利福尼亚州选择。如果加利福尼亚州不延长这一义务，成员州中除加利福尼亚州以外的最大的生产州作为第二个区域处置设施的主办州。第二个区域处置设施的主办州的义务也应自第二个区域处置设施开始运作之日起服务 30 年。

（2）为公共卫生或安全需要时，主办州可关闭其区域处置设施。

（D）根据 1985 年修订的《低放射性废物政策修正法》（《美国法典》的第 42 编第 2021 节，包括第 2021 节 b 分节至 j 分节），本协定的成员州不能成为另一个区域低放射性废物协定的成员。

（E）主办州应做到以下各点：

（1）及时开发区域处置设施。

（2）根据任何适用的联邦法律，通过法律确保在州内区域处置设施的选址、设计、开发、许可、管理、运营、关闭、退役和长期维护方面保护和维护公众健康和安全。

（3）确保在区域处置设施处置低放射性废物的费用充足并做到以下各点：

（a）确保安全处置低放射性废物和长期照料区域处置设施。

（b）支付区域处置设施的检查、执行和监视活动的费用。

（c）确保评估费用时一视同仁地对待发起州。

（4）每年向委员会提交一份关于区域处置设施状况的报告，包括对该设施未来能力的预测。

（5）一旦发生任何可能导致区域处置设施可能暂时或永久关闭的事件，主办州和经营者应立即通知委员会。

（F）每个成员州都有下列职责和权力：

（1）在联邦法律授权的范围内，各成员州应制定和执行程序，要求源自其境内并运往区域处置设施的低放射性废物运输符合包装和运输要求及条例。这些程序应包括但不限于下列所有要求：

（a）定期检查包装和运输练习。

（b）在运输人员保管期间定期检查低放射性废物容器。

（c）针对侵权行为采取适当的执法行动。

（2）成员州可以对州内的低放射性废物发生器征收附加费，以支付第一项所要求的活动。

（3）在联邦法律授权的范围内，每个成员州应在收到主办州关于其成员州的人违反包装、运输或运输要求或条例的通知后采取适当行动，确保这些违法行为不再继续。适当的行动可包括但不限于要求违反者支付保证金，以支付在区域处置设施重新包装的费用，并禁止今后运往区域处置设施。

（4）每一成员州应在该州境内登记所有可能有低放射性废物在区域处置设施处置的生产者，包括但不限于低放射性废物的数量和每一生产者产生的低放射性废物的类别。

（5）各成员州均应在其境内鼓励生产者，以尽量减少需要处理的低放射性废物的数量。

（6）每一成员州可依靠其他成员州的诚意履行本协定所要求的提供区域处置设施的行为，包括以符合本协定的方式使用区域处置设施。

（7）每一成员州应向委员会提供履行委员会职责所需的任何数据和资料，包括为获取这些数据或资料而采取的必要行动。

（8）各成员均应同意，只有在成员州管辖范围内产生的低放射性废物才应在区域处置设施内处置，但第3条第G款第19项规定的情况除外。

（9）各成员州应同意，如果因区域处置设施的运营而对个人财产造成任何损害，所造成的损害可根据第3条第G款第3项b分项的规定，由第三方责任基金支付，但以损害超出经营者所承担的责任保险限额为限。任何成员州加入本协定，都不承担与区域设施有关的选址、运营、维护、长期维护或其他活动所造成的任何责任，任何成员州不应对不在该州内的区域设施造成的任何损害承担责任。

第五条　区域设施的批准

区域处置设施应由主办州根据其法律批准。本协定不授予委员会任何关于成员州境内任何区域处置设施的选址、设计、开发、许可，或其他管制，或运营、关闭、退役，或长期维护的权力。

第六条　禁止行为和惩罚

（A）除第3条第G款第20项和第21项另有规定外，任何人不得在区域内处置低放射性废物，除非在区域处置设施处置。

（B）除第3条第G款第20项和第21项规定的情况外，任何人不得处置或管理区域内的任何低放射性废物，除非该低放射性废物是在区域内产生的。

（C）违反本节规定的，应当向成员州管辖范围内的有关执法机构报告。

（D）违反本节的行为可能导致禁止违反者在区域处置设施内处置低放射性废物，这由委员会或主办州决定。

第七条　资格、生效、国会同意、退出、排除

（A）亚利桑那州、北达科他州、南达科他州和加利福尼亚州有资格成为这一协定的成员州。任何其他州可通过委员会的多数票和所有成员州的立法机构以法规批准，并在遵守主办州可能确定的资格条件的情况下，获得资格。主办州可为作为本协定成员的任何州的进入制定所有条款和条件，

但本款所列州除外。

（B）在遵守本协定的其他规定后，符合条件的州可通过立法颁布本协定或通过州长的行政命令而成为成员州。根据行政命令成为成员州，在行政命令发布后召开的立法机构第一届大会休会后，应停止为成员州，除非在休会前立法机构颁布本协定。

第八条　解释和独立性

（A）本协定的规定应广义地解释为执行协定的宗旨，但成员州的主权除非必须不得被侵犯。

（B）本协定不影响在本协定生效之日待决的任何司法程序。

（C）如果本协定的任何规定或其对任何人或任何情况的适用被认为无效，该无效不应影响本协定的其他规定或适用，而该规定或适用在没有无效规定或适用的情况下可以生效，为此目的，本协定的规定是可分割的。

（D）本协定的任何规定均不减损或损害下列任何一项的管辖权、权威或酌处权：

（1）根据经修订的 1954 年《原子能法》设立的核管制委员会（《美国法典》第 42 编第 2011 节及其后条款）。

（2）根据经修订的 1954 年《原子能法》第 274 条规定的协定州（《美国宪法》第 42 编第 2021 节）。

（E）本协定不赋予各州或委员会采取下列任何行动的任何新权力：

（1）以不符合核管制委员会或美国运输部条例的方式管制低放射性废物的包装或运输。

（2）从源头、副产品或特殊核材料对健康、安全或环境危害进行监管。

（3）检查协定州或核管制委员会的许可证持有人的活动。

附录 B4　应急管理援助协定

第一节　国会批准

国会同意特拉华州、佛罗里达州、佐治亚州、路易斯安那州、马里兰州、密西西比州、密苏里州、俄克拉何马州、南卡罗来纳州、南达科他州、田纳西州、弗吉尼亚州和西弗吉尼亚州签订的应急管理援助协定。该协定大致如下。

第一条 目的和权限

本协定是由参与和批准该协定的成员州之间（以下简称"成员州"）制定并订立。为了本协定的目的，"各州"一词是指几个州、波多黎各联邦、哥伦比亚特区和所有美国领土。

本协定的目的是为加入本协定的各州之间提供援助，以管理受影响的州的州长正式宣布的任何紧急灾害，无论是自然灾害、技术危害、人为灾害，还是民事方面的资源短缺、社区失调、叛乱或敌人的攻击。

本协定还应规定在应急演练、测试或其他培训活动中相互合作，使用设备和人员模拟成员州或成员州分支机构在紧急情况下提供和接受援助的任何方面的表现，这些行动发生在实际宣布的紧急时期之外。这一协定中的互助可以根据国民警卫队互助协定，或者通过各州之间的相互协议使用各州的国民警卫队。

第二条 全面实施

加入该协定的每一个州都认识到，许多紧急情况超越了政府管辖范围，政府间协调对于根据该协定管理这些和其他紧急事件至关重要。各州还应认识到，出现紧急情况后应需要立即进入并启动程序，以利用外部资源对这种紧急情况作出迅速和有效的反应。这是因为只有少数州（如果有的话）拥有在所有类型紧急情况中可能需要的所有资源，或向存在紧急情况的地区提供资源的能力。

在一个成员州宣布发生任何紧急情况或灾难时，迅速、充分和有效地利用参与州的资源，包括现有的或从联邦政府或任何其他来源获得的资源，对人民的安全、照料和福利至关重要，这应是理解本协定所有条款的优先的原则。

代表参加协定的每个州的州长应指定负责应急管理的州官员，该官员将负责制定执行该协定所需的适当的州际互助计划和程序。

第三条 成员州责任

A. 在履行本条所列责任时，各成员州有责任制定州际合作的程序计划和方案。各州在制定和实施这些计划时，应当在实际可行的范围内：

1. 审查个别州的危害状况，并尽可能合理地确定成员州可能共同遭受的所有潜在紧急情况，不论是自然灾害、技术危害、人为灾害，还是资源短缺的紧急情况、国内混乱、叛乱或敌方攻击；

2. 审查成员州个别应急计划，并制定一项计划确定州际管理和援助提供机制，以应对任何潜在的紧急情况；

3. 制定州际程序以填补任何已查明的空白，并解决现有或已制定的计划中任何已查明的不一致或重叠之处；

4. 协助警告邻近或跨越州界的社区；

5. 保护并确保不间断地提供服务、药品、水、食品、能源和燃料、搜索和救援以及关键的生命线设备、服务和资源，包括人力和物力；

6. 清点并制定州际贷款和提供人力和物力资源的程序，以及补偿或宽恕程序；

7. 在法律授权的范围内，规定暂时中止任何限制履行上述责任的法规或条例。

B. 成员州的授权代表可通过与另一成员州的授权代表联系援助请求。本协定的规定只适用于经授权的代表提出的援助请求。请求可以是口头的，也可以是书面的。如果是口头请求，应在口头请求后三十天内书面确认。请求应提供下列资料：

1. 说明需要援助的紧急服务职能，包括但不限于消防服务、执法、紧急医疗、运输、通信、公共工程、建筑、检查、规划和信息援助、大众护理、资源支持、保健和医疗服务以及搜索和救援；

2. 所需人员、设备、材料和用品的数量和类型，以及所需时间的合理估计；

3. 援助州回复的具体地点和时间以及在该地点的联络点。

C. 已指定应急管理职责的州官员应与受影响的成员州和美国政府的其他适当代表经常协商，自由交换与应急能力有关的信息、计划和资源记录。

第四条　义务

被请求提供互助或进行互助演习和培训的任何成员州应采取必要行动，按照本协定的规定提供和提供本协定所涵盖的资源；但在必要情况下，应该理解提供援助的州为了合理保护本州利益拒绝提供资源。

每个成员州根据本协定的条款和条件在其州权力范围内拥有同样权力担负每个州的应急力量，除非得到接受州的具体授权，否则逮捕的权力、其提供紧急服务的应急力量的职责、权利和特权除外。应急力量将继续接受其正式领导人的指挥和控制，但这些组织单位将在接受援助的州应急服务当局的业务控制之下。只有在该州州长宣布紧急或灾难状态之后，即该州开始接受援助，或开始互助演习或培训时，才可根据需要启动这些状态；并且只要互助演习或培训正在进行，紧急或灾难状态持续，或贷款仍然处于接受状态（以时间较长者为准），这些状态就将持续。

第五条　执照和许可

当任何人持有任何成员州发布的证明符合专业、机械或其他技能资格的执照、证书或其他许可证，并且当接受州要求这种援助时，应视为该人获得许可、认证或由请求援助的州允许提供涉及这种援助的技能，以应付宣布的紧急情况或灾害，但须遵守请求州州长可能根据行政命令或其他规定的限制和条件。

第六条　责任

根据本协定在另一州提供援助的成员州的官员或雇员为侵权责任和豁免目的应被视为请求州的代理人。任何当事州或其根据本协定提供援助的成员州的官员或雇员，不应因从事这种活动时的善意的疏忽或其他任何行动，或因维护或使用与此有关的任何设备或用品而承担责任。本条中的诚信不得包括故意渎职、重大过失或鲁莽行为。

第七条　协定履行

由于两个或两个以上州之间互助机制的模式和细节可能与本州际协定之间的模式和细节不同，本协定包含了所有州共同的广泛的基础要素，本协定不得排除任何州与另一州签订补充协议或影响州际已生效的任何其他协议。补充协定可包括但不限于关于疏散和接待受伤人员和其他人员以及交换医疗、消防、警察、公用事业、勘查、福利、运输和通信人员以及设备和用品的规定。

第八条　赔偿

每一当事州都应规定向该州提供应急力量的受伤成员和这些应急力量中已故成员的代表支付赔偿金和死亡抚恤金，如果这些成员在根据本协定提供援助时受伤或死亡，其方式和条件与在其本州境内受伤或死亡的情况相同。

第九条　补偿

根据本协定在另一州提供援助的任何一州，应由接受援助的成员州偿还其在使用任何设备时所遭受的任何损失、损坏或费用，以及在答复援助请求时提供的任何服务和与此类请求有关的费用；但任何援助州可全部或部分承担此类损失、损坏、费用或其他费用，或可免费向接受州出借此类设备或捐赠此类服务；任何两个或两个以上的成员州可缔结补充协定，在这些州之间规定不同的费用分配。第八条规定涉及的费用不能根据本条收回。

第十条　撤离

在可能发生任何需要疏散事件的区域，缔约各州和应急管理部门之间应制定并维持足以应付紧急情况或灾难而有秩序地疏散和接收部分平民的计划。这些计划应根据被撤离者所在的州的请求实施，包括运送被撤离者的方式、在不同地区接收的被撤离者人数、食物供给、衣服、住房和医疗服务的方式、被撤离者的登记、提供通知亲属或朋友的设施、将被撤离者转送到其他地区或携带其他物资、用品和所有其他有关因素。这种计划应规定，接收被撤离人员的州和被撤离人员所在的州应相互商定，偿还接收和照顾被撤离人员的自付费用、交通费，以及食品、服装、药品和医疗等费用。这种开支应按照被撤离者所来自的当事州的协议偿还。在紧急情况或灾害结束后，被撤离人员所来自的州应承担最终支持被撤离人员返回的责任。

第十一条　执行

A. 本协定应在任何两个州将其颁布为法律后立即生效。此后，本协定将在任何其他州颁布后生效。

B. 任何成员州均可通过颁布废除该协定的法规退出本协定，但此种退出不得立即生效，直至退出州州长以书面形式通知所有其他成员州的州长。这种行动不应解除退出州在退出生效日期之前在本协议下应承担的义务。

C. 本协定和可能缔结的补充协定的经正式认证的副本，在批准时，应交存各成员州、联邦应急管理局和美国政府其他适当机构。

第十二条　生效

本协定应解释为实现第一条所述的目的。如果本协定的任何条款被宣布为违宪，或其对任何人或情形的适用性被认为无效，则本协定其余部分的合宪性及其对其他人和情形的适用性不受影响。

第十三条　附则

根据《美国法典》第 18 编第 1835 条，本协定的任何规定均不得授权或允许一个州的国民警卫队在该州以外的任何地方在法律授权总统征召民兵加入联邦服役的任何紧急情况下使用军事力量，也不得为任何目的在没有明确的法定授权的情况下使用陆军或空军。

第二节　改变、修订和废止的权利

特此明确保留改变、修订或废止本联合决议的权利。本联合决议给予的同意应：

1. 不被解释为损害或以任何方式影响美国在协定主体内和对协定主体的任何权力和管辖权；

2. 不得解释为同意《国民警卫队互助契约》；

3. 理解为协定第 2 条第 1 款规定，紧急情况需要有立即获得现有资源的程序，以便作出迅速和有效的反应；

4. 不被解释为第 3 条 A 款第 7 项中止法规或条例不存在的情况所规定的权力；

5. 理解为第 3 条 C 款没有对美国或任何未加入协定的州规定任何信息交换、计划和资源记录的确定义务；

6. 理解为第 13 条不影响总统对《宪法》第 1 条和《美国法典》第 10

编规定的国民警卫队的权力。

第三节　解释和可分割性

本协定规定的意图应得到合理和宽松的解释以实现协定目的。如果本协定的任何部分，或本协定的适用，或允许该协定的立法被认为无效，则该协定的其余部分或其适用于其他情况或人员时不受影响。

第四节

本协定的有效性不受各州采用的形式或语言的任何非实质性差异的影响。

1996 年 10 月 19 日批准。

附录 B5　州内互助协定示范性立法

（国家应急管理协会与国家公共安全组织合作制定了州内互助协定范本，美国国土安全部联邦应急管理局提供资助。2004 年 3 月发布。）

第一条　序言

这项立法/协议的目的是建立一个州内政府分支机构之间参与的互助制度。这一系统的每一个参与者都认识到，紧急情况超越了政治管辖范围，政府间协调对于保护生命和财产以及对于最佳利用现有的公共和私人资产至关重要。该体系将在参与的政府分支机构之间提供互助，以预防、呼应、恢复任何导致参与政府分支机构正式进入紧急状态的灾害。该系统应规定各参与政府分支机构在实际宣布的紧急时期以外进行与灾害有关的演习、测试或其他培训活动时相互合作。该法对没有被参与的政府分支机构要求或授权的任何个人在紧急状态中的反应不提供豁免、权利或特权。

将尽可能确保参与的政府分支有资格获得州和联邦灾害资助。在这项立法/协定中还设立被称为州或全州州内互助委员会的委员会。本委员会应是多部门的，代表应急管理和反应部门以及地方政府。委员会有责任至少每年举行一次会议，审查全州互助的进展和状况，协助提出方法，以跟踪和评估该系统的启动情况，并审查参与的政府分支机构在执行这项立法方面面临的问题。委员会可由州应急管理局担任主席。委员会可编写关于州内互助状况和成效的年度报告，提出纠正不足之处的建议，并将报告提交适当的立法委员会或其他政府机构。委员会成员任期最长为两年，每个联盟成员可提出任命建议。

该州的所有政府分支机构在颁布本立法或执行协议时，自动成为全州互助制度的一部分。州的一个政府分支机构在其管理机构颁布适当的决议宣布它不参加全州互助系统时，可以选择不参加或后来退出该系统，并向州应急管理局提供该决议的副本。这项立法并不妨碍参与的政府分支机构与另一个政府分支机构签订补充协议，也不影响政府分支机构目前可能加入或决定加入的任何其他协议。

第二条　应急人员定义

应急人员是指在公共或私营部门拥有特殊技能、资格、培训经历、知识和经验的，对参与的政府分支机构有利的，以应对当地宣布的任何适用的法律或法令或授权的演习或训练中规定的紧急情况的任何人，以及被要求和/或授权作出反应的人。根据这一定义，应急人员因其在某一特定领域或知识领域的专长而不必非得拥有执照、证书、许可或其他官方承认的证书。应急人员可包括但绝不限于以下人员：执法人员、消防人员、紧急医疗服务人员、医生、护士、其他公共卫生人员、应急管理人员、公共工程人员、具备在宣布的紧急情况下提供援助所需的专门设备操作技能或培训或任何具有其他技能的人员。

第三条　参与政府部门责任

每一个参与的政府分支机构都有责任在该分支机构内以及在应急管理中做到以下几点。

1. 使用所有参与辖区的共有识别系统，识别可能影响参与人的潜在危险。

2. 与相邻的参与政治部门进行联合规划、情报共享和威胁评估，并至少每两年进行一次联合培训。

3. 确定和清点与参与政府部门的规划、预防、缓解、响应和恢复活动有关的现有服务、设备、用品、人员和其他资源。

4. 采纳并实施州应急管理局批准的标准化事件管理系统。

第四条　履行

一个参与的政府分支机构可以在当地宣布发生紧急灾害时请求其他政府分支机构协助预防、减轻、响应和恢复，或配合本立法/协定允许的授权演习或训练。援助请求应通过参与的政府分支机构的首席执行官或其指定人提出。请求可以是口头的，也可以是书面的，不需要直接向州应急管理局提出，但在所有情况下，一旦实际情况发生，将向该机构报告。口头请求将视实际情况或州酌情规定的天数而定，然后再提出书面请求。

第五条　限制

一个参与的政府分支机构在某地宣布紧急情况后，在预防、应对和恢复方面，或者经授权的演习或训练方面，有提供援助的义务，这须符合下列条件。

1. 请求援助的政府分支机构必须按照第一条规定的方式宣布紧急状态，或经授权的演习和训练。

2. 作出答复的政府分支机构可在为其管辖范围提供合理保护和服务所需的范围内扣留资源。

3. 响应政府分支机构的应急人员应继续在其包括医疗协议、标准操作程序和其他协议响应管辖范围内的指挥和控制之下，但应在接受援助的政府分支机构的管理系统内适当地受官员的业务控制。

4. 作出响应的政府分支机构的资产和设备应继续受其作出响应的管辖权的控制，但在接受援助的政府分支机构的管理系统内，应适当地受官员的业务控制。

第六条　许可证、证书

如果一个人或实体持有一个参与的政府分支机构颁发的执照、证书或其他许可证，或州证明该人或实体具有专业、机械或其他技能的资格，并且参与的政府分支机构要求该人或实体提供协助，则该人或实体应视为在所宣布的紧急情况或授权的演习或训练期间已获得执照、证书或准许，并在一定限制和条件下接受援助的政府分支机构行政长官通过行政命令或其他方式规定的指示。

第七条 偿还、关于偿还的争端

任何提出要求的政府分支机构应根据本制度偿还参与的政府分支机构提供的援助。提供援助的政府分支机构可决定向接受援助的政府分支机构捐赠任何种类的资产。此种偿还申请应符合州内部互助委员会制定的程序。如果成员之间在偿还方面发生争端，有关当事方将尽一切努力在声称不遵守的一方发出关于争端的书面通知后 30 天内解决争端。如果在索赔通知发出后 90 天内没有解决争议，任何一方都可以通过仲裁请求解决争议。根据本规定进行的任何仲裁均应按照美国仲裁协会的商事仲裁规则进行。

第八条 准则和程序制定

州内部互助委员会应制定全面的准则和程序，包括但不限于以下内容：预计或预期费用、请求和提供援助的核对表、所有参与政府部门的记录、偿还程序和其他必要的执行要素，以及请求的必要表格和记录部署及归还资产的其他记录。

第九条 工人补偿

参与的政府分支机构的人员，如在其受雇过程中或因其受雇而遭受伤害或死亡，有权在履行其雇主职责时，享受通常为其提供的所有适用福利。响应者应获得任何额外的州和联邦福利。

第十条 豁免

根据本协定进行的所有活动均被视为政府职能的行使。就赔偿责任而言，在提出请求的政府分支机构的业务控制下作出答复的所有人都被视为提出请求的参与政府分支机构的雇员。除故意不当行为、重大过失或失信行为外，参与的政府分支机构及其雇员在遵守或试图遵守州互助制度时，均不应对人员的死亡或伤害或财产损害承担责任。

第十一条 可分割性

如果有管辖权的法院裁定本立法的任何部分、款或项无效，则该事实不应影响或使任何其他部分、款或项无效；所有剩余的部分、款或项应保持充分的强制力和效力。

附录 B6 红河州际协定

为了维护红河流域的水资源，特此予以赞同和批准以下阿肯色州、俄克拉何马州、得克萨斯州和路易斯安那州之间的州际协定。

第一条 目的

1. 本协定的主要目的是：

（a）通过管理红河及其支流的州际水资源的使用、控制和分配，促进州际礼让，消除州际争议；

（b）在各签署州之间公平分配红河及其支流的水资源；

（c）提出一项积极的方案，以控制和减轻红河流域水资源的自然恶化和污染，并规定执行有关法律；

（d）采取积极措施以在红河流域保护水源、保护生命和财产免遭洪水伤害、改善水质、发展航行和调节流量；

（e）查明和确定各州在红河流域州际水资源中的份额及其分配，为各州或联合州的规划和行动提供依据。

第二条 总则

1. 每个签署州可以其认为有益的任何方式使用本协定分配给它的水资源。每个州都可以根据该州法律自由管理水权和使用权资源，但这种使用应根据本协定的分配情况而定。

2. 任何一个美国联邦项目中水资源的利用应符合授权该项目的国会法案，并应向接受水资源的州或由此产生利益的州收取费用。

3. 任何签署州利用红河或其支流输送储存的水，均应适当减少可能提取的数额，以计入传输损失。

4. 任何州不使用分配给它的水的任何部分，不构成放弃或没收这种使用权。

5. 每一个签署州有下列权利：

（a）根据本协定分配的水资源而进行保护性存储；

（b）在同一区域内更新本协定承认或授权的因任何原因无法使用的储存量，包括因沉积物储存而造成的损失；

（c）增加水库储蓄水量，以控制洪水和沉积物，并储存进口或将出口的水，如果这种储存不会对分配给任何其他签署州的水资源的交付产生不利影响；

（d）利用红河及其支流的河床和河岸输送储存的水、进口或出口的水以及根据本协定分配的水。

6. 签署州可以合作，建造共同受益的设施。

7. 本协定的任何规定均不得被视为损害或影响美国及其管辖下对红河盆地和对水资源的主张的权力、权利或义务。

8. 本协定的任何规定不得被解释为在本协定分配的水包括每个州牲畜或家庭用水；但条件是，这种水的储存符合各州的法律且这种蓄水不得超过 200 亩尺，或每个州的法律规定的较小数量。

9. 如果任何州从其他流域向红河流域输入水，输入的签署州应当使用该输入的水资源。

10. 本协定的任何规定不得被视为：

（a）干涉或损害任何签署州在其边界内管制水的调用、使用，以及水资源控制或水的质量，但不得违背本协定规定的义务；

（b）废除或防止任何签署州颁布任何立法或执行任何措施，施加任何额外条件或限制，以进一步减少或防止其管辖范围内的水的污染或自然恶化，但本款所载的任何规定不得改变本协定中关于水的分配或其权利的任何规定；

（c）根据美国宪法第十一修正案放弃任何州的豁免权，或构成任何州同意由其本国公民起诉。

11. 在一个或多个受影响的州认为有必要进行核算之前，根据协定的规定，为州际河流分摊目的进行核算不应是强制性的。

12. 为了在签署州之间分配水资源，兹将红河划分为以下几个主要分区：

（a）区域 I——从新墨西哥州—得克萨斯州边界到丹尼森大坝的红河和支流；

（b）区域Ⅱ——从丹尼森大坝到跨越阿肯色州和路易斯安那州边界的红河，以及所有有助于河流在此范围内流动的支流；

（c）区域Ⅲ——红河以西的支流，它跨越得克萨斯州—路易斯安那州边界，阿肯色州—路易斯安那州边界，以及那些跨越得克萨斯州—阿肯色州边界和阿肯色州—路易斯安那州边界的支流；

（d）区域Ⅳ——阿肯色州红河以东的支流，穿过阿肯色州—路易斯安那州边界；

（e）区域Ⅴ——路易斯安那州红河和支流的那部分不包括在区域Ⅲ或区域Ⅳ中。

13. 如果本协定的任何部分或适用由有管辖权的法院宣布无效，本协定的所有其他可分割的条款和适用应继续完全有效。

14. 根据本协定，本协定的任何规定或解释均不得改变、损害或增加、验证或损害本协定基于签署州法令或者法院承认的生效之日后的任何既存水权或水资源利用。

第三条　定义

1. 在本协定中：

（a）阿肯色州、路易斯安那州、俄克拉何马州和得克萨斯州分别被称为"阿肯色州"、"路易斯安那州"、"俄克拉何马州"和"得克萨斯州"，或单独称为"州"或"签署州"，或统称为"州"或"签署州"；

（b）"红河"一词是指在西经100度的得克萨斯州—俄克拉何马州边界线下面的溪流；

（c）"红河盆地"是指红河及其支流的所有自然排水区，位于新墨西哥州—得克萨斯州边界以东，高于其与阿查费耶拉和老河的交界处；

（d）"红河盆地的水"一词是指发源于红河盆地任何部分并流入红河或其任何支流的水；

（e）"支流"一词是指有助于增加红河流量的任何溪流；

（f）"州际支流"一词是指红河的一条支流，其流域包括两个或两个以上签署州的一部分；

（g）"州内支流"一词是指红河的一条支流，其流域范围完全在一个单一的签署州之内；

（h）"委员会"一词是指本协定第九条为管理委员会而设立的机构；

（i）"污染"一词是指人类的行为或手段改变水的物理、化学或生物特性，这些行为或手段造成或可能对人类、家庭或野生动物、鱼类和其他水生生物造成物质上有害的影响，或对此种水的任何其他合法使用产生不利影响，但作为本协定的目的，"污染"不意味或包括"自然恶化"；

（j）"自然恶化"一词是指由于水的自然流动而从土壤和岩石中浸出溶解物而造成的水质下降；

（k）"指定用水"一词是指从储存中释放的水，由非联邦利益集团支付，用于交付或转移到特定的使用地点；

（l）"未指定用水"一词是指"指定用水"以外的所有从储存中释放出来的水；

（m）"储存保护能力"一词是指为了其后存储的水资源的有益利用而拥有的储存水资源能力，它不包括仅用于防洪和控制沉积物的水库的任何部分，或其中任何一部分；

（n）"径流"一词是指从排水区表面流出的降水部分和通过地球内部后进入溪流的降水部分。

第四条　水资源分配—区域 I

俄克拉何马州—得克萨斯州

区域 I 的细分和其中水资源分配

红河 I 号河段被划分为地形次盆地，其中的水分配如下。

1. 次盆地 1：州际河流—得克萨斯州

（a）这包括得克萨斯州部分的巴克溪，桑德（莱博斯）溪，索尔特夫克红河，榆树溪，北福克红河，甜水溪和瓦希塔河，以及他们在得克萨斯州的所有支流，位于西经 100 度。

（b）本子流域内的年流量由此分配给得克萨斯州 60% 和俄克拉何马州 40%。

2. 次盆地 2：州内河流和州际河流—俄克拉何马州

（a）这个盆地由俄克拉何马州红河的所有支流及其上游部分组成，位于得克萨斯州—俄克拉何马州边界以西 100 度，从丹尼森大坝开始，上游到巴克溪，包括巴克溪。

（b）俄克拉何马州应不受限制地使用该子流域的水资源。

3. 次盆地 3：州内河流—得克萨斯州

（a）这包括得克萨斯州红河的支流，从丹尼森大坝开始，上游到普雷里道格镇福克红河，包括福克红河。

（b）得克萨斯州应不受限制地使用该子流域的水资源。

4. 次盆地 4：红河和特克索马湖的主干

（a）这个盆地包括特克索马湖和红河的所有部分，从丹尼森大坝开始，一直延伸到得克萨斯州—俄克拉何马州边界，西经 100 度。

（b）特克索马湖的蓄水和从红河主干流入特克索马湖的流量分配如下：

（1）俄克拉何马州 20 万亩尺和得克萨斯州 20 万亩尺，其数量应包括现有的分配和使用；

（2）额外数量的比例是俄克拉何马州和得克萨斯州各占 50%。

5. 特别规定

（a）得克萨斯州和俄克拉何马州可以联合或与美国合作建造蓄水或其他设施，以养护和使用水资源；但在两州之间的红河边界上建造的任何设施不得与联邦立法授权的丹尼森大坝和水库项目不一致。

（b）除非提供足够的水以满足西俄克拉何马州的市政和灌溉需要，或者直至 2000 年 1 月 1 日，以发生第一次为准。得克萨斯州不得接受仅为灌溉、防洪、水土保持、采矿和矿物回收、水力发电、航行和娱乐，或为生活、市政和工业供水以外的任何其他目的，在北福克红河主干道上或任何支流建造水坝。

第五条　水资源分配——区域 Ⅱ

阿肯色州，俄克拉何马州，得克萨斯州和路易斯安那州

区域 Ⅱ 的细分和其中的水资源分配。红河河段 Ⅱ 分为地形次盆地，其中水量分配如下。

1. 次盆地 1：州内河流—俄克拉何马州

（a）本子流域包括这些河流及其支流，这些河流及其支流高于现有的、授权的或拟议的最后一批下游主要水坝，完全在俄克拉何马州，流入丹尼森大坝以下的红河，以及俄克拉何马州—阿肯色州边界以上的红河。这些溪流及其支流与现有、授权或拟议的最后下游主要水坝如下：

位置

河流	地址	母-尺	纬度	经度
贝尤河	奥尔巴尼	85200	33°51.5′N	96°11.4′W
布卢河	杜兰特	147000	33°55.5′N	96°04.2′W
伯格河	博斯韦尔	1243800	34°01.6′N	95°45.0′W
凯厄米希山	雨果	240700	34°01.0′N	95°22.6′W

（b）分配到俄克拉何马州的这个子流域的水，俄克拉何马州将不受限制地使用它。

2. 次盆地2：州内河流—得克萨斯州

（a）该子流域包括这些溪流及其支流，在现有的授权或拟议的最后下游主要水坝上面，完全在得克萨斯州，流入丹尼森大坝以下的红河，在得克萨斯州-阿肯色州边界上面。这些溪流及其支流与现有、授权或拟议的最后下游主要水坝如下：

位置

河流	地址	母-尺	纬度	经度
肖尼溪	兰德尔湖	5400	33°48.1′N	96°34.8′W
布鲁斯溪	瓦利湖	15000	33°38.7′N	96°21.5′W
博伊斯溪	博纳姆水库	130600	33°42.9′N	95°58.2′W
考菲米尔溪	考菲米尔湖	8000	33°44.1′N	95°58.0′W
桑迪溪	克罗克特湖	3900	33°44.5′N	95°55.5′W
桑德斯溪	派特迈耶斯湖	124500	33°51.2′N	95°32.9′W
派恩溪	克鲁克湖	11011	33°43.7′N	95°34.0′W
大派恩溪	大派恩湖	138600	33°52.0′N	95°11.7′W
皮肯贝尤溪	皮肯贝尤湖	625000	33°41.1′N	94°58.7′W
马德溪	利伯蒂希尔湖	97700	33°33.0′N	94°29.3′W
马德溪	兰彻湖	3440	33°34.8′N	94°27.3′W

（b）分配给得克萨斯州该流域的水，得克萨斯州可以不受限制地使用。

3. 次盆地3：州际河流—俄克拉何马州和阿肯色州

（a）这个盆地包括小河流及其支流在米尔伍德大坝之上。

（b）俄克拉何马州和阿肯色州应在各自州内自由和不受限制地使用这一流域的水，但有一个限制，即俄克拉何马州应允许水量相当于来自俄克拉何马州现有、授权或拟议的最后下游主要水坝以下径流总量的40%，流入阿肯色州：

位置

河流	地址	母-尺	纬度	经度
利特尔河	派恩溪	70500	34°06.8′N	95°04.9′W
格洛弗溪	卢克法塔	258600	34°08.5′N	94°55.4′W
迈特福克河	布罗肯鲍	470100	34°08.9′N	94°41.2′W

（c）除非阿肯色州和俄克拉何马州认为有必要，否则每年进行一次会计核算。

4. 次盆地4：州际河流—得克萨斯州和阿肯色州

（a）这一子流域应包括那些溪流及其支流与现有、授权或拟议的最后下游主要水坝，起源于得克萨斯州，并跨越得克萨斯州—阿肯色州边界，然后流入阿肯色州的红河。这些溪流及其支流与现有、授权或拟议的最后下游主要水坝如下：

位置

河流	地址	母-尺	纬度	经度
麦肯尼贝尤支流	布林格尔湖	3052	33°30.6′N	94°06.2′W
巴克曼溪	巴克曼水库	15900	33°29.7′N	94°10.3′W
萨尔福河	特克萨卡纳	386900	33°18.3′N	94°09.6′W

（b）得克萨斯州应自由和不受限制地使用本子流域的水。

5. 次盆地5：红河主干及其支流

（a）该次盆地包括红河的那一部分，以及它的支流，从丹尼森大坝到阿肯色州—路易斯安那州边界，不包括区域Ⅱ的其他四个子流域中的所有支流。

（b）这个流域的水资源分配如下：

（1）只要阿肯色州—路易斯安那州边界的红河流量为每秒3000立方英尺或更多，只要任何州都无权获得超过每秒3000立方英尺的水的25%，签字各州对来自次盆地 5 的径流和流入次盆地 5 的未经指定的水享有同等权利。

（2）每当阿肯色州—路易斯安那州边界的红河流量低于每秒 3000 立方英尺，但超过每秒 1000 立方英尺时，阿肯色州、俄克拉何马州和得克萨斯州应允许水流入红河，以便向路易斯安那州输送相当于来自次盆地的每周径流总量的 40% 和流入次盆地的未指定水的 40% 的水量，但这一要求不应解释为要求任何州释放储存的水。

（3）每当阿肯色州—路易斯安那州边界的红河流量低于每秒 1000 立方英尺时，阿肯色州、俄克拉何马州和得克萨斯州应允许水量等于每周来自次盆地 5 的所有径流和所有未指定的水流入各自州内的次盆地 5，以便按照阿肯色州—路易斯安那州边界保持每秒 1000 立方英尺流量的要求流入红河。

（c）每当阿肯色州英迪克斯的流量低于每秒 526 立方英尺时，俄克拉何马州和得克萨斯州各州应允许相当于各自州内次盆地 5 每周径流总量的 40% 的水量流入红河；然而，只有在阿肯色州停止了上述阿肯色州红河本身的所有分流之后，并且只有在第 5 条第 5 款（b）分款（2）（3）项没有在次盆地 5 造成分流限制的情况下，才应援引这一规定。

（d）没有任何州保证保持最低限度的低流量到下游州。

6. 特别规定：

（a）区域Ⅱ，次盆地 5 范围内的水库，其养护储存能力为 1000 英亩或以下，或根据授权这种水库的签字州所赋予的权利和特权，在协定生效之日已有 1000 英亩或以下，应免于适用第 5 条第 5 款的规定；但在协定生效之日之后，任何在现有豁免水库中储存或使用水的权利到期或被取消，则应丧失本节规定的这种权利的豁免。

（b）签署州可授权改变本条（a）款豁免的水库的用水目的或地点，但不丧失该豁免，如果不增加授权使用和储存的数量。

（c）此外，第 5 条第 5 款的规定的豁免不适用于从红河直接转移到河道外的水库或土地。

第六条　水资源分配——区域Ⅲ

阿肯色州，路易斯安那州和得克萨斯州

区域Ⅲ的细分和其中的水资源分配。红河区域Ⅲ分为地形次盆地，其中的水量分配如下。

1. 次盆地 1：州际河流—阿肯色州和得克萨斯州

（a）该次盆地包括这些河流一次或多次穿越阿肯色州和得克萨斯州边界的德克萨斯部分，然后流经阿肯色州进入路易斯安那州赛普里斯溪 12 英里河口流域。

（b）得克萨斯州占这一次盆地径流的 60%，并应不受限制地使用；阿肯色州有权获得这一次盆地径流的 40%。

2. 次盆地 2：州际河流—阿肯色州和路易斯安那州

（a）该次盆地包括从次盆地 1 流入阿肯色州的河流中的阿肯色部分，以及阿肯色州的其他河流，这些河流跨越阿肯色州—路易斯安那州边界一次或多次，流入路易斯安那州的赛普里斯溪 12 英里支流流域。

（b）阿肯色州占该次盆地径流的 60%，且应不受限制地使用该流域；路易斯安那州有权享有该次盆地径流的 40%。

3. 次盆地 3：州际河流—得克萨斯州和路易斯安那州

（a）这个次盆地包括得克萨斯州部分的所有支流跨越得克萨斯州—路易斯安那州边界一次或多次，流入卡多湖、赛普里斯溪 12 英里支流或克罗斯湖，以及这类支流的路易斯安那州部分。

（b）得克萨斯州和路易斯安那州在其各自的边界内，各自可不受限制地使用本次盆地的水，但须按下列分配。

（1）得克萨斯州应有权不受限制地享有马歇尔湖、派恩斯湖和布莱克赛普利斯水坝以上的所有水；但是，得克萨斯州不应使径流枯竭的数量低于富兰克林县、提图斯县、埃里森溪、约翰逊溪、派恩斯湖、马歇尔湖和布莱克赛普利斯水库以及本协定生效之日存在的其他蓄水池和引水池的全部运行量。任何径流损耗超过上述损耗的，应从得克萨斯州分配给卡多水库的水中扣除。

（2）得克萨斯州和路易斯安那州各自有权不受限制地使用现有卡多湖储水能力的 50%，以用于州进行蓄水，但不得减少卡多湖在协定日期的现有用水供应。

（3）得克萨斯州和路易斯安那州应各自有权不受限制地获得未来任何扩大的卡多湖保护储存能力的 50%，只要该协定生效后两个州可以协商并同意释放每个州的储存空间份额。

（c）对于州际河流的水，如果不有助于流入克罗斯湖或卡多湖，得克萨斯州将有不受限制的权利，在州界以上径流划分的基础上，60%归得克萨斯州，40%归路易斯安那州。

（d）得克萨斯州和路易斯安那州将不会在任何一个州的克罗斯湖流域建造影响克罗斯湖水量的项目，条件是只要本分款受第2条第8款规定的约束。

4. 次盆地4：州内河流——路易斯安那州

（a）该次盆地包括位于区域Ⅲ的路易斯安那地区，不包括在任何其他次盆地内。

（b）路易斯安那州应可自由和不受限制地使用本子流域的水。

第七条　水资源分配——区域Ⅳ

阿肯色州和路易斯安那州

区域Ⅳ的细分和其中的水资源分配。红河河段Ⅳ段划分为地形次盆地，其中水量分配如下：

1. 次盆地1：州内河流——阿肯色州

（a）这一子流域包括这些溪流及其支流，它们位于来自阿肯色州的最后一批下游主要水坝之上，在流入路易斯安那州红河之前跨越阿肯色州——路易斯安那州边界。这些主要的下游坝址如下：

位置

河流	地址	母-尺	纬度	经度
沃希托河	凯瑟琳湖	19000	34°26.6′N	93°01.6′W
卡多河	德格雷湖	1377000	34°13.2′N	93°06.6′W
小密苏里河	格里森湖	60000	34°08.9′N	93°42.9′W
阿鲁姆福克萨利河	薇诺娜湖	63264	32°47.8′N	92°51.0′W

（b）分配到该次盆地的水资源，阿肯色州应不受限制地使用它。

2. 次盆地2：州际河流——阿肯色州和路易斯安那州

（a）该次盆地应由上文第7条第1款（a）分款所界定的区域Ⅳ去掉次盆地1组成。

（b）阿肯色州应自由和不受限制地使用这一河段的水，但阿肯色州应允许相当于每周低于或来自最后下游主要水坝的径流的 40% 的水量流入路易斯安那州。如果没有指定的最后一批下游水坝，阿肯色州应允许相当于来自州界以上的每周径流总量的 40% 的水量流入路易斯安那州。该子流域的水的使用须遵守第 7 条第 2 款（b）分款的低流量规定。

3. 特别规定

（a）阿肯色州可利用区域 Ⅳ 的河床和岸，将其所占份额输送到指定的下游导流区。

（b）阿肯色州不保证在区域 Ⅳ 的路易斯安那州保持最低限度的低流量。然而，在阿肯色州使用水资源时，在下列溪流中，阿肯色州—路易斯安那州边界的流量减少到以下数量：

（1）沃希托河——780cfs；

（2）巴塞洛缪河——80cfs；

（3）贝夫河——40cfs；

（4）梅肯河——40cfs；

阿肯色州承诺采取积极措施，管制源于或流入区域 Ⅳ 的径流的转移，其方式应允许公平分配本文所述的径流，以便流入路易斯安那州。在对区域 Ⅳ 的水的控制和管理方面，阿肯色州或其任何部门或机构作出的影响本协定条款的任何裁决或命令，在委员会批准之前，不对路易斯安那州或其任何公民或居民有效。

第八条　水资源分配——河段 Ⅴ

红河的"河段 Ⅴ"由主要干河红河及其全部支流组成，完全位于路易斯安那州。路易斯安那州应自由和不受限制地使用该子流域的水。

第九条　协定的行政机构

1. 兹设立一个州际行政机构，称为"红河协定委员会"（以下简称"委员会"）。委员会由签约州根据各自州法律指定并任命两名代表组成，其中一名代表代表美利坚合众国，由美国总统任命。联邦专员为委员会主席，但无表决权。总统未能任命一名联邦专员并不妨碍本协定的运作或效力，来自签约州的八名代表将为委员会选举一名主席。

2. 委员会应在本协定生效后六十天内组织并举行会议。此后，会议应在委员会决定的时间和地点举行。

3. 每个州的两名专员应各有一票表决权；如果一个州的一名代表出席会议，他有权代表缺席的该州专员投票。三个州的代表构成法定人数。涉及执行本协定的任何行动或要求遵守本协定具体条款的行动均需六张赞同票。如果委员会提议的行动影响到一个州的现有水权，而本协定没有明确规定这一行动，则需要八张同意票。

4.（a）各州代表的薪金和个人费用由其所代表的政府支付，联邦专员的薪金和个人费用由美国支付。

（b）委员会对任何额外的水文测量站的费用应由参与水文测量站所在区域的各州公平分摊。

（c）委员会所产生的所有其他费用应由签约州平等承担，并由委员会从"红河协定委员会基金"中支付。这种基金应由每个州平等地向基金支付。基金应按委员会授权的方式付款。该基金不受州审计和会计程序的约束；但委员会对基金的所有收支均应定期由合格的独立会计师审计，审计报告应列入委员会年度报告，并成为其中一部分。各州有权在任何合理的时间对委员会的账目进行自己的审计。

第十条　委员会的权力和职责

1. 委员会有以下权力：

（a）通过关于其运作和执行协定条款的规则和条例。

（b）设立和维持一个处理其事务的办事处，并在适当时机改变其地点。

（c）雇用或聘用它认为必要的工程、法律、办事员和其他人员，以履行本协定规定的职能，而不顾任何签约州的公务员法，但这些雇员应由委员会支付薪酬并向委员会负责，不应被视为任何签约州的雇员。

（d）取得、使用和处置它认为必要的不动产和个人财产。

（e）与适当的州或联邦机构订立合同，收集、关联和列报事实数据，保存记录和编写报告。

（f）从联邦或州政府任何部门或机构的负责人处获得它可能需要或认为对履行其职能有用的信息，以及向其提出请求的部门或机构提供的信息或由其提供的信息，但此类信息不得享有特权，法律不排除该部门或机构发布此类信息。

（g）就执行本协定目的提出调查结果、建议或报告，包括但不限于关于签约州违反或不违反本协定任何规定的结论。委员会有权进行这种调查和研究，并为上述目的举行委员会认为必要的听证会。委员会有权向任何签约州或美国的官员或机构提供其任何调查结果、建议或报告的正式核证副本，这些官员或机构可能对主题事项有任何利益或管辖权。委员会提出调查结果、建议或报告，不应作为一个先例，作为一个签约州在任何法院或法庭或在任何机构或官员面前为保护本协定的任何权利或执行其任何规定而采取或维持任何行动或程序的条件。

（h）印制或以其他方式复制和分发会议记录和报告。

2. 委员会将：

（a）建立、维护和运营为适当执行协定所必需的溪流、水库和其他测量站。

（b）收集、分析和报告有关水流、水质、储水和为适当执行协定所必需的其他数据。

（c）履行协定规定的所有其他职能，并在履行协定规定的职责时做一切必要、适当和方便的事情。

（d）编制并向每个签约州州长提交一份预算，以支付委员会下一个财政两年期的预期开支。

（e）编写并向每个签约州州长和美国总统提交一份年度报告，说明委员会上一个财政年度的活动，并说明委员会在开展工作过程中收到和支出的所有资金。

（f）应向签约州州长或任何官方机构或美国授权任何代表请求提供其掌握的任何资料。

（g）不产生超出其资金平衡的债务，也不向任何签约州抵押。

（h）在根据本协定采取的任何行动中，向签约州或美国提供委员会任何官员或雇员在了解任何相关事实的情况下的证词，而不需要传票。

第十一条　污染

1. 签约州认识到，人口的增加以及工业、农业、采矿和其他活动与自然污染源相结合的增长可能导致红河流域水质的下降，这可能会损害人民的健康和福祉，并损害公众水娱乐项目以及导致对水资源的不合理利用，从而造成不利的社会、经济和环境影响。

2. 各州申明，各签字国负有首要义务和责任，根据本国法律采取适当行动，防止、减少和管制其边界内对红河盆地的水资源产生不利影响的所有污染源，但各州承认，控制和减少自然发生的盐浓度以及在某些情况下维持和提高红河盆地的水质可能需要各州采取合作行动。

3. 签约州同意与美国各机构合作，制定和实施缓解红河流域水资源自然恶化的办法。

4. 委员会有权与美国、签约州和其他实体合作，实施减少和控制红河流域水污染和自然恶化的方案，并向各州提出合理的水质目标。

5. 每个签约州同意保留目前进入红河盆地的废物排放记录以及这些排放的类型和质量，这些记录应根据要求提供给委员会。

6. 在收到一个签约州州长提出的申诉后，即与该州利益相关的红河盆地的州际水域受到实质性污染影响，污染来源州在被合理通知后采取适当的减少措施但成效不足，委员会应酌情作出调查结果，然后向污染来源州的州长提供调查结果，并要求采取适当的纠正行动。然而，委员会不得就只对此种污染来源州产生不利影响的污染采取任何行动。

7. 除本条规定的其他权力外，委员会应有权在收到六张同意票后，利用适用的联邦法规，以自己的名义对应对州际污染问题负责的个人或实体提起诉讼，但委员会应在提起法律诉讼前六十天通知污染源所在州的州长，使该州有机会以自己的名义提起诉讼。

8. 在不妨碍委员会或任何签约州可利用的任何其他补救办法的情况下，因来自另一签约州的污染而受到红河流域水污染的物质和不利影响的任何州，可根据适用的联邦法规，对任何个人、公司、合伙企业或协会，或对任何签约州或其政治或政府分支机构，或对任何签约州的官员、机构、部、局、区，或对造成这种污染的任何签约州提起诉讼。本协定的任何规定不得解释为剥夺任何人就污染问题采取行动的权利，如果本协定未订立，此人将拥有此种权利。

第十二条 协定的终止和修订

1. 本协定可在任何时候通过所有四个签约州立法机构采取适当行动而终止。倘若终止，根据它所确立的所有权利应继续不受损害。

本协定可在任何时候通过所有签约州立法机关采取适当行动加以修订。任何此类修正案生效之前必须征得美国国会的同意。

第十三条 协定的批准和生效日期

1. 每个签约州的立法机关批准本协定的通知应由各签约州州长通知每个其他签约州州长和美国总统。兹请总统通知每个签约州州长，美国国会同意本协定。

2. 本协定在下列情况下才具有效力、约束力和强制性：

（a）它已经被签约州正式批准；

（b）它已经被美国国会同意，法案规定：

尽管美国的任何其他法规与此相反，但在任何案件或争议中：

这涉及本协定的解释和应用；本协定的一个或多个签约州是原告，且在美国宪法规定的美国司法权力范围内；在没有任何要求、限制或考虑争议事项的总和或价值的情况下，或在此种案件或争议中，任何其他适当当事方的原告或被告的居住地或公民身份，或其性质、特征或法律地位；

如果美国是其不可缺少的一方，则国会同意提名和加入美国为一方被告，或在美国最高法院的任何此类案件或争议中加入美国。

3. 美国地区法院应对涉及本协定适用或解释的任何案件或争议拥有初始管辖权（与美国最高法院同时进行，并在最高法院或其他法院拥有初始管辖权的事项上与任何其他联邦或州法院同时进行）；上述管辖权应包括但不限于签约州之间的诉讼；此类案件或争议的地点可在被投诉行为（或其任何部分）发生的任何司法区提起。

附录 B7 教育人员资格州际协议

第一条 目的、调查结果和政策

1. 本协议各州希望通过共同行动，利用受过教育的教师或其他专业教育人员来改善各自的学校制度，并宣布，他们各自的政策是在相互合作的基础上，利用这些人的准备和经验，从而为社会、教育和教师职业的最佳利益服务。本协议的目的是规定制定和执行这种合作方案，以便利教师和其他专业教育人员在各州之间的流动，并授权具体的州际教育人员合同以实现这一目的。

2. 各州发现，在全国各阶层人口的大规模流动中，有许多合格的教育人员因家庭和其他个人原因而流动，但在新的地点使用其专业技能和经验受到阻碍。各州对合格教育人员的要求各不相同，这类人员不愿采取必要步骤在其他州取得资格。因此，我们的学校系统失去了相当数量的经验丰富的有专业基础的教育工作者。促进雇用合格的教育人员，而不考虑他们的原籍州，可以增加现有的教育资源。参与这一协议可以增加教育人员。

第二条　定义

除非上下文明确要求，本协议和根据本协议订立的合同所使用的定义如下。

1. "教育人员"是指根据州法律规定的在教育领域符合录用条件的人员。

2. "指定的州官员"是指该州选定的代表该州谈判并根据本协议订立合同的州教育官员。

3. "接受"是指承认和实施另一州关于教育人员资格的一项或多项决定，而不是作出或要求作出接收州法律或其他法律所要求的类似决定。

4. "州"是指一个州、领地或美国属地，哥伦比亚特区和波多黎各自治特区。

5. "原籍州"是指根据第三条订立的合同条款，确定某些教育人员有资格在学校担任具体职务的州（及其所属部门）。

6. "接收州"是指根据第三条订立的合同条款接收教育人员的州（及其所属部门）。

第三条　州际教育人员合同

1. 各成员州指定的官员可以代表本州与另一个或多个州签订接收教育人员的一项或多项合同。任何此种合同在其期限内均应适用于其指定的州官员所属的州和这些州的分支机构，其效力与本协议相同。指定的州官员只能根据本条与其他指定的州官员认定有教育方案、认证标准或其他可接受资格的州签订合同，以确保教育人员的准备或资格具有足够的可比性，即使与指定的州官员所在州的情况不完全相同。

2. 任何此类合同应规定：

（a）期限；

（b）原籍州在教育人员符合接收州接受条件时适用的标准；

（c）在不牺牲基本教育标准的情况下，放弃、替换和有条件接受合同，有助于合同的实际实施；

（d）任何其他必要事项。

3. 根据本协议订立的任何合同的期限不得超过 5 年，但任何此类合同可延长或缩短期限。

4. 处置任何教育人员已完成一项教育计划而接受教育人员的合同，应规定原籍州批准所涉计划的最早日期。根据本协议订立的任何合同，均不得要求接收州接受因在 1954 年 1 月 1 日前成功完成一项方案而合格的任何人。

5. 根据合同条款被接收的人的证明或其他接受文件，不得因合同到期或终止而撤销或以其他方式受损。然而，任何证书或其他资格文件可被撤销或暂停，其理由是在接收州最初授予或批准的证书或其他资格文件足以撤销或暂停。

6. 由成员州指定的州官员或其代表组成的合同委员会应不断审查合同，研究改进合同管理的方法，并每年至少向成员州有关教育机构负责人报告一次。

第四条　批准和接受方案

1. 本协议中的任何规定不得解释为废除或以其他方式修改成员州关于批准教育准备方案的任何法律或条例，这些法律或条例仅对该州教育人员的资格产生影响。

2. 如果根据本协议订立的合同涉及教育人员适当资格的教育要求，接受教育准备方案应符合适用合同中可能规定的程序和要求。

第五条　州际合作

各成员州同意：

1. 在可行的情况下，它们倾向于根据本协定第三条订立多边合同。

2. 促进和加强州际认证和其他教育人员资格要素方面的合作，并为此与有资格认证的机构、组织、协会和其他教育人员资格要素进行合作。

第六条　协议评估

各成员州指定的州官员可作为一个小组不定时地举行会议，评估根据协议取得的进展，并提出修改建议。

第七条　其他安排

本协议中的任何内容不得解释为阻碍或禁止任何成员州或州为便利教育人员交换而作出的其他安排或做法。

第八条　生效与退出

1. 本协议经两个州颁布成为法律后生效。此后，本协定对任何批准本协定的州生效。

2. 任何一方可以通过颁布一项废止该协定的法规而退出本协定，但在退出州的州长向所有其他成员州的州长书面通知退出后一年内废止该协定的法规不得生效。

3. 任何撤回均不得免除将退出州作为一方当事人的合同对其施加的任何义务。合同的期限和退出的方式和条件，按照合同条款的规定。

第九条　可分割性

本协议应作宽泛的解释，以实现其目的。本协议的条款应是可分割的，如果本协议的任何短语、条款、句子或规定被宣布与任何州或美国宪法相抵触，或其对任何政府、机构、个人或情况的适用被视为无效，本协议其余部分的有效性及其对任何政府、机构、个人或情况的适用性不受影响。如果本协定被认为违反参加协定的任何州的宪法，本协定对受影响州在所有可分割的事项上仍具有充分效力。

附录 B8　俄勒冈州加利福尼亚州古斯湖州际协定

第一条　目的

本协定的主要目的是：

A. 促进和推动古斯湖流域水资源有序、整体、综合地开发、利用、保护和控制。

B. 促进政府间合作和礼让，并消除目前和未来争议的因素：

（1）规定加利福尼亚州和俄勒冈州可持续性地开发古斯湖流域的水资源；

（2）禁止未经加利福尼亚州和俄勒冈州立法机构同意从古斯湖流域输出水资源。

第二条　术语及定义

本协定使用的：

A. "古斯湖流域"是指加利福尼亚州和俄勒冈州内的古斯湖流域，以及古斯湖流域的所有封闭流域，如古斯湖流域官方地图所示，该地图是本协定的一部分。

B. "人"是指俄勒冈州和加利福尼亚州，任何个人和任何其他公共或私人实体。

C. "水流""水域""水资源"是指出现在地面上的溪流、湖泊或其他水体中的任何水，以及古斯湖流域边界内地表以下的溪流、湖泊、水库或其他地表水体的河床下的任何水。

第三条　水资源分配和利用

A. 本协定生效之日起，根据加利福尼亚州和俄勒冈州的法律，对源自古斯湖流域的水的使用享有既得权利。

B. 除本条另有规定外，本协定不得解释为影响或干扰根据加利福尼亚州和俄勒冈州法律对古斯湖流域未经分配的水域进行分配，以供在该流域内使用。

C. 未经双方州立法机关事先同意，禁止将古斯湖流域的水输出到流域外使用。

D. 每个州都授予一个个体在一个州建造和运营用于测量、分流、储存和输送古斯湖流域的水的设施的权利，以便在另一个州的流域内使用，条件是根据俄勒冈州工程师或加利福尼亚州水权委员会管理的一般法律和取水州的法律，通过拨款来保障这种使用的权利。

E. 如果在一个州建造任何设施，以便在另一个州用水，则此类设施的建造、运行、修理和更换应遵守设施建造州的法律。

第四条　行政

执行本协定不需要任何委员会或行政机构。

第五条　终止

经加利福尼亚州和俄勒冈州立法机关同意，本协定可随时终止，终止后，根据本协定确立的所有权利应继续不受损害。

第六条　一般规定

本协定的任何规定不得解释为限制或阻止任何州在对其有管辖权的任何法院提起或维持任何合法或公平的诉讼或程序，以保护本协定下的任何权利或执行任何规定。

第七条　批准

A. 本协定经加利福尼亚州和俄勒冈州立法机关批准并经美国国会同意后生效。

B. 本协定应保持完全效力，直至以批准生效所需的相同方式修正或终止。

C. 对本协定的任何拟议修正或终止，应在加利福尼亚州和俄勒冈州立法机关进行任何立法审议前至少 30 天，向加利福尼亚州莫多克县监事会和俄勒冈州莱克县法院提交一份副本。

第八条　联邦政府权利

本协定中的任何内容不得视为：

A. 损害或影响美利坚合众国及其行政机构或机构实体在古斯湖流域使用方面的现有权利或权力，以及损害或影响其获得古斯湖流域使用权的能力。

B. 使美利坚合众国及其行政机构或机构实体的任何财产受到任何州或其分支机构的征税，也不因收购而使美利坚合众国及其行政机构或机构实体承担义务，建造或经营任何财产或任何类型的工程，向任何州或其政治分支机构、州行政机构、市政府或实体支付任何款项，以补偿税款损失。

C. 使美利坚合众国及其行政机构或机构实体的任何财产在任何程度上受任何州的法律管辖，但这些法律的适用程度在不考虑协定的情况下除外。

参考文献

中文文献

著作

薄一波：《若干重大决策与事件的回顾》下卷，中共中央党校出版社，1993。

陈瑞莲等：《区域公共管理理论与实践研究》，中国社会科学出版社，2008。

陈振明主编《公共管理学——一种不同于传统行政学的研究途径》，中国人民大学出版社，2003。

范愉：《纠纷解决的理论与实践》，清华大学出版社，2007。

侯怀霞、张慧平：《纠纷解决及其多元化法律问题研究》，法律出版社，2015。

黄异：《行政法总论》，台湾三民书局，1996。

靳尔刚、苏华：《职方边地——中国勘界报告书》（全两册），商务印书馆，2000。

林尚立：《国内政府间关系》，浙江人民出版社，1998。

罗豪才主编《行政法学（附 行政法学自学考试大纲）》，北京大学出版社，1996。

罗豪才等：《软法与公共治理》，北京大学出版社，2006。

石佑启、朱最新：《珠三角一体化的政策法律问题研究》，人民出版社，2012。

王春业：《我国经济区域法制一体化研究》，人民出版社，2010。

王文婷、黄家强：《大气污染治理政府间分担机制研究——以财税法为视野》，法律出版社，2017。

王伟光：《利益论》，人民出版社，2001。

王勇：《政府间横向协调机制研究：跨省流域治理的公共管理视界》，中国社会科学出版社，2010。

翁岳生编《行政法》（下册），中国法制出版社，2002。

徐阳光：《财政转移支付制度的法学解析》，北京大学出版社，2009。

杨宏山：《府际关系论》，中国社会科学出版社，2005。

姚文胜：《利益均衡——推进社会公平的路径建议》，法律出版社，2012。

叶必丰等：《行政协议：区域政府间合作机制研究》，法律出版社，2010。

叶必丰、何渊主编《区域合作协议汇编》，法律出版社，2011。

张家洋：《行政法》，台湾三民书局有限公司，1993。

赵永茂等：《府际关系》，台湾元照出版公司，2001。

周黎安：《转型中的地方政府：官员激励与治理》，格致出版社、上海人民出版社，2008。

周雪光：《中国国家治理的制度逻辑：一个组织学研究》，生活·读书·新知三联书店，2017。

〔英〕阿诺德·汤因比：《历史研究》，刘北成、郭小凌译，上海人民出版社，2010。

〔法〕埃德加·莫兰：《方法：天然之天性》，吴泓渺、冯学俊译，北京大学出版社，2002。

〔美〕安东尼·唐斯：《官僚制内幕》，郭小聪等译，中国人民大学出版社，2017。

〔美〕本杰明·N.卡多佐：《法律的成长》，李红勃、李璐怡译，北京大学出版社，2014。

〔美〕博登海默：《法理学：法律哲学与法律方法》，邓正来译，中国政法大学出版社，2004。

〔美〕道格拉斯·C.诺思：《制度、制度变迁与经济绩效》，杭行译，格致出版社、上海三联书店、上海人民出版社，2008。

〔法〕莱翁·狄骥：《宪法论——法律规则和国家问题》（第1卷），钱克新译，商务印书馆，1959。

〔法〕狄骥：《法律与国家》，冷静译，中国法制出版社，2010。

〔法〕狄骥：《公法的变迁》，郑戈译，商务印书馆，2013。

〔美〕弗朗西斯·福山：《信任：社会美德与创造经济繁荣》，郭华译，广西师范大学出版社，2016。

〔美〕赫伯特 A. 西蒙：《管理行为》，詹正茂译，机械工业出版社，2013。

〔美〕格罗弗·斯塔林：《公共部门管理》，常健等译，中国人民大学出版社，2012。

〔美〕哈特：《法律的概念》，许家馨、李冠宜译，法律出版社，2011。

〔韩〕河连燮：《制度分析：理论与争议》，李秀峰、柴宝勇译，中国人民大学出版社，2014。

〔奥〕凯尔森：《法与国家的一般理论》，沈宗灵译，商务印书馆，2013。

〔美〕罗伯特·阿格拉诺夫、迈克尔·麦圭尔：《协作性公共管理：地方政府新战略》，李玲玲、鄞益奋译，北京大学出版社，2007。

〔美〕尼古拉斯·亨利：《公共行政与公共事务》（第 8 版），张昕等译，中国人民大学出版社，2002。

〔澳〕欧文·E. 休斯：《公共管理导论》，张成福等译，中国人民大学出版社，2007。

〔美〕乔尔·布利克等编著《协作型竞争》，林燕等译，中国大百科全书出版社，1998。

〔美〕文森特·奥斯特罗姆等：《美国地方政府》，井敏、陈幽泓译，北京大学出版社，2004。

〔美〕R. 科斯等：《财产权利与制度变迁——产权学派与新制度学派译文集》，刘守英等译，上海人民出版社、上海三联书店，1994。

〔法〕让·里韦罗、让·瓦利纳：《法国行政法》，鲁仁译，商务印书馆，2008。

〔美〕斯蒂芬·戈德史密斯、威廉·D. 埃格斯：《网络化治理：公共部门的新形态》，孙迎春译，北京大学出版社，2008。

〔美〕斯通等：《中内与地方关系的法治化》，程迈、牟效波译，译林出版社，2009。

〔美〕V. 奥斯特罗姆等编《制度的分析与发展反思——问题与抉择》，

王诚等译，商务印书馆，1991。

〔美〕W. 理查德·斯科特：《制度与组织——思想观念与物质利益》，姚伟、王黎芳译，中国人民大学出版社，2010。

〔美〕W. 理查德·斯科特、杰拉尔德·F. 戴维斯：《组织理论——理性、自然与开放系统的视角》，高俊山译，中国人民大学出版社，2011。

〔日〕小岛武司、伊藤真编《诉讼外纠纷解决法》，丁婕译，中国政法大学出版社，2002。

〔古希腊〕亚里士多德：《政治学》，颜一、秦典华译，中国人民大学出版社，2003。

〔美〕尤金·巴达赫：《跨部门合作——管理"巧匠"的理论与实践》，周志忍、张弦译，北京大学出版社，2011。

〔美〕约瑟夫·F. 齐默尔曼：《州际合作：协定与行政协议》，王诚译，法律出版社，2013。

〔美〕朱迪·弗里曼：《合作治理与新行政法》，毕洪海、陈标冲译，商务印书馆，2010。

期刊

蔡岚：《缓解地方政府合作困境的合作治理框架构想——以长株潭公交一体化为例》，《公共管理学报》2010 年第 4 期。

陈福勇：《美国仲裁发展模式考察》，《北京仲裁》2009 年第 2 期。

高薇：《德国的区域治理：组织及其法制保障》，《环球法律评论》2014 年第 2 期。

何渊：《美国的区域法制协调——从州际协定到行政协议的制度变迁》，《环球法律评论》2009 年第 6 期。

黄学贤、廖振权：《行政协议探究》，《云南大学学报》（法学版）2009 年第 1 期。

黄金荣：《"规范性文件"的法律界定及其效力》，《法学》2014 年第 7 期。

蒋辉：《政府间松散型横向一体化战略联盟：跨域治理的新模式》，《中南民族大学学报》（人文社会科学版）2012 年第 1 期。

姜玲、叶选挺、张伟：《差异与协同：京津冀及周边地区大气污染治理政策量化研究》，《中国行政管理》2017 年第 8 期。

刘莘：《行政合同刍议》，《中国法学》1995 年第 5 期。

罗国强：《论国际条约的国内适用问题》，《兰州学刊》2010 年第 6 期。

林民书、刘名远：《区域经济合作中的利益分享与补偿机制》，《财经科学》2012 年第 5 期。

刘亚平、颜昌武：《区域公共事务的治理逻辑：以清水江治理为例》，《中山大学学报》（社会科学版）2006 年第 4 期。

刘志彪：《区域一体化发展的再思考——兼论促进长三角地区一体化发展的政策与手段》，《南京师大学报》（社会科学版）2014 年第 6 期。

陆文聪、马永喜：《水资源协调利用的利益补偿机制研究》，《中国人口·资源与环境》2010 年第 11 期。

吕晓波：《行政协定简析》，《外交评论（外交学院学报）》1984 年第 1 期。

吕志奎：《全流域治理中政府纠纷管理的制度设计》，《中国国情国力》2017 年第 3 期。

吕志奎：《美国州际流域治理中政府间关系协调的法治机制》，《中国行政管理》2015 年第 6 期。

刘武俊：《立法程序的法理分析》，《渝州大学学报》（社会科学版）2002 年第 1 期。

马光远：《从山西煤改看地方政府磋商机制》，《董事会》2009 年第 12 期。

倪斐、奚庆：《国家级新区先行先试权及其法治化改进》，《哈尔滨工业大学学报》（社会科学版）2018 年第 6 期。

任宗哲、李尧远：《董事会制：区域协调互动机制的初步设想》，《陕西行政学院学报》2009 年第 5 期。

王扩建：《长江三角洲区域合作中的利益协调机制研究》，《云南行政学院学报》2008 年第 2 期。

谢庆奎：《中国政府的府际关系研究》，《北京大学学报》（哲学社会科学版）2000 年第 1 期。

熊文钊、郑毅：《试述区域性行政协议的理论定位及其软法性特征》，《广西大学学报》（哲学社会科学版）2011 年第 4 期。

薛刚凌：《论府际关系的法律调整》，《中国法学》2005 年第 5 期。

闫茂旭：《分税制改革与中国经济体制改革思路的转换》，《中共党史研究》2018 年第 12 期。

杨爱平：《区域合作中的府际契约：概念与分类》，《中国行政管理》2011 年第 6 期。

杨临宏：《行政协定刍议》，《行政法学研究》，1998 年第 1 期。

叶必丰：《我国区域经济一体化背景下的行政协议》，《法学研究》2006 年第 2 期。

叶必丰：《区域合作的现有法律依据研究》，《现代法学》2016 年第 2 期。

周雪光：《从"黄宗羲定律"到帝国的逻辑：中国国家治理逻辑的历史线索》，《开放时代》2014 年第 4 期。

朱春奎、申剑敏：《地方政府跨域治理的 ISGPO 模型》，《南开学报》（哲学社会科学版）2015 年第 6 期。

朱德米：《网络状公共治理：合作与共治》，《华中师范大学学报》（人文社会科学版）2004 年第 2 期。

学位论文

冯望：《地方政府间行政契约研究——以长三角地区政府间合作为实例》，硕士学位论文，中国政法大学，2009。

卢群：《我国环境治理纠纷解决机制研究》，博士学位论文，南昌大学，2018。

徐红：《长株潭一体化进程中地方政府责任冲突及化解》，硕士学位论文，中南大学，2009。

徐芮：《中国外交中的区域经济合作——从北美自由贸易区的成功运作看中国—东盟自由贸易区的发展与前景》，硕士学位论文，外交学院，2004。

周帆：《改革开放后的中国府际关系：一种法律的途径》，博士学位论文，复旦大学，2004。

报纸

胡良光、黄伟：《"飞地"管理缺位致事故屡发》，《南方日报》2013 年 9 月 13 日，第 3 版。

李秀婷:《广东"飞地"飞到何时休?》,《南方日报》2011 年 4 月 1 日, 第 7 版。

外文文献

Andrew P. Owsiak, Sara Mclaughlin Mitchell, "Conflict Management in Land, River, and Maritime Claims", *Political Science Research and Methods*, Vol. 7, No. 1, 2019.

Ann O'M. Bowman, "Horizontal Federalism: Exploring Interstate Interactions", *Journal of Public Administration Research and Theory*, Vol. 14, No. 4, 2004.

N. Becker, K. W. Easter, "Conflict and Cooperation in Managing International Water Resources Such as the Great Lakes", *Land Economics*, Vol. 75, No. 2, 1999.

Brendan F. Burke, "Understanding Intergovernmental Relations, Twenty-five Years Hence", *State & Local Government Review*, Vol. 46, No. 1, 2014.

Daniel P. Fernandez, "From Litigation to Arbitration: A Case Study in Water Resources Conflict", *Journal of Business Case Studies*, Vol. 9, No. 3, 2013.

Jennifer Menzies, "Reducing Tensions in Australian Intergovernmental Relations Through Institutional Innovation", *Australian Journal of Public Administration*, Vol. 72, No. 3, 2013.

Joseph F. Zimmerman, *Interstate Cooperation: Compacts and Administrative Agreements*, New York: State University of New York Press, 2012.

Laurence J. O'Toole, Robert K. Christensence, *American Intergovernmental Relations: Foundations, Perspectives, and Issues*, Washington: CQ Press, 2000.

R. M. Linden, *Working Across Boundaries: Making Collaboration Work in Government and Nonprofit Organizations*, San francisco: Jossev-Bass, 2002.

David C. Nice, *Federalism: The Politics of Intergovernmental Relations*, New York: ST Martin's Press, 1987.

Shaun Breslin, "Decentralisation, Globalization and China's Partial Re-engagement with the Global Economy", *New Political Economy*, Vol. 5, No. 2, 2000.

Vanessa A. Lefler, "Strategic Forum Selection and Compliance in Interstate

Dispute Resolution", *Conflict Management and Peace Science*, Vol. 32, No. 1, 2015.

Deil S. Wright, *Understanding Intergovernmental Relations*, California: Brooks/Cole Publishing Company, 1988.

图书在版编目(CIP)数据

府际合作中纠纷解决机制研究 / 鲍芳修著. -- 北京:
社会科学文献出版社,2023.2
ISBN 978-7-5228-1407-0

Ⅰ.①府…　Ⅱ.①鲍…　Ⅲ.①地方政府-行政管理-
合作-研究　Ⅳ.①D035.5

中国国家版本馆 CIP 数据核字(2023)第 022330 号

府际合作中纠纷解决机制研究

著　　者 / 鲍芳修

出 版 人 / 王利民
组稿编辑 / 曹义恒
责任编辑 / 吕霞云
文稿编辑 / 王楠楠
责任印制 / 王京美

出　　版 / 社会科学文献出版社
　　　　　地址:北京市北三环中路甲 29 号院华龙大厦　邮编:100029
　　　　　网址:www.ssap.com.cn
发　　行 / 社会科学文献出版社 (010)59367028
印　　装 / 三河市尚艺印装有限公司

规　　格 / 开　本:787mm×1092mm　1/16
　　　　　印　张:17.25　字　数:282 千字
版　　次 / 2023 年 2 月第 1 版　2023 年 2 月第 1 次印刷
书　　号 / ISBN 978-7-5228-1407-0
定　　价 / 118.00 元

读者服务电话:4008918866